Henri Stierlin

# Angkor

Fotos: Henri Stierlin

EVERGREEN

| | |
|---|---|
| Herausgeber der Reihe | Henri Stierlin |
| Grafische Gestaltung | Marcel Wyss SWB VSG |
| Ausführung der Pläne | José L. Conesa |
| Übersetzung aus dem Französischen | Alfred P. Zeller |

EVERGREEN is a lable of Benedikt Taschen Verlag GmbH

© für diese Ausgabe: Benedikt Taschen Verlag GmbH
© Compagnie du Livre d'Art, S.A.
Editions Office du Livre, Lausanne
Printed in Germany
ISBN 3-8228-9533-4

# Anlage des Buches

# Einführung

Die indochinesische Halbinsel bildete den Rahmen für die Entfaltung mehrerer Kulturen, die in Südostasien eine bedeutsame historische Rolle gespielt haben. Zwischen dem dritten nachchristlichen Jahrhundert und der Jetztzeit sind hier verschiedene Architekturen zur Blüte gelangt. Fu-nan, Champa (ungefähr das Gebiet des heutigen Südvietnam), Siam (oder Thailand), Laos und Kambodscha im eigentlichen Sinne haben eigenständige Kulturen und Bauschöpfungen hervorgebracht. Den wesentlichsten Beitrag zur indochinesischen Kunst stellt jedoch zweifellos die Khmer-Architektur dar, deren wichtigste Werke sich innerhalb der Grenzen des heutigen Kambodscha finden.

In der Khmer-Welt ist die Zahl sakraler Bauten beträchtlich; ihr Verbreitungsgebiet sprengt allerdings die gegenwärtigen kambodschanischen Grenzen, denn das Reich von Angkor umfaßte auf dem Höhepunkt seiner Macht fast die gesamte indochinesische Halbinsel. Zwar sind alle, auch die am Rand gelegenen Khmer-Schöpfungen Teil einer einheitlichen, in sich geschlossenen Kultur, doch wollen wir uns in diesem Buch ausschließlich auf Angkor beschränken. Dafür gibt es mehrere Gründe.

Angkor bildet ein Ganzes. Anhand der majestätischsten und repräsentativsten, weil in der Hauptstadt errichteten Bauten läßt sich hier fast lückenlos die Entwicklung der Khmer-Kunst und -Architektur vom 9. bis 13. Jahrhundert verfolgen.

Durch die Schaffung einer künstlichen Umwelt, in der eine Kultur zu einer außergewöhnlichen Ausgewogenheit, zu einer einmaligen Geschlossenheit finden konnte – was übrigens ihren Erfolg erklärt –, stellt Angkor auf seine Art etwas Einzigartiges dar. Eigentümlich ist der großen Khmer-Kultur, daß sie ganz in eine durch Menschenhand gestaltete Welt eingebettet war, sich auf ein durch Landwirtschaft und Bewässerungsanlagen bestimmtes System zurückführen läßt, durch das alles geprägt wurde: die Gesellschaftsordnung wie die Religion, die Technik wie die Wirtschaft, der Städtebau wie die Architektur.

Und schließlich gibt es außer Angkor verhältnismäßig wenige restaurierte und archäologisch erforschte Fundstellen von Khmer-Bauten, während der Erhaltungszustand und die zur Konservierung der Bauten in Angkor ergriffenen Maßnahmen ein ebenso umfassendes wie tiefes Verständnis der Khmer-Architektur ermöglichen. Die dem alles verschlingenden Wald entrissenen, wiederhergestellten Bauten von Angkor sind wundervolle Beispiele nicht nur für die

Raumfassung und volumetrische Vorstellung ihrer Erbauer, sondern auch für die verschiedenen Dekor- und Ornamenttypen, was bei den Naturkräften oder zerstörerischer Menschenhand noch ausgesetzten Tempeln oder ungenügend freigelegten Ruinen nicht so leicht feststellbar ist.

So sind in diesem Buch im wesentlichen sechzehn Bauschöpfungen von Angkor besprochen, die durch zwei Daten eingegrenzt sind: 879 und um 1250. Damit umfassen wir also im Lebenszentrum der Khmer-Kultur fast vier Jahrhunderte, einen Zeitraum, in dem die Kultur des alten Kambodscha ihre stärkste Ausstrahlungskraft besaß.

Vor dem 9. Jahrhundert hat die Khmer-Kultur, auf den vom Land gebotenen natürlichen Bedingungen aufbauend, also ohne die künstliche Umwelt, in der Angkor entstanden ist, Bauten geschaffen, die zwar qualitätsvoll waren, aber kaum die Schöpfungen des benachbarten Champa übertrafen und sich mit denen auf Java keineswegs messen können. Doch mit dem überraschenden technologischen Aufschwung, der sich in Angkor manifestierte, machten die Khmer einen gewaltigen Schritt nach vorn, stellten sich auf eine Stufe mit den höchstentwickelten Kulturen Asiens. Diese Tatsache erklärt, warum unser Buch in erster Linie der Angkor-Zeit gewidmet ist, ist doch dort der kulturelle Mechanismus in leicht erkennbaren Aktionen und Reaktionen abgelaufen.

Hier haben wir es mit einem organischen Ganzen zu tun, das völlig dem Geist des Menschen entsprungen ist, und in diesem Ganzen spielt die Architektur eine wesentliche Rolle – von den Erdwällen, mit denen die Bauern ihre Reisfelder eingrenzten, bis zu den Wasserspeichern der Baumeister, von den Heiligtümern auf Tempelbergen bis zur strengen Raumordnung durch wohldurchdachte Aufgliederung des Geländes und einen hochentwickelten Städtebau. Überall herrschen nach einer allumfassenden Kosmologie die gleichen Gesetze. Das ganze Land ist durch ein gleichzeitig zweckbestimmtes und religiöses, organisches und symbolisches System durchgestaltet.

Ich sehe in Angkor ein Monument der Harmonie, in dem alle Kunstschöpfungen unmittelbar und offenkundig durch die grundlegenden technischen Errungenschaften bestimmt sind. Die Stadt ist in zweifacher Weise funktionell: in materieller sowie in geistiger Hinsicht. Darin scheint mir das Interesse einer solchen Studie zu liegen: Die Entwicklung der Architektur ist eng mit den sozialen und wirtschaftlichen Gegebenheiten, aber nicht minder auch mit religiösen und kosmogonischen Prinzipien verknüpft.

Das vorliegende Buch umfaßt im Text fünf Kapitel. Dazwischen liegen vier Tiefdruckbogen mit Abbildungen, die die chronologische Unterteilung des Gesamtwerks widerspiegeln. Was die Chronologie angeht, so sei einleitend bemerkt, daß hier von der bei Indochina-Archäologen üblichen Einteilung abgewichen wird. Die Spezialisten unterscheiden, hauptsächlich auf Grund dekorativer Kriterien, in der Regel zwischen dreizehn oder vierzehn verschiedenen «Stilen». In ihren Veröffentlichungen findet sich folgende Unterteilung:

**Vor-Angkor-Zeit**

| | | |
|---|---|---|
| 1. Stil von Sambor | um 600–650 | |
| 2. Stil von Prei Kmeng | 2. Hälfte des 7. Jhs. | |
| 3. Stil von Prasat Andet | 2. Hälfte des 7. Jhs. | |
| 4. Stil von Kompong Preah | 706– um 800 | |

**Übergangszeit**

| | |
|---|---|
| 5. Stil von Kulên | 825–875 |

**Angkor-Zeit**

| | |
|---|---|
| 6. Stil von Roluos oder Preah Kô | 875–893 |
| 7. Stil von Bakheng | 889–925 |
| 8. Stil von Koh Ker | 921–945 |
| 9. Stil von Pre Rup | 947–965 |
| 10. Stil von Banteay Srei | 967–1000 |
| 11. Stil von Khleang | 968–1010 |
| 12. Stil von Baphuon | 1010–1080 |
| 13. Stil von Angkor Vat | 1113–1177 |
| 14. Stil von Bayon | 1181– Mitte des 13. Jhs. |

An die Stelle dieser vielfachen Unterteilungen, die sich manchmal nur auf ein einziges Baudenkmal und auf einen Zeitraum von wenigen Jahren beziehen oder sich sogar überschneiden, setzen wir eine für Laien einfachere Untergliederung, die zudem den Kriterien der eigentlichen architektonischen Entwicklung besser entspricht:

**Vor-Angkor-Zeit**

| | |
|---|---|
| a) Primitive Periode | 7. Jh.–875 |

**Angkor-Zeit**

| | |
|---|---|
| b) Vorklassische Periode | 875–965 |
| c) Klassische Periode: Entfaltung | 967–1080 |
| Höhepunkt | 1113–1177 |
| d) Barocke Blüte | 1181– Mitte des 13. Jhs. |

▶ Karte des Khmer-Reiches und seine Lage in Südostasien

4

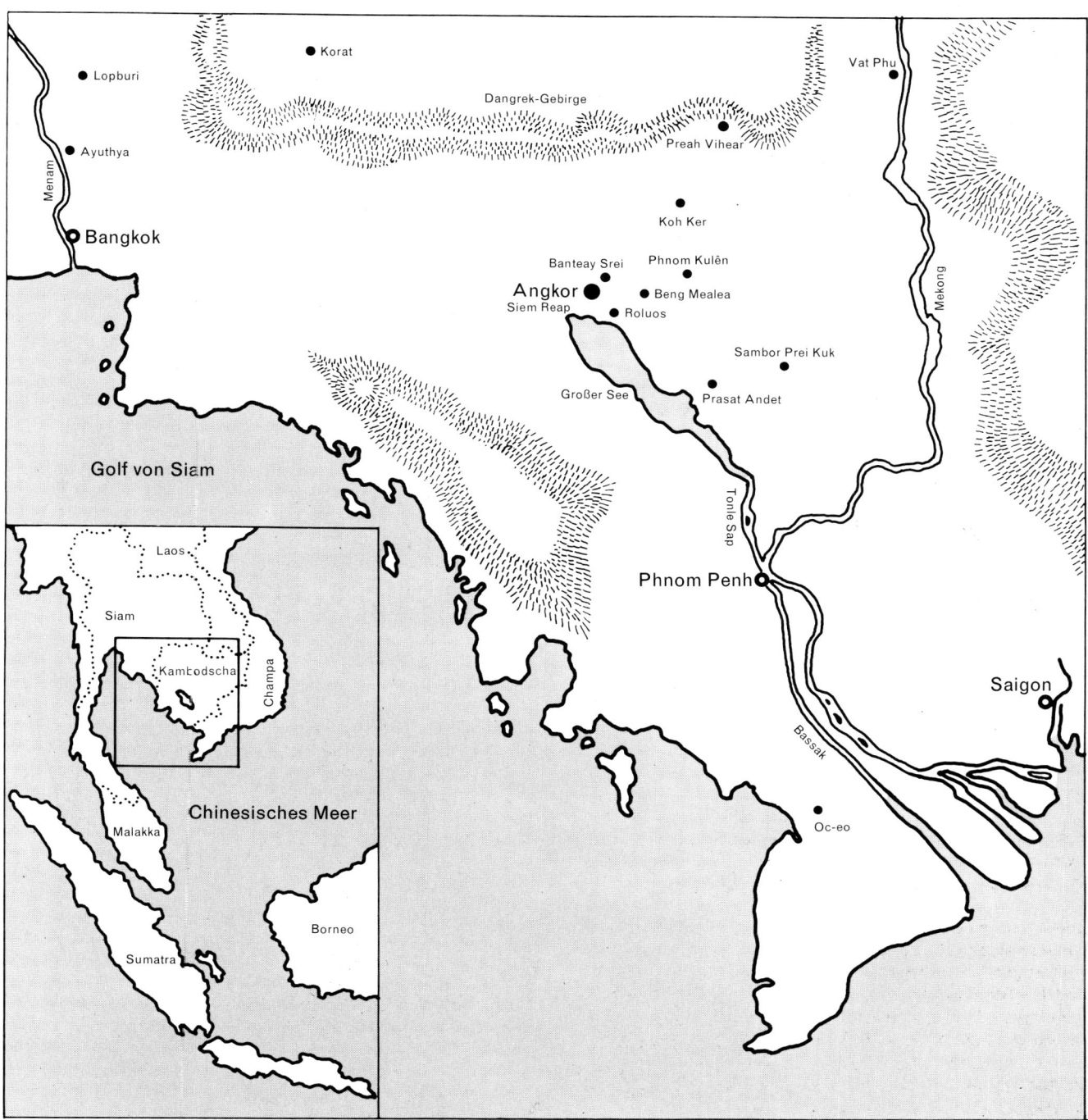

Korat

Lopburi

Ayuthya

Menam

**Bangkok**

Dangrek-Gebirge

Vat Phu

Preah Vihear

Koh Ker

Banteay Srei    Phnom Kulēn

**Angkor**

Siem Reap    Beng Mealea

Roluos

Mekong

Sambor Prei Kuk

Großer See    Prasat Andet

Golf von Siam

Tonle Sap

**Phnom Penh**

**Saigon**

Bassak

Oc-eo

*Inset map:*

Laos

Siam

Kambodscha

Champa

Chinesisches Meer

Malakka

Borneo

Sumatra

5

Nicht ein krampfhaftes Bemühen um Originalität hat mich veranlaßt, diese vereinfachte Zeiteinteilung zu wählen; vielmehr entspricht sie den großen Entwicklungsstufen der Khmer-Architektur und den Absichten dieses Buches. Im Durchschnitt umfassen diese weitergespannten Etappen eines bis anderthalb Jahrhunderte und lassen die tiefgreifenden Wandlungen erkennen, die die architektonische Auffassung von einem Zeitabschnitt zum anderen durchgemacht hat: Die technischen Möglichkeiten und die architektonischen Ausdrucksmittel erfahren eine zunehmende Bereicherung, die Entwicklung der Bauprogramme ist augenfällig. All das ist bei den verschiedenen «Stilen», deren Einteilung sich auf ornamentale Kriterien gründet, keineswegs der Fall.

Da die Architektur das Thema dieses Buches ist, schien es angebracht, entsprechend dem Charakter dieser Buchserie die Khmer-Architektur unter dem Gesichtspunkt ihrer baulichen Eigenheiten zu behandeln. Dementsprechend sind die vier Bildteile folgenden Zeitabschnitten gewidmet:

1) Vorklassische Periode: von Preah Kô bis Pre Rup (875 bis 965)
2) Klassische Periode (erster Teil): von Banteay Srei bis Ta Kêo (967 bis 1050)
3) Klassischer Höhepunkt: Angkor Vat (1113 bis 1150)
4) Barocke Blüte: die Schöpfungen von Jayavarman II. von Preah Khan bis zu den Königlichen Terrassen über Angkor Thom und den Bayon (1181 bis Mitte des 13. Jhs.).

Die fünf Kapitel dieses Buches behandeln folgende Themen:

Das erste Kapitel schildert die materiellen und kulturellen Gegebenheiten sowie den geographischen und historischen Hintergrund, in dem sich die Welt von Angkor entfaltet hat; deutlich herausgestellt werden die von außen kommenden Einflüsse, denen die Khmer vor der Entwicklung einer Kultur, die ganz Indochina beherrschen sollte, ausgesetzt waren.

Das zweite Kapitel untersucht die Grundlagen der Macht von Angkor: die Bewässerung und die Wasserbautechnik, Voraussetzungen für eine methodische Bodenbearbeitung, die aus der Ebene von Angkor eine wahre «Reisfabrik» werden ließ. Auf dieser Grundlage beruhte auch der Städtebau; sie bestimmte die Gestaltung der von Tempelbergen gekrönten Landschaft – war also das ureigentliche Fundament der Architektur.

Das dritte Kapitel befaßt sich mit den Prinzipien der Khmer-Architektur, besonders auch mit dem indischen Erbe, auf dem der Tempelbau gründete, mit den plastischen Ausdrucksmöglichkeiten der Bauten, mit den technischen Aspekten und mit den Gesetzen, die für die Gestaltung der Baulichkeiten bestimmend waren; diese differenzierten sich in Flachtempel und Tempelberge.

Im vierten Kapitel wird ausgeführt, was jeder Tempel von der vorklassischen über die klassische Zeit und bis hin zum Höhepunkt der Klassik im großen Tempel von Angkor Vat an Neuem gebracht hat. Untersucht wird die Gliederung des Raumes ebenso wie die Entfaltung der Grundrisse, Aufrisse und Formen, die Symbolik ebenso wie der Dekor.

Das fünfte Kapitel schließlich ist den unzähligen Bauschöpfungen gewidmet, die ein genialer Herrscher hinterlassen hat – Jayavarman VII., der in Angkor eine regelrechte Renaissance herbeigeführt hat. Er war der Gründer der Stadt Angkor Thom mit dem Bayon im Mittelpunkt, einem einzigartigen Tempel, dem Höhepunkt der barocken Blüte, dem Schwanengesang der Khmer-Welt. Ehe es unterging, hat Angkor in fieberhafter Eile noch die letzten, bewundernswerten Zeugnisse einer Kultur geschaffen, die, nachdem sie zu einem außergewöhnlichen Gleichgewicht gefunden hatte, vom ausgehenden 13. Jahrhundert an zusammenbrach.

Die kurze Schlußfolgerung untersucht die Ursachen dieses unerbittlichen Niedergangs, legt dar, warum die herrliche Hauptstadt der Khmer vom tropischen Dschungel verschlungen werden konnte.

# 1. Grundlagen der Khmer-Kultur

Wenn man von Phnom Penh, der heutigen Hauptstadt Kambodschas, nach Siem Reap fliegt, von wo aus man die mächtigen Tempelruinen der Khmer-Kultur besucht, so sieht man unter sich zunächst die gewaltige, teilweise sumpfige Ebene, durch die sich der Unterlauf des Mekong hinzieht. An manchen Stellen ist das Flachland von Dickicht bedeckt, in dem es von Wassertieren wimmelt, anderswo vom dichten Schachbrettmuster der durch kleine Dämme begrenzten Reisfelder, durch das die Landschaft in ungleichmäßige geometrische Muster eingeteilt wird. Immer wieder tauchen wie Inseln Baumpflanzungen auf, zwischen denen die strohgedeckten Hütten kleiner Weiler sichtbar sind. Unversehens erblickt man dann in der Tiefe den riesigen Wasserspiegel des Großen Sees. Seltsame Gebilde fangen den Blick: zarte Linien zeichnen in das Wasser pfeilförmige Muster und schwingen sich über Hunderte von Metern über die Oberfläche des Gewässers. Vom Flugzeug aus läßt sich nicht bestimmen, welchen Zweck diese anmutigen, sich in der Ferne verlierenden Muster haben. Erst später erfährt man, daß es sich dabei um Bambus- und Schilfsperren handelt, um eine Art von Reusen, mit denen der Fischreichtum des Sees ausgebeutet wird.

Der Blickpunkt der Götter

Auf den See folgen wiederum Reisfelder mit eingestreuten Waldinseln. Danach bedeckt Dschungel das Land, doch immer wieder fällt unser Auge auf Lichtungen, in deren Mitte sich Tempel erheben und die manchmal von großen wassergefüllten Gräben eingefaßt sind. Vom Flugzeug, also gleichsam vom Blickpunkt der Götter aus gesehen, erscheint Angkor Vat wie ein riesiges, eng verschachteltes Muster aus Quadraten, Achsen und Einfassungen. In der Mitte erhebt sich das eindrucksvolle Massiv der fünf schachbrettartig angeordneten Türme, die im Licht der Abendsonne vergoldet zu sein scheinen; noch leuchtender wirken sie durch den Gegensatz zum dunklen Laub des hohen Waldes, der das Bauwerk einschließt. Wenn man zum erstenmal diese streng gegliederte Schöpfung aus Stein inmitten der endlosen, eintönigen Ebene erblickt, wird einem bewußt, was Angkor bedeutet: ein fern jeder größeren menschlichen Ansiedlung mitten in den Dschungel und die Reisfelder hineinversetztes Versailles im Herzen der Natur, umgrenzt vom Wald, der jedes Menschenwerk zu verschlingen droht – ein Beispiel wunderbarer geometrischer Ordnung. Sekunden später ist Angkor Vat überflogen, verschwindet im grünen Meer der hohen Baumriesen, das Flugzeug geht auf der Landebahn von Siem Reap nieder.

Zwei Fragen bewegen den Besucher nach diesem kurzen Flug: Was bedeuten die langgestreckten Bambusfallen, die den Großen See säumen? Warum schuf man die großartigen Tempelanlagen, und warum hat man diese Bauten mit ihren schnurgeraden Grundrissen im Herzen der endlosen Ebene errichtet?

## Erste Begegnung mit Angkor

Auch wenn der in Angkor eintreffende Besucher die Tempelanlagen bereits aus der Luft gesehen hat, ist die Begegnung mit den großen Khmer-Bauten für ihn dennoch ein einzigartiges Erlebnis. Alles trägt dazu bei, diese erste Begegnung auf dem Boden für ihn unvergeßlich werden zu lassen: der ganze Rahmen, die Vielzahl der Bauten, denen man sich unversehens mitten im Wald gegenübersieht, die Tatsache, daß die meisten von ihnen bemerkenswert gut erhalten sind, und schließlich der Gegensatz zwischen den einfachen Hütten aus Holz und Stroh in den kambodschanischen Dörfern und den prächtigen Steingebäuden, die sich in Teichen und Wassergräben spiegeln...

Staunen und Begeisterung weckt die Begegnung mit einer Kunst, die gleichzeitig dem künstlerischen Empfinden des abendländischen Menschen nahesteht und ihn verwirrt. Vertraut ist sie ihm durch die klare Verteilung von Massen und Räumen, die architektonische Ordnung mit pfeilergestützten Portiken (die ersten Europäer, die Angkor gesehen haben, waren der Überzeugung, es mit römischen Ruinen zu tun zu haben); verwirrend sind der üppige Dekor und die komplexe Ikonographie. Deshalb erwachsen aus der Bezauberung des Besuchers bald Fragen, Probleme, eine Neugier, die auf Antworten drängt.

Während Europa, um den oft wiederholten Ausdruck des Mönches Raoul Glaber zu wiederholen, «sich mit einem weißen Mantel von Kirchen bedeckte», erlebte auch Südostasien eine fieberhafte Bautätigkeit, schuf Angkor seine «Dschungelkathedralen», denn wie im Abendland entfaltete sich zwischen dem 9. und 13. Jahrhundert im alten Königreich Kambodscha eine kraftvolle Kultur. Sie entsprang einem Glauben, einer Dynamik und einer sozialen Ordnung, die zu einer bemerkenswerten Blüte der sakralen Kunst führten.

Am eindrucksvollsten jedoch ist wohl der starke Gegensatz zwischen der strengen Raumgliederung der Baulichkeiten und dem dichtgedrängten Chaos des sie umschließenden Dschungels, aus dem ein den europäischen Besucher befremdendes Gewirr von mannigfachen Tierstimmen dringt. Die langgestreckten geradlinigen Alleen, die zu den von Mauern umschlossenen Tempeln führen, lassen an ein von Meisterhand geschaffenes, streng durchgegliedertes Bühnenbild denken, aber um so bedrohlicher erscheint die von allen Seiten vordringende Natur. Die geborstenen Mauern, die umgestürzten Säulen, die von mächtigen Wurzeln gesprengten Dächer ergeben ein bedrückendes Bild. Dieser Eindruck verstärkt sich noch, wenn man die dem Wald, der «grünen Hölle», überlassenen Tempel entdeckt: ihre Türme sind zerborsten, die Dächer eingestürzt, die Mauerverkleidungen abgesprengt, die Böden von Urgewalten gehoben, und die zarten skulptierten Nymphen ersticken in der tödlichen Umklammerung gewaltiger Baumwurzeln, während die dichten Laubdächer der mehr als vierzig Meter hohen Baumkronen die vom Urwald verschlungenen Bauwerke in ein romantisches Halbdunkel tauchen.

Freilich ist diese romantische Sehweise, auf der die besonders von Pierre Loti gepflegte mythische Interpretation Angkors beruhte, stark übertrieben. Man darf nicht vergessen, daß auch in Kambodscha der Urwald zunehmend zurückgedrängt wird. Heute gibt es im ganzen Land nur noch einige inselförmige tropische Waldgebiete, bei denen es sich zudem nicht einmal um Urwald handelt, sind doch die Bäume auf einst bestelltem und bewohntem Land gewachsen.

Richtigen Urwald hingegen gibt es schon seit dem Höhepunkt der Angkor-Kultur nicht mehr. Dennoch läßt sich nicht leugnen, daß der noch viele Tempel umschließende Wald deshalb nicht minder eindrucksvoll ist. Die Bäume bilden nahezu eine geschlossene Wand, die nur an manchen Stellen von einem der bis hundert Meter hohen gestürzten Baumriesen durchbrochen ist; selbst große Bauwerke werden von dem Pflanzengewirr völlig verdeckt. Lianen, Wurzeln und Baumstämme schließen die Bauten immer enger ein und bringen sie langsam, aber unerbittlich zum Einsturz.

Unter dem dichten Laubdach herrscht eine drückende Schwüle. Selbst nach einem kürzeren Fußmarsch ist der europäische Besucher schweißgebadet und völlig erschöpft. Auch die Fauna trägt zur Schaffung eines Rahmens bei, der die Phantasie beflügelt. Was ist «La Voie royale» von Malraux mehr als die Dramatisierung eines kleinen Abenteuers illegaler Plünderer? Der Banteay Srei, in den der Autor seinen autobiographischen Bericht verlegt hat, ist übrigens einer der schönsten Tempel im ganzen Gebiet von Angkor...

## Die «Entdeckung» der Tempel

Diese etwas romantische Atmosphäre hat dazu beigetragen, daß die Abendländer der Meinung waren, als erste die großen Tempel von Angkor entdeckt zu haben. In Wirklichkeit wußten die Khmer zu allen Zeiten von den Heiligtümern, die sie um die Mitte des 15. Jahrhunderts aufgegeben hatten. In der zweiten Hälfte des 16. Jahrhunderts kehrte sogar ein Khmer-Herrscher für mehrere Jahre nach Angkor zurück, um dort zu residieren. Er ließ die Bauten wieder herstellen und die Bewässerungsanlagen der Stadt und der näheren Umgebung neu herrichten. Der ursprünglich dem Wischnu geweihte große Tempel von Angkor Vat beherbergte auch noch nach Jayavarman VII. ein buddhistisches Mönchskloster. Daraus leitet sich übrigens der Name her: Angkor Vat bedeutet nichts anderes als «Die Hauptstadt, die ein buddhistisches Kloster (geworden) ist». Ihre religiöse Bedeutung haben alle diese Orte stets beibehalten.

Als der erste Europäer, ein portugiesischer Missionar, um 1580 bis 1590 nach Angkor gelangte, waren die Wiederherstellungsarbeiten in vollem Gang. Im 17. und 18. Jahr-

▼ Tor von Angkor Thom nach einem Stich von Louis Delaporte, 1868 (Expedition Douart de Lagrée)

▲ Gesamtansicht des Tempels von Angkor Vat nach einem
Stich von Louis Delaporte, 1868

hundert kamen immer wieder portugiesische, spanische
und französische Reisende, die Kambodscha besuchten, in
die einstmalige Hauptstadt. Ein Japaner, der nach Indochina eine Wallfahrt unternahm, war der Überzeugung, in
Angkor das religiöse Zentrum des indischen Buddhismus
vor sich zu haben; als erster zeichnete er im 17. Jahrhundert
einen Plan von Angkor Vat.

Größere Aufmerksamkeit auf die Khmer-Bauten lenkte
jedoch erst der Franzose Henri Mouhot. Als Naturkundler
wollte Mouhot die indochinesische Fauna studieren. Auf
dem Weg nach Laos kam er 1860 durch Angkor. Die begei-
sterten Schilderungen, die er an die Zeitungen in aller Welt
sandte, offenbarten dem Abendland die Existenz einer
Kultur, die um so bezaubernder war, als ihre Überreste sich
in einer Umgebung befanden, die der Phantasie reichlich
Nahrung bot. Alle Tempel – von Angkor Vat abgesehen,
das, wie schon erwähnt, in ein buddhistisches Kloster umgewandelt worden war – waren vom Dschungel umschlossen.
Die im Wald verborgenen Bauten waren teilweise bereits
schon so überwuchert, daß die ersten Besucher manchmal
an Tempelbergen vorübergingen, ohne zu erkennen, daß es
sich dabei nicht um natürliche Hügel handelte.

Nach Mouhot kamen immer häufiger wissenschaftliche
Expeditionen ins Land, um die Khmer-Kultur und ihre Kunst
zu erforschen. 1863 entdeckte der Deutsche Adolf Bastian,

daß manche Inschriften der Khmer in Sanskrit verfaßt waren. Daraus schloß er, daß sich die Ikonographie direkt aus
den indischen Religionen herleiten müsse. Von diesem
Zeitpunkt an machte die Erforschung der Khmer-Welt
rasche Fortschritte. Die Mekong-Expedition von Douart de
Lagrée 1866/67 und die Forschungsreise des Jahres 1873
von Louis Delaporte führten zur ersten systematischen
Untersuchung der Kunst des alten Kambodschas. 1888
schließlich übersetzte Etienne Aymonier erstmals Texte
aus der alten Khmer-Schrift, in der die Verzeichnisse der
Tempelschätze abgefaßt sind.

Danach wurden Institute, Gesellschaften und permanente
Studienmissionen in Indochina geschaffen, die sich vor
allem ab 1907 entwickelten, nachdem Angkor nicht mehr
unter thailändischer Herrschaft stand. Zu dieser Zeit faßte
man den Beschluß, Angkor zu retten. Leiter dieses Unter-
nehmens waren nacheinander Jean Commaille, Henri
Marchal, Georges Trouvé, Maurice Glaize und Bernard-
Philippe Groslier. Georges Groslier hat schon 1916 in Phnom
Penh das «Museum von Kambodscha» gegründet.


Das Alter der Bauten

Zunächst einmal erstellte man eine Bestandesaufnahme der
Bauten, dann ging man daran, sie zu konservieren und zu

restaurieren. Diese Arbeiten ermöglichten auch die Datierung der dem Dschungel entrissenen Bauschöpfungen. Bei Angkor Vat gab es dank der epigraphischen Gegebenheiten keine Schwierigkeiten, doch andere Abschnitte der Khmer-Kunst erwiesen sich als problematischer. Die zeitliche Aufeinanderfolge der Bauwerke konnte erst 1927 mit ausreichender Sicherheit festgelegt werden. Bis zu den von Louis Finot geäußerten Zweifeln und der von Philippe Stern ausgearbeiteten Theorie war man der Meinung, die Bauten von Angkor Thom – besonders die Tempel im Bayon-Stil mit ihren Gesichtertürmen – seien erheblich älter als Angkor Vat, etwa um 900 n. Chr. entstanden. Diese Hypothese erschien den Fachleuten als um so glaubwürdiger, als die unter Jayavarman VII. errichteten Bauten im allgemeinen

weniger gut erhalten sind als etwa der Tempel von Angkor Vat. Dies erklärt sich einerseits aus der Tatsache, daß dieser Tempel in den vergangenen Jahrhunderten stets von buddhistischen Mönchen bewohnt war, so daß der Wald ihn nie ernsthaft bedrohen konnte, und anderseits aus der weniger sorgfältigen Bauweise während der letzten Blütezeit der Khmer-Architektur, was dazu führte, daß viele der im Bayon-Stil aufgeführten Gebäude nicht allzu stabil waren und im Laufe der Zeit verfielen.

Georges Coedès hat erkannt, daß der Bayon dreihundert Jahre jünger ist, als damals angenommen wurde, und hat das Bauwerk endgültig Jayavarman VII. zugeschrieben. Diese gesicherte Chronologie erlaubte eine fundierte Un-

▼ Der Bayon nach einem Stich von Louis Delaporte, 1868

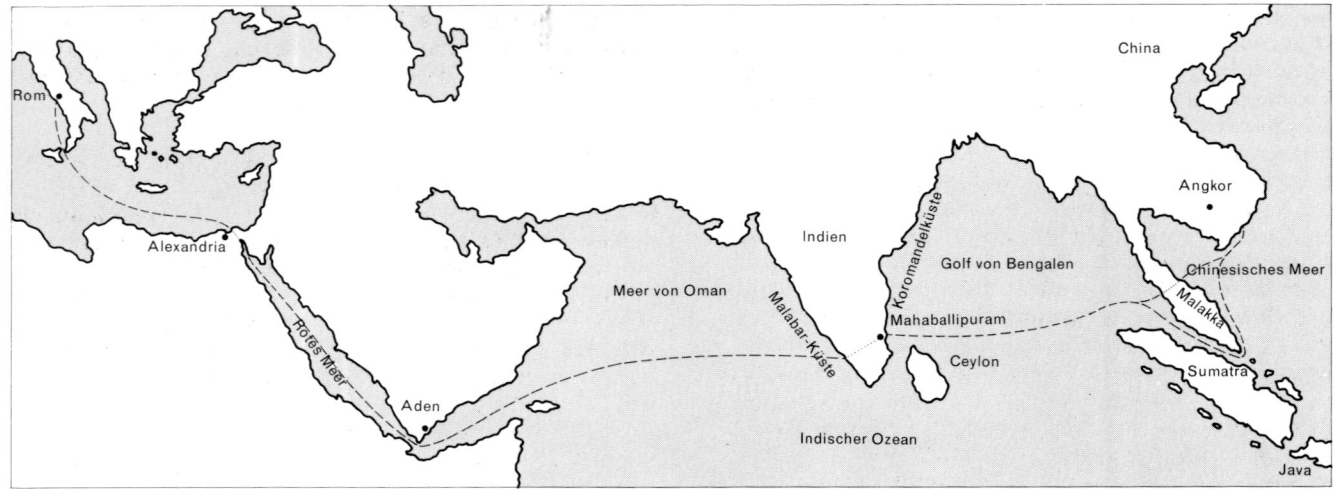

▲ Der Seehandelsweg zwischen Rom und Indochina

tersuchung der Dekorstile der Khmer-Architektur und ihre Klassifizierung. Diesen Arbeiten unterzog sich Gilberte de Coral-Rémusat; ihr Buch erschien 1939.

Archäologie und Kunstgeschichte des alten Kambodschas sind also noch sehr junge historische Wissenschaften. Über das alte Ägypten gab es schon im ausgehenden 19. Jahrhundert zahlreiche gründliche Untersuchungen; die höchstentwickelte Kultur Indochinas wurde erst vom ersten Drittel des gegenwärtigen Jahrhunderts an streng wissenschaftlich erforscht. Obwohl eine beträchtliche Zahl wissenschaftlicher Arbeiten über die Khmer-Kultur veröffentlicht worden ist, ist sie doch erst vor verhältnismäßig kurzer Zeit ins Blickfeld der Archäologie getreten; mit stratigraphischen Ausgrabungen hat man eben erst begonnen. Früher hatten die Archäologen dazu auch gar keine Zeit, waren sie doch vollauf damit beschäftigt, die vom Dschungel zurückeroberten oder bedrohten Gebäude zu retten, zu konservieren und zu restaurieren.

Aber während die Datierung der Bauwerke stetige Fortschritte machte, konnte man gleichzeitig auf Grund schriftlicher Dokumente die Geschichte des Khmer-Reiches erschließen. Die historische Entwicklung Indochinas in ihrer ganzen Breite hat Georges Coedès aufgezeigt.

Die geschichtlichen Anfänge

Das im Herzen Indochinas gelegene Kambodscha hatte von allem Anfang an teil an dem zweifachen Einfluß, dem die Halbinsel ihren Namen verdankte: Indien und China. Erst mit dem Auftreten dieser beiden Großmächte begann die Geschichte Indochinas. Sie drückten jeweils einem ganz genau begrenzten Teil des Landes ihren Stempel auf: Die indische Einflußzone umfaßte Kambodscha, Champa, Laos, Thailand, Malaia und Birma und erstreckte sich darüber hinaus bis nach Indonesien; China spielte früh schon eine entscheidende Rolle in einem Gebiet, das ungefähr dem heutigen Nordvietnam entspricht. Dort faßten die Chinesen bereits vom dritten vorchristlichen Jahrhundert an Fuß. Das Land galt zuerst als Protektorat, wurde jedoch schon bald zu einer regelrechten chinesischen Provinz.

Im heutigen Südvietnam, dem indisch beeinflußten Champa, entstanden seit dem 7. Jahrhundert bemerkenswerte Bauschöpfungen. Dem Königreich von Champa benachbart entfaltete sich vor dem Khmer-Reich im Mekong-Becken ein Königreich, das die Chinesen Fu-nan nannten. Fu-nan stand seit dem 1. Jahrhundert unter indischem Einfluß.

Die Ursachen dieser religiösen und kulturellen Ausstrahlung Indiens sind schon oft untersucht worden. Manchmal hat man bei diesem Indisierungsprozeß den buddhistischen Missionaren eine bedeutsame Rolle zugeschrieben, doch man darf nicht vergessen, daß die ersten Zeugnisse, die wir kennen, weniger auf den Buddhismus als vielmehr auf den Hinduismus hinweisen.

In Wirklichkeit aber war es nicht religiöser Bekehrungseifer, der die indische Kultur nach Indochina und in die indonesische Inselwelt brachte, sondern – viel prosaischer – der Handel. Damals stand das Römische Reich auf dem Höhepunkt seiner Macht. Um die Nachfrage der Römer nach exotischen Produkten befriedigen zu können, mußten die indischen Händler aus dem Fernen Osten Gewürze und Nahrungsmittel herbeischaffen. Während bis zum 1. Jahrhundert hauptsächlich Karawanen auf dem Landweg die begehrten Waren nach dem Westen brachten, stießen von da an griechische und römische Seefahrer in die asiatischen Gewässer vor. Diese Entfaltung des Seehandels wurde dadurch ermöglicht, daß Hippalus zwischen 40 und 30 v. Chr. die für die Schiffahrt günstigen Eigenheiten des Monsuns entdeckt hatte; dadurch war es möglich, vom Südausgang des Roten Meers über das offene Meer zur Malabarküste zu gelangen. Die Schiffe der römischen Handelsflotte konnten von da an auf die zeitraubende und umständliche Küstenschiffahrt verzichten. Sie liefen zwischen Juni und September aus ihren Häfen am Westrand des Indischen Ozeans aus und kehrten zurück, wenn der Wind sich gedreht hatte, also zwischen November und April. Auch die indische Expansion in östlicher Richtung bediente sich des Monsuns: Die Kaufleute verließen die Koromandelküste oder Bengalen, segelten quer über den Indischen Ozean, umrundeten die Halbinsel Malakka – oder überquerten die Landenge mit Karawanen – und gelangten über das Chinesische Meer zum Mekong-Delta.

Durch den jahreszeitlichen Rhythmus des Monsuns waren die kühnen indischen Seefahrer gezwungen, mehrere Monate in dem Land zu bleiben, in dem sie ihre Handelsgeschäfte abwickelten. Wie die Römer in Südindien Handelsniederlassungen gegründet hatten, so entstanden nun in Indochina indische Kolonien mit Wohnhäusern, Heiligtümern, Lagerhallen. Und von diesen Niederlassungen aus strahlte die indische Kultur nach Südostasien aus. Die Entstehung der unter indischem Einfluß stehenden Staaten erklärt sich also aus dem durch den Rhythmus des Monsuns gesteuerten unabänderlichen Kommen und Gehen; daß sich die indischen Religionen ausbreiten, geht in erster Linie auf den Nachahmungstrieb der kulturell tieferstehenden einheimischen Völker zurück, weniger auf den Missions-eifer der indischen Kaufleute, auch wenn diese auf ihren Reisen stets ihre hinduistischen Schutzgötter oder Buddhastatuen, die bei ihnen in hohem Ansehen standen, mit sich führten.

Die indischen Handelsniederlassungen verbreiteten jedoch nicht nur die indischen Religionen, sondern auch bereits hochentwickelte Ackerbautechniken. So geht besonders die Anlage von Reisfeldern in den feuchten Deltaebenen auf sie zurück. Die Luftbildforschung im Gebiet des unteren Mekong hat ergeben, daß ganz Fu-nan, von Bassak bis zum Golf von Siam, von einem dichten Kanalnetz durchzogen war, das der Bewässerung und Entwässerung diente. In Indien war diese Form der Reiskultivierung damals schon seit Jahrhunderten üblich.

Durch die kulturellen Einflüsse aus Indien gelangte Fu-nan zu hoher Blüte, was wiederum zur Folge hatte, daß Fu-nan in Indochina zur Vormacht wurde. Die benachbarten Gebiete wurden vermutlich nach und nach erobert. Im zweiten nachchristlichen Jahrhundert erstreckte sich der Herrschaftsbereich von Fu-nan über einen Großteil der indochinesischen Halbinsel und reichte bis nach Birma und Malaia. Der Herrscher, «König des Berges» genannt, stand also an der Spitze eines ansehnlichen Reiches.

Im 6. nachchristlichen Jahrhundert zerfiel das Reich von Fu-nan ohne ersichtlichen Grund und machte dem Königreich Tschen-la Platz, dem Reich der Khmer, die sich Kambuja nannten, wovon sich die heutige Bezeichnung Kambodscha herleitet. Damit begann die Geschichte des vor-angkorianischen Kambodschas. Dieses übernahm von Fu-nan die Kultur und die Kunst. 616 wurde im geographischen Mittelpunkt des Landes die Hauptstadt Sambor Prei Kuk gegründet. Dort finden wir die Anfänge der Khmer-Architektur, die starke indische Einflüsse aufweist und sich von der Cham-Kunst nicht sehr klar abhebt.

Das 8. Jahrhundert war eine Zeit der Wirren. Das in mehrere kleine Herrschaften zersplitterte Kambodscha stand unter der politischen Vorherrschaft Javas. Ein Höhepunkt dieser indonesischen Intervention war die Hegemonie der Shailendra-Dynastie, die den ganzen Umkreis des Chinesischen Meeres beherrschte. Ihre wichtigste Bauschöpfung auf Java ist der große buddhistische Tempel von Borobudur. Dieser gewaltige, exakt ausgerichtete Stupa mit 110 Meter Seitenlänge besteht aus vier aufeinandergestellten quadratischen Terrassen, über denen sich drei konzentrische runde Terrassen erheben. Der tiefe, vielschichtige Symbolismus dieses großartigen Bauwerks sollte sich stark auf die Khmer-Architektur auswirken; auf Borobudur gehen die indochinesischen Tempelberge zurück.

Erst im 9. Jahrhundert gelang es Kambodscha, die javanische Oberherrschaft abzuschütteln. Um die gleiche Zeit ließen sich die Khmer-Herrscher nördlich des Großen Sees nieder, 802 zunächst in Phnom Kulên, dann in der Ebene von Angkor. Von da an nahm die Macht der Khmer unaufhörlich zu, und schließlich erstreckte sich ihr Herrschaftsbereich über den größten Teil der indochinesischen Halbinsel.

In einem Augenblick, da sich die Kultur von Kambodscha in voller Entfaltung befand, stand die Khmer-Welt unter drei verschiedenen Einflüssen. Die bedeutsamste Rolle spielten wohl die Beiträge, die aus Indien stammten. Auf javanischen Einfluß gehen zweifellos der Tempelberg und die Auffassung vom Königtum zurück, die für die Khmer-Herrscher richtunggebend war. Weniger stark, aber nicht unwichtig, war der chinesische Einfluß. Von allen drei Strömungen getragen, entstand das Gebäude der Kultur des alten Kambodschas, das in Angkor gipfeln sollte.

Das religiöse Erbe Indiens

Wenn auch die von außen kommenden Einflüsse, die die kulturelle Blüte im alten Kambodscha ermöglichten, nicht übersehen werden können, so darf man doch anderseits nicht annehmen, daß die gesamte Khmer-Kultur ihren Ursprung in anderen Ländern hatte. Wenn auch die eigenständigen Überlieferungen gegenüber den Beiträgen von außen größtenteils zurücktraten, waren sie doch nicht völlig verschwunden, und wir werden noch sehen, wie sie auf dem Höhepunkt der Blüte von Angkor wieder sichtbar und bedeutsam wurden. Vor allem in der klassischen Zeit haben diese Traditionen ganz entscheidend zur Originalität der Khmer-Kunst beigetragen.

Auch die von den Indern ins Land gebrachten Religionen, Hinduismus und Buddhismus, wurden von den Khmer nicht einfach übernommen, sondern abgewandelt, mit einem eigenen Stempel versehen, einem Selektionsprozeß unterworfen, in dessen Verlauf immer wieder die landständigen alten Riten und Glaubensüberzeugungen sichtbar wurden.

Hingegen wurde das kosmologische System der Inder von den Khmer weitgehend adoptiert. Gewiß gibt es im Hinduismus den Schiwa-, Wischnu- und Brahma-Kult, und der Buddhist verehrt den Erleuchteten, den barmherzigen Gautama Buddha – aber die Tempel bezeugen in erster Linie eine Weltordnung, die sie widerspiegeln wollen. Die Bauwerke als Äußerungen einer greifbaren und begreifbaren Kosmologie gründen auf einigen wesentlichen Postulaten: Für die Khmer wie für die Inder ist die Welt auf eine Achse hin ausgerichtet, auf den heiligen Berg Meru, auf dem die Götter thronen. Diese Ordnung bringen die im Mittelpunkt jeder Khmer-Siedlung stehenden Tempelberge zum Ausdruck. Ferner wird nach diesem Weltbild die bewohnte Erde von einem Urmeer begrenzt. Dies erklärt die Wassergräben, die mit ihrem reinigenden Wasser die Heiligtümer einfassen.

Die Persönlichkeit der Götter hingegen war unter diesem den Kambodschanern eigenen Blickwinkel nur von geringer Bedeutung. Mochten auch die verschiedenen Könige, die Tempelberge errichten ließen, Schiwa oder Wischnu bevorzugen – für die Struktur des Bauwerks wie auch für das Volk blieb dies ohne Konsequenzen. Lediglich wurde das Bauwerk dem entsprechenden Gott geweiht, und der Herrscher erhielt nach seinem Tod Zugang zu einem ganz bestimmten Paradies. Ebenso läßt sich nicht sagen, daß die Tatsache, daß Jayavarman VII. und sein Hof dem Buddhismus anhingen, sich auf die von ihm erstellten Bauwerke, so auf die Tempel von Preah Khan oder von Ta Prohm, ausgewirkt hat.

Man gewinnt vielmehr den Eindruck, als ob die verschiedenen aus Indien ins Land gekommenen Kulte für die Khmer irgendwie gleichwertig gewesen seien, zu einer einzigen synkretistischen Religion verschmolzen, den Heiligen des Christentums gleich, die in ein umfassendes, einheitliches religiöses System hineingestellt sind, wenn auch jeder Gläubige seinen «Lieblingsheiligen» haben mag. Ob ein Baumeister den heiligen Franziskus oder den heiligen Jakobus bevorzugt, wirkt sich ipso facto nicht auf den Plan der von ihm errichteten Kirche aus.

Aber die Khmer übernahmen nicht nur die indischen Götter, sondern auch die indische Kultur, in erster Linie die Sanskritschrift für religiöse Texte wie das Ramajana und das Mahabharata, jene großen Epen, die von den Taten der indischen Götter und Göttinnen berichten. Mit den indischen Kulten gelangte also eine ganze Mythologie nach Indochina. Außer der Schrift und der Gelehrtensprache fanden indische Mathematik, Astronomie und Technik Eingang ins alte Kambodscha, denn jede Religion wird gleichsam von einer Infrastruktur getragen und entscheidend mitgeformt.

## Die ursprüngliche Religion der Khmer

Es wurde jedoch bereits angedeutet, daß das eigenständige kulturelle Erbe der Khmer durch die indischen Einflüsse nicht völlig ausgelöscht wurde. Schon vor dem Eintreffen indischer Händler hatten die Bewohner Kambodschas eine Religion – eine eigene Religion. Es war die typische Religion von Ackerbauern, in der das Wasser die entscheidende Rolle spielte. Die Gottheiten des Wassers, die Drachen, ähnlich jenen in Südchina, die unter indischem Einfluß zu Nagas wurden, standen im Kult des alten Kambodscha an erster Stelle.

Die Naga, eine mythische Schlange, die auf dem Grund des Urmeeres lebt, ist zweifellos eine Zentralgestalt der ursprünglichen Khmer-Religion. Deshalb findet sie sich immer wieder auf und an Tempeln: als Balustraden, Gesimse usw.

Außer der Naga-Schlange, einer autochthonen Gottheit, die die gesamte Kultur von Angkor beherrschte, haben sich nur wenige Überreste der vor der Indisierung bestehenden Kulte erhalten, doch gab es zweifellos auch noch andere religiöse Symbole, und sicherlich wurden auch andere im Volk verbreitete Kultformen ähnlich assimiliert. Wie die Wassergottheit zur Naga wurde, so nahmen höchstwahrscheinlich auch noch andere uralte Gottheiten der Khmer indische Gestalten an, ohne deshalb ihren eigentlichen Sinngehalt einzubüßen.

Vielleicht kann man sagen, daß sich die Übernahme der indischen Religionen in Kambodscha einem Mantel vergleichen läßt, der mit seinen indischen Formen die im Volk weiterlebenden eigenständigen Kulte überdeckte. Nur der Hof richtete sich streng nach den fremden Riten.

Aber wie war die in Kambodscha vor dem Eindringen indischer Einflüsse bestehende Kultur beschaffen? Diese Frage läßt sich nur beantworten, wenn wir untersuchen, in welchem Rahmen sich die Khmer-Kultur entfaltet hat.

## Landschaft und Klima

Die indochinesische Halbinsel mit ihrer Verlängerung, der Halbinsel Malakka, liegt genau zwischen dem Wendekreis des Krebses und dem Äquator. Es handelt sich also um ein typisches subtropisches Monsungebiet. Im Norden von den birmanischen und laotischen Gebirgsketten begrenzt, wird die Halbinsel von großen Flüssen durchzogen, die in den Ostausläufern des Himalaja entspringen: Menam, Mekong und Roter Fluß, die in den Golf von Siam, das Chinesische Meer und den Golf von Tonkin münden, wo sie mächtige Deltas bilden. Dadurch ist die Halbinsel zum Chinesischen Meer hin weit offen; die Flüsse ermöglichen es, weit ins Landesinnere vorzudringen. Die Ebene von Kambodscha südlich des Dangrek-Gebirges, im Osten und Westen von Hügelland begrenzt, das für den Menschen sehr unwirtlich ist, bildet ein großes, sehr gut bewässertes Gebiet mit einem hydrologischen System, das das Land der Khmer vor allen übrigen Regionen Indochinas auszeichnete.

Der Tonlé Sap, ein Nebenfluß des Mekong, der auf der Höhe von Phnom Penh in den Strom einmündet, spielt eine wohl einzigartige Rolle, durch die der Wasserhaushalt der Ebene von Kambodscha höchst außergewöhnlich ist. Wenn gegen Mai das Schmelzwasser vom Himalaja nach Indochina gelangt und der Monsun reiche Niederschläge bringt, steigt der Mekong beträchtlich an, so daß seine beiden Deltaarme nicht ausreichen, um die Wassermassen ins Meer abzuleiten. Ein Teil des Wassers tritt in den Tonlé Sap ein und fließt hinauf bis zu dem Großen See, dessen Oberfläche sich um ein Mehrfaches vergrößert – je nach der Jahreszeit und der Ergiebigkeit der Niederschläge um das drei- bis vierfache. Der Seespiegel steht bei Hochwasser 10 bis 12 m über dem Normalstand. Der See dient also in der Monsunzeit dem Mekong als «Ablauf». Die Wasserstands- und Oberflächenschwankungen des Sees vollziehen sich in einem weitgespannten Rhythmus, durch den das Mikroklima der Umgebung bestimmt wird. Noch paradoxer ist die Tatsache, daß die im Tonlé Sap fließenden Wassermassen zweimal ihre Richtung umkehren: in der trockenen Jahreszeit fließt das Wasser von Nord nach Süd, in der Monsunzeit zwischen Juni und September hingegen von Süd nach Nord, und wenn sich der Wasserstand im Mekong wieder normalisiert hat, findet auch das Wasser des Tonlé Sap seinen natürlichen Lauf wieder.

Diese seltsame Naturerscheinung ist übrigens nur möglich, weil der Große See nur wenig über der Meereshöhe liegt. Die Strömung ist im Mekong so schwach, daß schon zu allen Zeiten Hochseeschiffe ohne Schwierigkeiten in den Großen See einlaufen konnten.

## Eine Pfahlbaukultur

Die jahreszeitlichen Überschwemmungen zwangen die Bewohner des Deltas ebenso wie die Anwohner der Flüsse und des Großen Sees, sich diesen Gegebenheiten anzupassen.

Schon seit ältester Zeit bauten deshalb die Bewohner von Kambodscha ihre Behausungen auf Pfählen. Alle Siedlungen aus der Fu-nan-Zeit, die durch die Archäologen im Mekong-Delta ausgegraben wurden, besonders die Bauten von Oc-eo, bestanden aus Holz und waren auf Pfählen errichtet.

Wer Kambodscha kennt, kann über den derzeitigen «Pfahlbaustreit» der Vorgeschichtler nur lächeln. Es geht dabei um die Frage, ob unsere an Seen wohnenden Vorfahren in Europa auf dem Wasser lebten (wie noch unsere Väter lernten), oder ob ihre Pfahlbauten auf festem Boden standen (wie die «revolutionären» Prähistoriker behaupten). Dieser Streit könnte durch einen Besuch am Großen See in Kambodscha geschlichtet werden, denn dort gibt es noch heute Pfahlbaudörfer, wie sie an den europäischen Seen zwischen dem Neolithikum und der Bronzezeit bestanden. Diese Pfahlbauer leben sowohl auf dem Wasser wie auf dem Land, je nach dem Wasserstand des Sees. Gewiß ist der Große See ein Extremfall. Dennoch darf man nicht übersehen, daß in vorgeschichtlicher Zeit auch die Spiegel der europäischen Seen erheblich größeren Schwankungen unterworfen waren als heute, so daß Dörfer, die im Frühjahr, zur Zeit der Schneeschmelze, über drei Meter im Wasser standen, im Herbst durchaus auf trockenem Boden sein konnten...

Wie schon erwähnt, ist die Ebene von Kambodscha flach wie ein Brett. Das hat zur Folge, daß zur Zeit des Hochwassers ganze Wälder mehrere Monate lang unter Wasser stehen. Wenn die vom Fischreichtum des Großen Sees angelockten Menschen sich während der Trockenzeit nicht 20 oder 30 Kilometer weit vom Seeufer entfernt wiederfinden wollten, mußten sie Pfahlbaubewohner werden, also ihre Behausungen auf Pfählen errichten. In manchen Dörfern am Großen See erstellte man keine üblichen Pfahlbauten, sondern lebte in schwimmenden Hütten, die den Wasserstandsschwankungen folgten. Andere Seeuferbewohner entschieden sich für eine Zwischenlösung, die beide Systeme kombinierte: Sie rammten sehr lange Pfähle in den Boden, an denen die Behausungen so befestigt waren, daß sie vom steigenden Wasser gehoben werden konnten, also in der Monsunzeit auf dem Wasser schwammen.

Diese Ausführungen über die Pfahlbauten am Tonle Sap und an den Gestaden des Großen Sees sind keine problematische, bezweifelbare historische Rekonstruktion, sondern können an Ort und Stelle noch heute gesehen werden; sie werden von Menschen errichtet und bewohnt, die noch genau so leben wie ihre Vorfahren vor Jahrhunderten. Ein Besuch dieser kambodschanischen Pfahlbauten ist ein lebendiger geschichtlicher Anschauungsunterricht. Wenn man diese Pfahlbauten gesehen hat, dann begreift man, warum eine auf Schilf und Holz aufgebaute Kultur sich auf dem Wasser mit dem Luxus unglaublicher technischer Raffinessen zu entfalten vermochte und wieder vergangen ist, ohne daß mehr erhalten blieb als ein dürftiges Gerippe: eine Handvoll im Schlamm der Seen vergrabene Pfosten. Diese aus Flechtwerk und Pfählen errichtete Welt von Korbflechtern und Fischern mit ihren Fischteichen und Bambusvorhängen, die kilometerlange Reusen bilden, den Flößen, auf denen die Fische getrocknet werden, mit ihren Strohhütten und schwimmenden Schweinepferchen und Einbäumen – diese Welt ist ein Überbleibsel der Steinzeitkultur, wie es sie heute nur noch selten gibt.

Für den Archäologen und Kunsthistoriker ist es ein Glück, daß dieses soziologische und technologische «Fossil» in Kambodscha noch existiert, eröffnet es uns doch die Möglichkeit, die Zustände früherer Zeiten an Ort und Stelle zu studieren und so wichtige Aufschlüsse über wesentliche Elemente der Khmer-Welt zu gewinnen. So ist es nicht verwunderlich, daß diese Pfahlbaubewohner die Wassergottheiten ganz besonders verehren, leben sie doch aufs engste mit dem nassen Element zusammen. Jedenfalls erfahren wir durch die Menschen, die noch heute an den Ufern des Großen Sees leben, mehr über die früheren Bewohner von Kambodscha als durch die Mutmaßungen der Archäologen.

Wenn wir uns nun der Khmer-Architektur zuwenden, müssen wir uns diese Eigenheiten des einfachen ländlichen Volkes von Kambodscha stets vor Augen halten, hat doch diese Bevölkerung aus früheren Zeiten so manches Erbe bewahrt und trägt noch heute die unauslöschlichen Spuren seiner Geschichte.

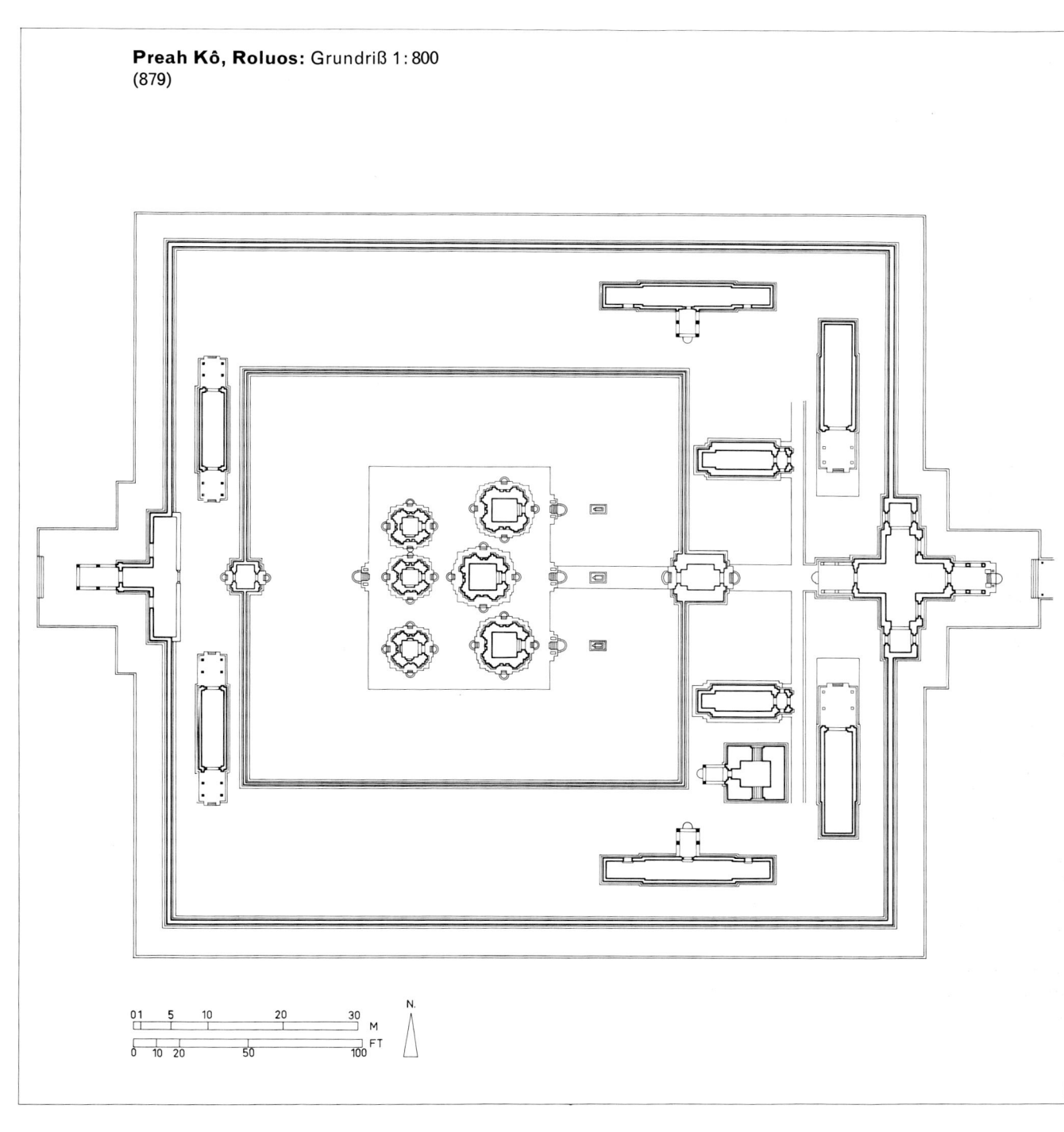

**Preah Kô, Roluos:** Grundriß 1 : 800
(879)

0 1 5 10 20 30 M
0 10 20 50 100 FT

N.

**Plan von Angkor und Roluos** 1:60 000

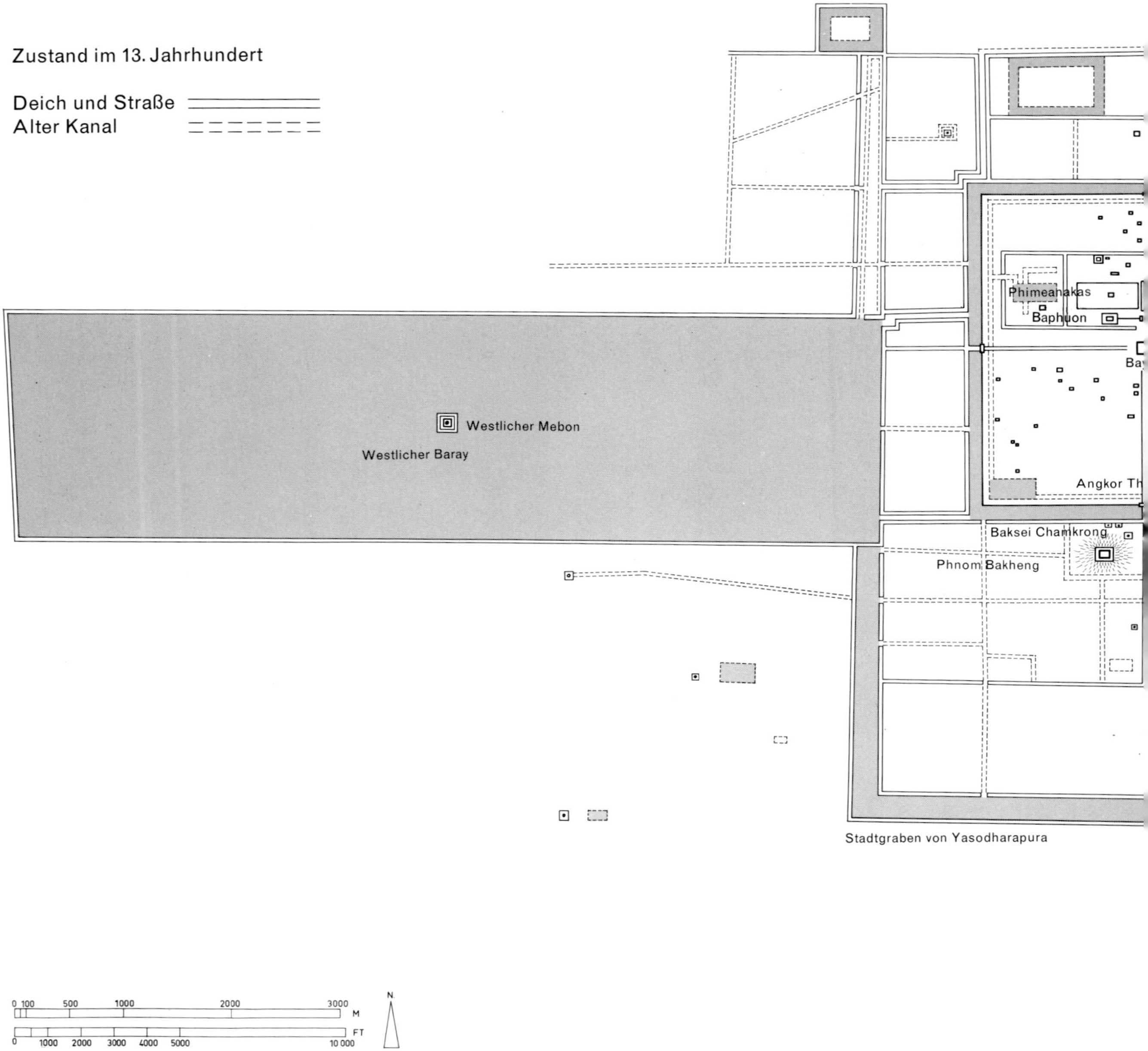

Zustand im 13. Jahrhundert

Deich und Straße ════════
Alter Kanal        ═══════

Phimeanakas

Baphuon

Ba

Westlicher Mebon

Westlicher Baray

Angkor Th

Baksei Chamkrong

Phnom Bakheng

Stadtgraben von Yasodharapura

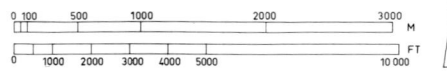

0 100   500   1000        2000        3000
                                      M
0   1000 2000 3000 4000 5000        10 000
                                      FT

N

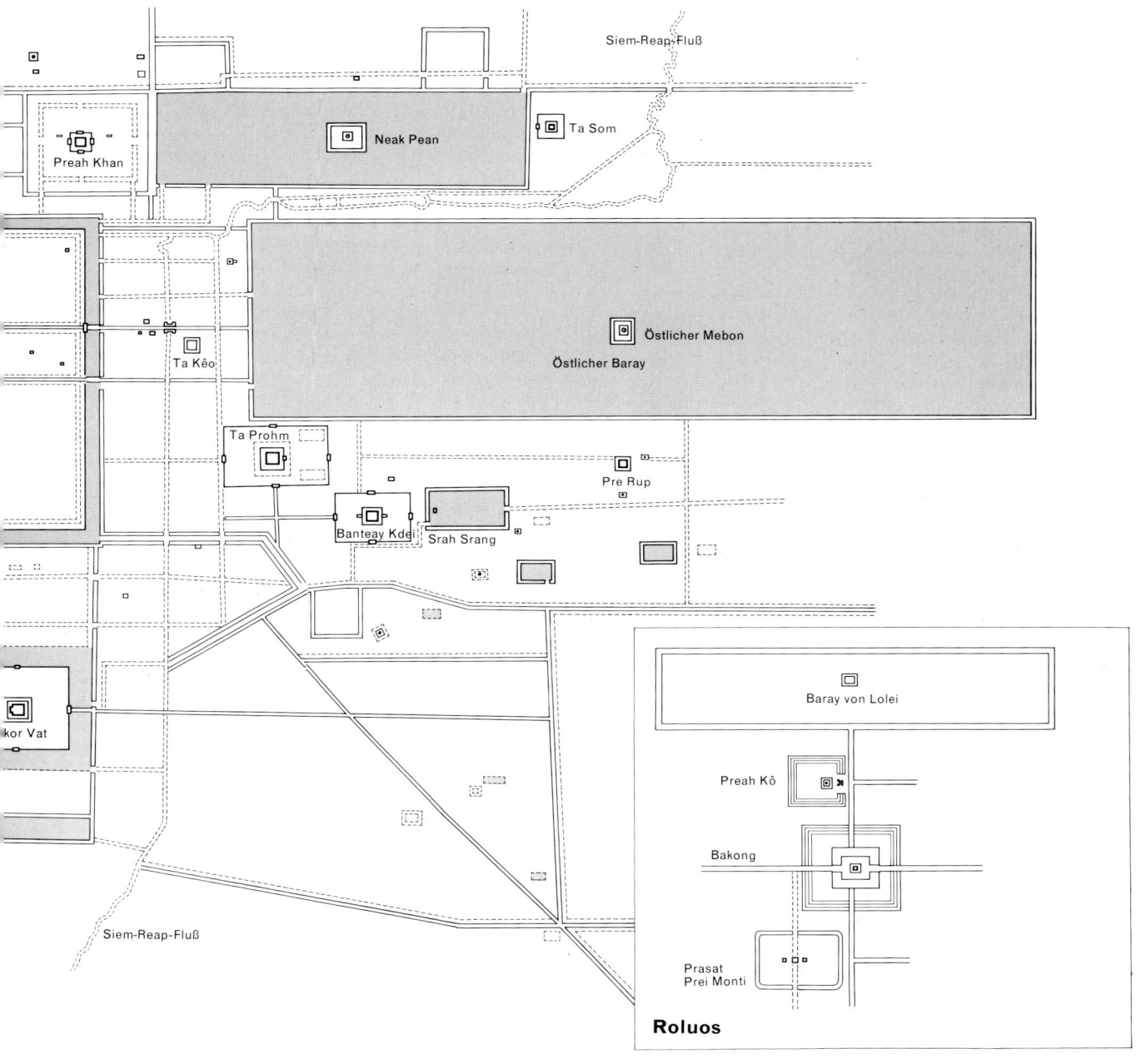

Preah Khan

Neak Pean

Ta Som

Siem-Reap-Fluß

Ta Kêo

Östlicher Mebon

Östlicher Baray

Ta Prohm

Pre Rup

Banteay Kdei

Srah Srang

kor Vat

Siem-Reap-Fluß

Baray von Lolei

Preah Kô

Bakong

Prasat
Prei Monti

**Roluos**

# Legenden

## Preah Kô, Roluos (879)

21 Luftaufnahme der auf einer Plattform gruppierten Türme; drei von Mauern eingefaßte Treppen führen nach oben.

22 Aus einem einzigen Sandsteinblock herausgehauene Nische mit Wächter (Dvarapala), umrahmt von Säulchen und einem in Marakas (aus Drachen und Krokodil zusammengesetzte Seeungeheuer) auslaufenden Bogen.

23 Vier der sechs aus Backsteinen errichteten Tempeltürme mit vierfach gestuften Pyramidendächern.

## Bakong, Roluos (881)

24 Axiale Luftaufnahme von Osten. Um die fünfstufige Sandsteinpyramide sind Tempeltürme aus Backstein verteilt. Vor der quadratischen Einfassung liegen die Gebäude eines modernen Bonzenklosters; es folgt ein breiter, von der Vegetation überwucherter Graben, über den zwei Deiche führen.

25 Nebentempel aus Backstein umstehen die Pyramide. Luftbild vom Nordostwinkel.

26 Blick von unten in das Backsteindach eines Prasat. Die vorkragenden Abschnitte lassen deutlich die äußere Stufung des Daches erkennen.

27 Die Pyramide, vom Boden aus gesehen. Im Vordergrund der Unterbau eines zerstörten Tempels, von dem nur noch in Sandstein ausgeführte Partien existieren. Das die Pyramide krönende Heiligtum ist mehr als 200 Jahre nach dem übrigen, von Indravarman I. 881 erstellten Komplex entstanden.

## Phnom Bakheng, Angkor (893)

28 Luftaufnahme der fünfstufigen Pyramide auf der natürlichen Bodenerhebung, die Yasovarman als Mittelpunkt seiner Stadt wählte. Auf der obersten Stufe eine flache Terrasse mit den fünf kreuzweise angeordneten Tempeltürmen, die fast völlig zerstört sind.

29 Mittelansicht der von Tempeltürmen aus Sandstein gesäumten Treppe. Auf den Treppenmauern stehen Löwen.

30 Dank der natürlichen Bodenerhebung, die als «Unterbau» zur Verfügung stand, liegt die oberste Terrasse der Pyramide 75 Meter über der Ebene von Angkor.

31 Einer der 60 kleinen Tempeltürme aus Sandstein mit seinem pyramidenförmigen Stufendach, den vom Kudu abgeleiteten Giebeln, den Pilastern und Blendtüren.

## Baksei Chamkrong, Angkor (920)

32 Detail der Blendtür aus Sandstein auf der südlichen Tempelseite. Das fein herausgearbeitete Pflanzengeflecht leitet sich von der Holzschnitzerei her.

33 Auf der vierstufigen Lateritpyramide steht der Tempelturm aus Backstein, zu dem durchgehende, von Mauern eingefaßte Mitteltreppen führen.

## Östlicher Mebon, Angkor (952)

34 Blick vom axialen Gopuram der ersten Einfassung auf die fünf kreuzweise angeordneten Tempeltürme. Der Mittelturm steht auf einem mit Wülsten geschmückten Sockel.

35 Ein vollplastischer Elefant an der Ecke der ersten Stufe symbolisiert die Stabilität der Welt.

36 Detail einer achteckigen Sandsteinsäule einer Türeinfassung. Der Perlen- und Laubdekor zwischen den beiden Wülsten ist symmetrisch angeordnet.

## Pre Rup, Angkor (961)

37 Luftaufnahme des Tempelbergs mit seinen konzentrischen Einfassungen. Auf der dreistufigen Lateritpyramide stehen fünf in Quinkunxstellung angeordnete Tempel aus Ziegelstein. Die fünf Türme im Vordergrund zwischen den beiden Einfassungen wurden erst später errichtet.

38 Sandsteintür eines Tempelturms mit achteckigen Säulen und reich skulptiertem Sturz.

39 Mittelansicht der Pyramiden-Westseite.

40 Aus großen Lateritblöcken errichteter Bau an der Nordostecke der ersten Einfassung.

39

**Bakong, Roluos:** Grundriß des Tempelkomplexes und
Schnitt durch die Pyramide 1:1200 (881)

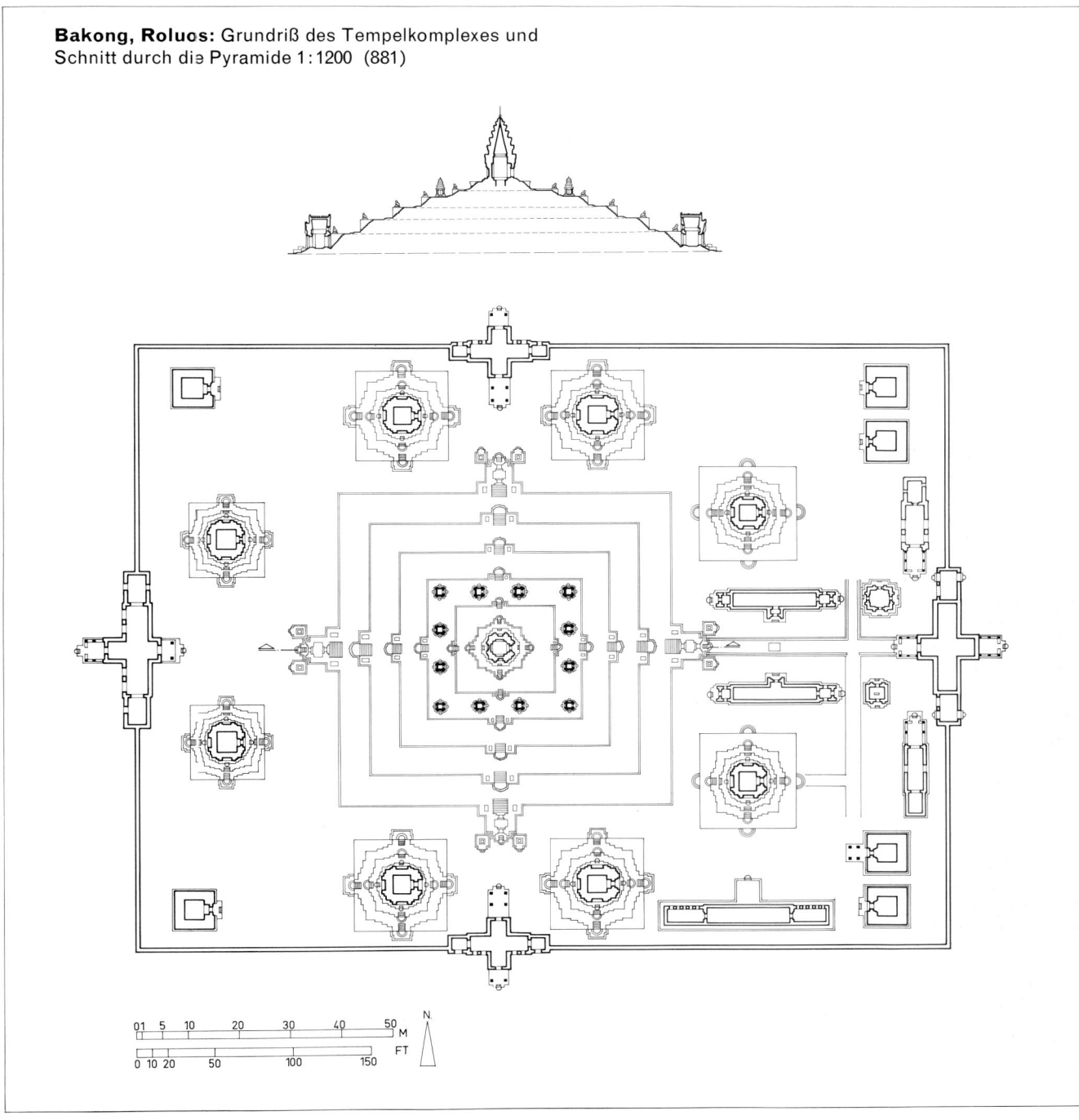

0 1 5 10 20 30 40 50 M
0 10 20 50 100 150 FT
N

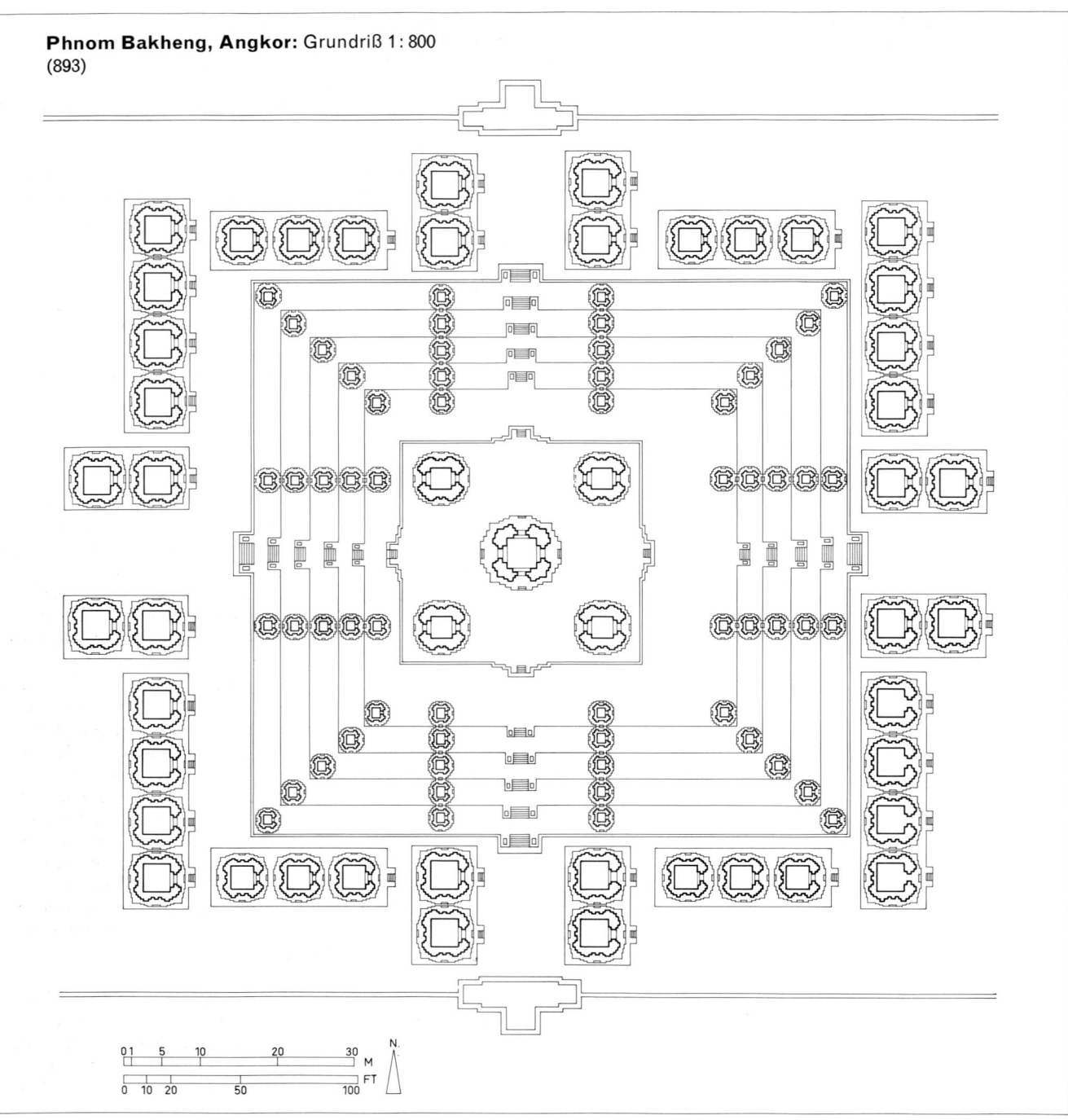

0 1    5      10           20              30
M
0  10  20            50                    100
FT

N.

## 2. Vom Reisanbau zum Städtebau der Khmer

Auf der Entwicklungsstufe, auf der Indochina sich um die Zeitenwende befand, also noch ehe indische Einflüsse spürbar wurden, war die Kultur des Landes rein agrarisch: die Feldfrüchte bildeten den bedeutsamsten Reichtum. Besonders eine Pflanze sollte für das weitere Schicksal Indochinas entscheidend sein: der Reis.

Unter den Gräsern, die der Mensch in Kultur nahm, folgte der Reis erst ziemlich spät auf den Weizen. Völker, bei denen Reis das Hauptnahrungsmittel war, finden sich erst im dritten vorchristlichen Jahrtausend, während Weizen in großem Umfang schon im 5. Jahrtausend v. Chr. kultiviert wurde. Die Heimat des Reises war Zentralasien. Dementsprechend gedieh diese Grasart zunächst auf trockenem Boden. Erst durch Auslese wurde sie im Laufe der Zeit zu einer halben Wasserpflanze, und nur als solche war sie für die feuchtwarmen Tropenländer geeignet und brachte einen weit höheren Ernteertrag.

Die frühen Agrartechniken

Die Deltagebiete Indochinas und die Uferzonen der großen Ströme erwiesen sich zunächst für eine Besiedlung als ungeeignet, weil die plötzlichen verheerenden Überschwemmungen in der Monsunzeit von den ersten Bewohnern der Halbinsel nicht gemeistert werden konnten. Deshalb scheinen sich die ersten menschlichen Ansiedlungen auf die Hügelgebiete des heutigen Laos und die niederen Lagen des annamitischen Berglandes beschränkt zu haben. In diesen heutzutage sehr trockenen Regionen, die stark erodiert oder vom Tropenwald überwuchert sind, ließ sich nur der aus trockenen Regionen stammende Reis anbauen, den man heute als Bergreis bezeichnet. Zu diesem Zweck rodete man – teils durch Feuer – den Wald, doch wurde durch den primitiven Ackerbau der Boden rasch erschöpft, so daß man einen Teil der Felder brachliegen lassen mußte, damit sie sich erholen konnten. Der wenig ertragreiche Bergreis, der für die unterentwickelten südasiatischen Völker charakteristisch ist, erfordert einen hohen Arbeitsaufwand. Einen kulturellen Aufschwung konnte es deshalb in Indochina erst geben, nachdem bessere Reissorten eingeführt und lohnendere Ackerbaumethoden entwickelt waren.

Ein erster Schritt in diese Richtung wurde getan, als sich erste menschliche Gemeinschaften an den Ufern des Großen Sees ansiedelten und Pfahlbauten errichteten, wie sie im vorangehenden Kapitel beschrieben wurden. Diese Pfahlbaukulturen bilden gleichsam den vorindischen Beginn der Khmer-Kultur. Deshalb müssen wir kurz bei ihnen verweilen.

## Der schwimmende Reis

Daß der Große See durch seinen Fischreichtum die Menschen anlockte, ist weiter nicht überraschend. Freilich machten die enormen Wasserstandsschwankungen es den Fischern sehr schwer, sich an den Gestaden des Sees niederzulassen. 150 Kilometer lang und 20 bis 35 Kilometer breit, liegt noch heute der Spiegel des Großen Sees gegen Ende der Monsunzeit um etwa 12 Meter höher als in der Trockenzeit. Als der chinesische Reisende Tcheou Ta-kuan 1295 Angkor besuchte, betrugen die Schwankungen, wie er seinem Reisetagebuch anvertraute, zwischen 24 und 28 Meter. Mag er auch ein wenig übertrieben haben, so steht doch fest, daß der niedrigste Wasserstand damals unter dem heutigen lag, ist doch seither die große Ebene durch von den Flüssen herbeigetragenes Schwemmland angehoben worden; der Mekong transportiert unaufhörlich riesige Geröll- und Sandmassen aus den Hochtälern des Himalaja und dem laotischen Bergland nach Kambodscha und lagert sie großenteils während seiner Überschwemmungen ab.

Unter diesen Umständen konnte, wie bereits erwähnt, der Große See bei Hochwasser eine drei- bis viermal größere Fläche bedecken als bei Niedrigwasser. Die Uferbewohner nutzten nicht nur den Fischreichtum des Sees – natürlich spielte er für sie sicherlich die Hauptrolle –, sondern profitierten auch von einer besonderen Reissorte, die sich den Wasserstandsschwankungen angepaßt hatte. Dies war der wilde schwimmende Reis. Ausführlich geschildert wurde dieser Reis von dem Chinesen Tcheou Ta-kuan, aber auch von Portugiesen und Spaniern des 16. Jahrhunderts, deren Berichte durch Bernard-Philippe Groslier wieder ans Tageslicht gebracht wurden. So sprach Diogo do Couto von einem «im Wasser wachsenden und gedeihenden Reis». Die Halme dieser erstaunlichen Getreidesorte wachsen täglich um 10 Zentimeter und können Längen von 9 bis 10 Meter erreichen. Dadurch ist es der Pflanze möglich, trotz der erheblichen Wasserstandsschwankungen des Großen Sees die Ähre stets über Wasser zu halten. Do Couto beschreibt auch, wie man den Reis erntete: «Die Kambodschaner fahren im Einbaum über den See, legen die Ähren auf die Bordwände und klopfen sie so, daß die Körner in ihr Boot fallen.»

Diese primitive Erntetechnik hatte sich sicherlich vom Neolithikum bis zum 16. Jahrhundert kaum verändert, wie auch heute noch an den Gestaden des Großen Sees die Hütten ebenso erbaut, die Fische ebenso gefangen und getrocknet werden wie in vorgeschichtlicher Zeit.

Daraus dürfen wir schließen, daß es in Kambodscha bereits vor der Ankunft indischer «Kolonisten» an den Seeufern eine Kultur gab, die seit der Jungsteinzeit auf dem Fischfang und dem schwimmenden Reis beruhte. Der Fischfang war gemeinschaftlich organisiert, da die gewaltigen Reusen nur im Zusammenwirken vieler geschaffen und unterhalten werden konnten; was den schwimmenden Reis angeht, so waren die Pfahlbauer halb Sammler, halb Ackerbauern, begnügten sie sich doch zuerst mit einem Abernten des wild wachsenden Reises, um ihn dann zunehmend zu kultivieren.

## Die Reisfelder

Indischen Kaufleuten, die sich an der Südküste Indochinas niederließen, kommt das Verdienst zu, höher entwickelte Ackerbautechniken nach Südostasien gebracht zu haben. Durch sie lernte die Halbinsel die ersten Reisfelder kennen, auf denen eine besondere Reisart kultiviert wurde, der Wasserreis, den man in Indien seit dem 3. vorchristlichen Jahrtausend anbaute. Die für diese Form des Ackerbaus notwendigen Bewässerungstechniken wurden in jener Region entwickelt, die von den Chinesen Fu-nan genannt wurde.

Das dichte Kanalnetz im Mekongdelta war die Grundlage des auf unter Wasser gesetzten Reisfeldern aufgebauten agrarischen Systems, dessen intensive Nutzung in der angkorianischen Zeit die Blüte des Khmer-Reiches ermöglichte. Der durch auf genauer Naturbeobachtung beruhende Selektion herangezüchtete Wasserreis braucht ganz besondere Wachstumsbedingungen, um heranreifen zu können. Doch wenn diese Bedingungen erfüllt sind, begnügt sich die Pflanze mit Böden mittlerer Qualität, ohne daß der Ernteertrag qualitativ oder quantitativ darunter leidet. Vor allem braucht der Reis viel Wasser. Die dichten Wurzeln müssen ganz unter Wasser stehen. Stehendes Wasser jedoch nützt gar nichts; die Pflanze braucht sehr viel Sauerstoff, und dieser muß ständig erneuert werden. Entsprechend ist das scheinbar stehende Wasser der Reisfelder ständig im Fluß, wodurch es sich laufend mit Sauerstoff anreichert. Um diese unaufhörliche Wasserzirkulation in den Reisfeldern zu bewirken, bedarf es einer hochentwickelten Wasserbautechnik.

## Ein unglaublicher Ertragsreichtum

Seit der Entfaltung des Reiches von Fu-nan im dritten nachchristlichen Jahrhundert gab es im Gebiet des Bassak und an der Küste des Golfs von Siam riesige Reisfelder. Zur Bewässerung der Felder wurden mit Hilfe von Kanälen Mekong und Menam angezapft; wie ein Schachbrettmuster zogen sich die Dämme durch die Landschaft, die die Reisfelder begrenzten. Von jedem Feld sickerte das Wasser in ein tieferliegendes Feld, bis es schließlich wieder in einem Abzugskanal gesammelt und dem Fluß zugeleitet wurde.

Nur durch diese Art der Bodenbewirtschaftung konnte Fu-nan zu einem Großreich werden, das den ganzen Umkreis des Chinesischen Meers beherrschte. Denn durch dieses vermutlich in Indien erfundene System wurde gewährleistet, daß sich der Boden nicht erschöpfte: Das Wasser lagerte von Feld zu Feld den von ihm mitgeführten fruchtbaren Schlamm ab, so daß die Felder Jahr für Jahr intensiv genutzt werden konnten.

Die Reisbautechnik ermöglicht auf einem verhältnismäßig kleinen Gebiet eine gewaltige Konzentration von Arbeitskräften und einen unglaublich hohen Ertrag. Nach Fernand Braudel erbrachte ein Hektar Weizenland in Frankreich vor der Französischen Revolution jährlich fünf Zentner Weizen; ein Reisfeld von einem Hektar ermöglicht dank der Bewässerung jährlich zwei oder sogar drei Ernten und bringt auf diese Weise dreißig Zentner Paddy, die mindestens zwanzig Zentner Reis ergeben. In Kalorien umgerechnet, ergibt sich folgendes Verhältnis: Reis bringt pro Hektar 7 300 000 Kalorien, Weizen 1 500 000 Kalorien, während Schlachtvieh pro Hektar Weideland nur 340 000 Kalorien erbringt. Daher ist der Reisbau die bei weitem produktivste Art der Bodennutzung, und aus demselben Grund hat sich der Reis – bei entsprechenden natürlichen Gegebenheiten – überall in dichtbesiedelten Regionen durchgesetzt.

## Die Anfänge der Bewässerungstechnik

Freilich erreichten die Reisfelder in der Fu-nan-Zeit noch nicht diesen Ertragsreichtum, beruhte die Bewässerung damals doch noch vorwiegend auf den Monsun-Niederschlägen. Nun bringt zwar der Monsun gewaltige Regenfälle – etwa 1600 Millimeter jährlich –, aber die Regenzeit ist verhältnismäßig kurz und wird von einer Trockenzeit abgelöst, die ein halbes Jahr oder gar acht Monate dauern kann. In Kambodscha fallen mehr als doppelt soviel Niederschläge wie in gemäßigten Zonen, etwa in Deutschland oder Frankreich. Aber diese von den Südwestwinden herbeigeführten Wassermassen regnen nur zwischen Juni und September ab, also in knapp vier Monaten. In den übrigen Monaten regnet es fast überhaupt nicht; dafür ist es sehr heiß. Unter natürlichen Umständen ist infolgedessen in Indochina nur eine einzige Ernte pro Jahr möglich. Bestenfalls können als minder wichtige Feldfrüchte Gemüse gezogen werden. Entsprechend geschah es auch in der Landwirtschaft des vorangkorianischen Kambodscha, das die Ackerbautechniken von Fu-nan übernahm; dieses Reich ging um die Mitte des 6. Jahrhunderts unter.

Die Vor-Angkorianer dehnten die von Fu-nan geerbten Errungenschaften über einen Großteil des Landes aus, soweit es durch Flüsse bewässert wurde, besonders auf das Mekong-Becken. So schufen sie im 7. oder 8. Jahrhundert ein Wirtschaftssystem, das zwar in seinen Möglichkeiten noch begrenzt war, aber immerhin zur Grundlage einer eigenständigen Zivilisation werden konnte. Wenn sich auch diese erste Khmer-Kultur in künstlerischer Ausdruckskraft und materieller Macht kaum von den Nachbarvölkern unterschied, etwa von den Cham von Mi-son im heutigen Südvietnam, vermochte sich doch allmählich die Eigenart der Khmer herauszubilden. Und durch eine echte technologische Revolution, herbeigeführt durch neue Methoden künstlicher Bewässerung, die zur Zeit der Gründung des Reichs von Angkor im 9. Jahrhundert entwickelt wurden, schwang sich das Reich der Khmer zu einer der Großmächte im südostasiatischen Raum auf.

## Die angkorianische Revolution

Jayavarman II., der lange am Hof der Shailendra auf Java gelebt hatte, kam auf den genialen Einfall, inmitten der Ebene von Angkor seine Hauptstadt zu gründen. Allgemein nimmt man an, daß er von den indonesischen Herrschern nicht nur ihre Auffassung vom Königtum übernahm, nach der König Mittler und Fürsprecher zwischen den Gottheiten und den Menschen war, was auf eine Vergöttlichung des Herrschers hinauslief, sondern auch die Symbolik des Tempelbergs. Vorbild war für ihn zweifellos der majestätische Tempel von Borobudur auf Java. Aber vielleicht brachte Jayavarman II. aus Indonesien auch die Kenntnis mit, wie man Reisfelder künstlich bewässert. Ohne diese Kenntnis ließe sich unmöglich erklären, warum er seine Hauptstadt ausgerechnet in die Ebene von Angkor verlegte, denn eine solche Entscheidung war nur sinnvoll, wenn er von vornherein wußte, auf welchen Grundlagen sich die Macht des Khmer-Reiches aufbauen ließ.

Die nördlich des Großen Sees gelegene Ebene besteht aus Schwemmland, das sich fast unmerklich von Nordnordost nach Südsüdwest neigt. Durchzogen wird die gewaltige Fläche von drei das ganze Jahr über wasserführenden Flüssen, die im Bergland von Kulên entspringen und in den Großen See münden. Außerdem lag der Ort, an dem die neue Hauptstadt entstehen sollte, genau im Mittelpunkt des Reiches; durch den Tonlé Sap und den Mekong bestand ein direkter Zugang zum Meer. Das fast tischebene Land war von fruchtbarem Boden bedeckt, der durch eine wohldurchdachte Bewässerung reichen Erntesegen bringen konnte.

Diese Möglichkeit scheint Jayavarman II. intuitiv erkannt zu haben. Als er den Entschluß faßte, in diesem Gebiet seine Hauptstadt zu gründen, war ihm sicherlich schon bewußt, mit welchen Methoden sich die Fruchtbarkeit des Bodens ausbeuten ließ. Dies ist einleuchtend, auch wenn es bislang noch nicht möglich war, ihm den Bau irgendeiner bestimmten wasserbautechnischen Anlage zuzuschreiben. Zunächst war er sich offenbar nicht ganz im klaren, wo er sich niederlassen sollte, wie die aufeinanderfolgenden Städtegründungen bezeugen; immerhin sind alle diese Städte nicht allzuweit von Angkor entfernt. 790 gründete er Kampong Cham südöstlich des Großen Sees, doch erkannte er rasch, daß das Gebiet nördlich des Sees geeigneter war. Sobald er 802 in den eigentlichen Bezirk von Angkor übersiedelte, vervielfältigte er seine Gründungen: zunächst residierte er in Kuti, dann in Hariharalaya in Roluos, unmittelbar am Ufer des Großen Sees, danach in Ak Yum, wieder im Bezirk Angkors, und schließlich in einer Stadt, die er auf dem Phnom Kulên gründete, knapp vierzig Kilometer nordöstlich von Angkor; dort gewannen die Khmer den herrlichen Sandstein, aus dem sie ihre Tempel errichteten. Dieser berühmte Herrscher regierte sechzig Jahre lang.
Er beschloß sein Leben 850 n. Chr. in der Stadt Roluos.


Die Bewässerungsanlagen von Angkor

Wie schon erwähnt, war zur Fu-nan-Zeit und auch in dem darauffolgenden halben Jahrtausend, in dem sich allmählich die vor-angkorianische Khmer-Kultur herausbildete, die Landwirtschaft ganz und gar dem Rhythmus des Monsuns unterworfen: vier- bis fünfmonatige Regenzeit, siebenbis achtmonatige Trockenzeit. Die große Leistung der Herrscher von Angkor bestand darin, diesen naturgegebenen Zyklus durchbrochen zu haben. Sie hatten begriffen, daß die Landwirtschaft nur dann blühen und das Reich mächtig werden konnte, wenn es gelang, die Reisernte zu verdoppeln oder gar zu verdreifachen. Dazu war es nötig, in der Regenzeit Wasser zu speichern, um in der Trockenzeit die Felder damit bewässern zu können. Ganz neu war das freilich nicht: sicher unternahm man schon seit dem Beginn des indischen Einflusses Versuche in dieser Richtung, ist doch das durch Dämme eingefaßte und mit gespeichertem Regenwasser bewässerte Reisfeld von den Indern eingeführt worden.

Aber vom üblichen Reisfeld, das eine einzige Ernte pro Jahr liefert, zu dem ehrgeizigen Vorhaben, zwei oder gar drei Ernten jährlich zu erzielen, war ein entscheidender Schritt: Man mußte gewillt sein, die ohnmächtige Bindung des Menschen an den Rhythmus der Natur zu zerbrechen.

Diesen Schritt taten die Herrscher von Angkor durch die Schaffung riesiger Wasserspeicher oder künstlicher Seen, die auf kambodschanisch «baray» heißen. Damit bezweckte man vor allem, den Reichtum des Himmels besser zu verteilen, der in der Regenzeit im Übermaß auf die Erde fiel, aber während der Trockenzeit bitter vermißt wurde.

Gewiß hätte man diese Reservoirs ebenso anlegen können wie die Wasserspeicher der indischen Tempel, deren Wasser für rituelle Waschungen und für die Versorgung der Bevölkerung mit Trinkwasser bestimmt war. Aber wenn man in Angkor solche in den Boden eingetieften Wasserspeicher geschaffen hätte, wären für die Bewässerung der Felder Schöpfmechanismen notwendig gewesen, um das Wasser zu heben. Andere Kulturen haben für diesen Zweck archimedischen Schrauben, Schöpfräder und verschiedene Pumpsysteme erfunden. Alle diese technischen Hilfsmittel haben den Nachteil, daß für ihren Betrieb viel – menschliche oder tierische – Kraft aufgewandt werden muß. Die Khmer kamen auf den genialen Einfall, ihr Wasser nicht in eingetieften Becken zu speichern, sondern mit Hilfe von hohen Dämmen, so daß der Wasservorrat höher lag als das umliegende Land, das zu bewässern war. Gefüllt wurden die Reservoirs während der Regenzeit, in erster Linie durch die reichlichen Niederschläge: in der Monsunzeit fällt bis zu 1600 Millimeter Regen. Außerdem leitete man von den Flüssen Wasser in die Barays. Auch die hierzu notwendigen Kanäle wurden nicht in den Boden gegraben, sondern durch Dämme geschaffen, so daß die Einmündung in den Baray zwei bis drei Meter höher lag als der Flußspiegel. Die Methode bestand darin, die Neigung der angkorianischen

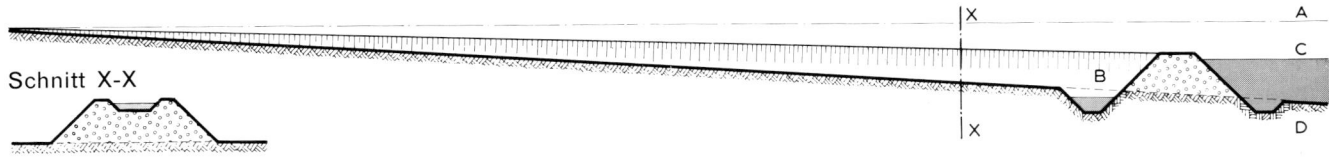

Schnitt X-X

▲ Ausnutzung des natürlichen Gefälles durch einen hoch-
gelagerten Kanal
A Horizontlinie
B Überhöhter Kanal mit Minimalgefälle
C Spiegel des Baray
D Ebene von Angkor, natürliches Flußgefälle

Ebene so zu korrigieren, daß das Wasser der Flüsse durch
ein minimales Gefälle – sanfter als das des Erdbodens –
auf natürliche Weise abfloß. Dadurch war es möglich,
fast das ganze Jahr über riesige Reservoirs zu füllen.
Regen- und Flußwasser, mit Hilfe dieser Verfahren ge-
speichert, lieferten den Khmer so große Vorräte, daß sie
während der acht Monate während Trockenzeit keinen
Mangel litten.

Um das gespeicherte Wasser einzusetzen, bedurfte es
keiner Pumpmechanismen; es genügte, die Schleusen zu
öffnen. Durch ein weitverzweigtes System von Gräben und
Rinnen floß dann das Wasser auf Grund der Schwerkraft
dorthin, wo man es brauchte, bis hin zu den entlegensten
Reisfeldern.

Die Khmer hatten erkannt, daß das Wasser zwar stets dort
fließt, wo das Gelände am steilsten abfällt, daß man es
jedoch abfangen und von der Fallinie nach rechts und links
ableiten kann; auf diese Weise läßt sich Wasser weit
transportieren, falls die Gräben ein Minimum an Gefälle
aufweisen. Dergestalt ist es möglich, beispielsweise an
Hängen das Wasser fast waagrecht zu führen, falls es in
einem Winkel von nicht mehr als 75 bis 80 Grad von seinem
natürlichen Lauf abgeleitet wird.

**Die Entwicklung der angkorianischen Wasserbau-
technik**

Auf diesen Grundlagen und Erkenntnissen beruhte das
gesamte Bewässerungssystem, das dem Khmer-Reich im
Herzen Indochinas eine einzigartige Macht verlieh. Mit Hilfe
dieses Systems erlebte der Ackerbau einen ungeahnten

Aufschwung, wurde Angkor vom 9. bis 13. Jahrhundert zu
einer wahren «Reisfabrik».

Im folgenden werden wir die Entwicklung dieser genialen
Methode der Bodenbearbeitung und Nutzbarmachung
des Landes verfolgen. Wir werden die Schöpfungen
der großen Khmer-Könige kennenlernen, die der Ebene von
Angkor ein Bewässerungssystem gaben, ohne das keine
auf der Agrarwirtschaft beruhende Macht in einem Monsun-
Land hätte existieren können.

A) Das Werk Indravarmans

Das erste große Bewässerungssystem, das wir aus dem
Gebiet von Angkor kennen, wurde von Indravarman geschaffen – der Baray von Lolei in Roluos unweit des Ufers
des Großen Sees. Hierbei handelte es sich um einen riesigen künstlichen See von rechteckigem Grundriß. Die geradlinigen Dämme, die den See schufen, waren 3800 Meter
bzw. rund 800 Meter lang.

Das Fassungsvermögen dieses Sees läßt sich leicht aus-
rechnen. Wenn wir einen mittleren Wasserstand von 2 Meter
annehmen, kommen wir auf einen Inhalt von 6 Millionen
Kubikmeter. Es ist unwahrscheinlich, daß dieses gewaltige
Reservoir keine Vorläufer hatte. Als Indravarman den Befehl
gab, den Wasserspeicher zu bauen, konnte er sich nach aller
Wahrscheinlichkeit auf die Erfahrungen stützen, die man
beim Bau früherer Reservoirs gewonnen hatte. Wasserspeicher baute man sicher schon in der Regierungszeit
von Jayavarman II. und Jayavarman III., und wenn sie wohl
auch bedeutend kleiner waren, boten sie doch die Möglichkeit, Techniken auszuprobieren und zu vervollkommnen, die

dann bei dem gewaltigen Stausee von Lolei meisterhaft angewandt wurden.

Indravarmans großartige Schöpfung war in jeder Hinsicht vollkommen. Der Baray hatte bereits die Form, die später «klassisch» werden sollte: Er war etwa viermal so lang wie breit und stand senkrecht zum Gefälle des zum See hin abschüssigen Geländes und ebenso senkrecht zum Lauf des Roluos, aus dem er gespeist wurde. Daß man den Stausee quer zum Gefälle des Bodens stellte, war das Ergebnis einer scharfsinnigen Beobachtung: Hätte man das Reservoir in der Richtung des Gefälles angelegt oder seinen Grundriß quadratisch gestaltet, dann hätte die Südmauer, um den Geländeabfall auszugleichen, erheblich höher sein müssen als der Norddamm. So aber konnte man mit einem Minimum an Erdaufschüttungen ein Maximum an Wasser speichern. (Vgl. Pl. S. 18.)

Doch der Baray von Lolei war nur das erste Glied einer Kette von Bewässerungsanlagen, die Roluos zum Prototyp der angkorianischen Stadt werden ließen und die sich alle Nachfolger Indravarmans zum Vorbild nahmen. Ein anschauliches Bild von den Anlagen Indravarmans gibt Bernard-Philippe Groslier, der Indochina-Spezialist, dem man die wesentlichsten Aufschlüsse über die Bewässerungstechniken der Khmer verdankt. Er schreibt: Unterhalb des Stausees von Lolei, «wo der Boden unter dem Niveau der so geschaffenen Wasserfläche lag, leiteten Kanäle das verfügbare Wasser in die Reisfelder, wobei einfach das natürliche Gefälle des Geländes genutzt wurde. Dieses Bewässerungssystem bestimmte auch die Anlage der Stadt, deren Gräben es ständig füllte. Vor allem aber füllten die Wasser des Baray von Lolei den des südlich davon gelegenen Tempels von Preah Kô. Dann speiste es, dem Gefälle des Geländes von Norden nach Süden folgend, die beiden Ringgräben, die den Tempelberg des Königs, den Bakong, umgaben, danach die Gräben des Königspalastes, des Prasat Prei Monti und floß schließlich durch die Reisfelder in den See.»

Diese Schilderung zeigt uns anschaulich die enge Beziehung zwischen dem landwirtschaftlichen Zwecken dienenden Bewässerungssystem, dem Städtebau und der Architektur: das Wasser «gestaltet» die Stadt, wurde die Hauptstadt von Angkor doch von Kanälen durchzogen, die teils frisches Wasser herbeiführten, teils Abwässer ableiteten. Als Indravarman sein Bewässerungsnetz schuf, versorgte er nicht nur die Landwirtschaft mit Wasser, sondern errichtete gleichzeitig ein städtisches Wasserversorgungssystem. Außerdem füllte das Wasser des Baray die Gräben

des Tempelbergs und des Königspalastes. Wir werden noch sehen, daß diese von erhöhten Straßen gesäumten Gräben nicht nur eine strategische, sondern auch eine symbolische Bedeutung hatten, denn sie wurden im Gegensatz zum Baray nicht durch Deiche geschaffen, sondern in den Boden gegraben.

Indravarman hat ein in sich geschlossenes Ganzes geschaffen, das das gesamte Gebiet vom Baray von Lolei bis zum Ufer des Großen Sees umfaßte. Das vom Roluos gespeiste Bewässerungssystem war genau auf die Gegebenheiten abgestimmt; es konnte weder vergrößert noch verbessert werden, nützte es doch alle Möglichkeiten vollkommen aus. Indravarmans Nachfolger, die die Blütezeit Angkors herbeiführten, konnten sein ausgereiftes Werk nicht abändern. Um Angkors Macht zu vergrößern, blieb ihnen keine andere Möglichkeit, als Indravarmans Beispiel nachzuahmen und andernorts entsprechende Bewässerungssysteme anzulegen, die freilich, wenn auch im Prinzip gleich, so doch in den Ausmaßen oft gewaltiger waren.

B) Yasovarmans östlicher Baray

Indravarmans Nachfolger, sein Sohn Yasovarman, schuf in der Region von Angkor ein zweites Bewässerungssystem. Er beschloß, etwa zwanzig Kilometer weiter nördlich mit dem zweiten großen Fluß des Landes, dem Siem Reap, einen Baray anzulegen, der Wasser für eine Stadt und das hangabwärts gelegene Land speichern sollte; auf diesem Land sollten ungezählte Reisfelder reiche Ernten liefern. Sein Vorhaben war gewaltig: während der Baray seines Vaters «nur» 3800 auf 800 Meter maß, sollte sein künstlicher See nicht weniger als 7000 Meter lang und 1800 Meter breit sein. So entstand der östliche Baray mit einem Fassungsvermögen von schätzungsweise 30 Millionen Kubikmeter. Während sich die Deichlängen im Vergleich zu Lolei nur etwa verdoppelten, vervier- oder verfünffachte sich der Inhalt des Stausees. (Vgl. Pl. S. 17–18.)

Doch damit gab sich Yasovarman, der von 889 bis 900 regierte, noch nicht zufrieden: Er gründete außerdem eine Stadt, deren Mittelpunkt ein natürlicher Hügel bildete, der Phnom Bakheng, auf dem er einen großen Tempelberg errichtete. Die Stadt, nach ihrem Gründer Yasodharapura genannt, wurde 1931 von dem Archäologen Victor Goloubev vom Flugzeug aus wiederentdeckt. Sie bildete ein Quadrat mit einer Seitenlänge von fast 4 Kilometern und einer Fläche von rund 15 Quadratkilometern. Im Osten wurde sie durch das kanalisierte Bett des durch den Baray geleiteten Flusses Siem Reap begrenzt, auf den übrigen drei Seiten durch 200 Meter breite Wassergräben, die durch mächtige, als Straßen ausgebildete Deiche eingefaßt waren. Es handelte sich also nicht um normale in das Gelände eingetiefte Gräben.

Die gewaltige Hauptstadt konnte deshalb nur aus der Luft wiederentdeckt werden, weil ihr Nordteil später durch Angkor Thom verdeckt war, während auf dem südöstlichen Teil Angkor Vat errichtet wurde...

Von nun an gab es in Angkor eine Stadt von 15 Quadratkilometern Fläche und eine riesige Wasserreserve, mit der sich die von Reisfeldern bedeckte Ebene bewässern ließ.

## C) Der westliche Baray

Nach dieser gewaltigen Anstrengung, durch die mehrere Tausend Hektar Boden für den Reisanbau gewonnen werden konnten, gönnten sich die Khmer, zumindest was die Bewässerungsanlagen angeht, eine Ruhepause. Erst anderthalb Jahrhunderte später knüpfte Udayadityavarman II. an die Vergangenheit an: 1050 ließ er einen künstlichen See anlegen, der größer war als alles, was es bis dahin gegeben hatte. Der westliche Baray war 8 Kilometer lang und 2200 Meter breit. Auch er war exakt von West nach Ost ausgerichtet und hatte ein Fassungsvermögen von 40 Millionen Kubikmeter. Der Ostrand dieses künstlichen Stausees lag übrigens in der Linie des Wassergrabens, der die Stadt Yasodharapura im Westen begrenzte. (Vgl. Pl. S. 17–18.)

Damit war Angkor in einem Zeitraum von 250 Jahren zu einem gewaltigen Komplex von Wasserspeichern und Kanälen geworden, die eine intensive Bodennutzung ermöglichten. Die drei großen Stauseen, in einer Epoche geschaffen, in der die Macht der Khmer ständig wuchs, faßten zusammen mehr als 75 Millionen Kubikmeter Wasser, also ebenso viel wie ein mittelgroßer moderner Stausee. Man kann sich vorstellen, welch gewaltiger Arbeitsaufwand notwendig war, um die Ebene von Angkor in eine «Reiskammer» zu verwandeln.

Wir wollen es mit der Besprechung dieser drei großartigen Leistungen bewenden lassen; später wurden noch ähnliche Bewässerungsanlagen geschaffen, die zwar weniger bedeutend waren, aber durch die Ausdehnung der bebaubaren Bodenfläche die wirtschaftliche – und damit auch die politische – Macht der Khmer stärkten. Nun wollen wir uns den Folgen zuwenden, die diese Schöpfungen auf wirtschaftlicher und technologischer Ebene hatten. Danach werden wir untersuchen, wie sich die Bewässerungsanlagen auf den Städtebau auswirkten.

## Wirtschaftliche Folgen

Dank dieser umfangreichen wasserbautechnischen Arbeiten konnten die Khmer auf einem rund 1000 Quadratkilometer großen Gebiet (es maß etwa 40 auf 25 Kilometer) den intensivsten und damit ertragreichsten Reisanbau betreiben, der je in Südostasien existiert hat; entsprechend hoch war die Bevölkerungsdichte in diesem Gebiet. Sie vermochten nicht nur ihren Nahrungsbedarf zu befriedigen, sondern produzierten mehr, als sie unmittelbar brauchten, verfügten über einen Produktionsüberschuß, der ihnen große künstlerische und religiöse Leistungen ebenso ermöglichte wie den Unterhalt einer schlagkräftigen Armee. Die Blüte der Khmer-Kultur beruhte also auf den Stauseen und der intensiven Bodennutzung, die fast ausschließlich dem Reisanbau galt; dadurch entstand das außergewöhnliche Bewässerungssystem, das die ganze Ebene von Angkor überzog.

Als die Khmer mit Hilfe ihrer Wasserspeicher erst einmal im Stande waren, mehr als eine Ernte jährlich hervorzubringen, wandten sie sich von den empirischen Bodennutzungsmethoden ab und gingen streng wissenschaftlich vor. Eine wohlorganisierte Arbeitsteilung ermöglichte die drei Ernten, die der Chinese Tcheou Ta-kuan bewunderte. Die Reisbauern begriffen bald, daß es vorteilhaft war, nicht in der althergebrachten Manier die unter Wasser gesetzten Felder zu pflügen, dann zu säen und schließlich zu ernten, sondern vielmehr zunächst bestimmte Parzellen dicht zu besäen und die 20 bis 25 Zentimeter hohen Schößlinge danach in frisch abgeerntete und gepflügte Parzellen zu verpflanzen. Obwohl zwischen Aussaat und Ernte beim Reis gewöhnlich fünf Monate liegen, konnte man auf diese Weise drei Ernten jährlich erzielen. Ohne diese «Arbeitsteilung» mit dem Verziehen der Jungpflanzen würde der Zyklus für drei Ernten fünfzehn Monate umfassen, und zudem wäre wegen des Monsuns eine kontinuierliche Abfolge gar nicht möglich, würde doch das Getreide noch vor der Ernte auf dem Halm verfaulen. Die drei Ernten folgten in einem sehr exakten Rhythmus aufeinander: Für die erste Ernte erfolgte die Aussaat in besonderen Parzellen, die nicht mehr als ein Zehntel der bebaubaren Gesamtfläche ausmachten, im Mai, die Jungpflanzen wurden Ende Juni versetzt, und geerntet wurde im Oktober, was bedeutete, daß die Pflanzen nach dem Ende des Monsuns mehr als anderthalb Monate lang in der Sonne reifen konnten.

Die Aussaat für die zweite Ernte fand Mitte September statt, also 40 bis 50 Tage vor der ersten Ernte, das Versetzen der Jungpflanzen erfolgte Anfang November, sobald die Felder der ersten Ernte gepflügt und wieder unter Wasser gesetzt waren, und ernten konnte man Ende Januar. Für die dritte Ernte säte man Ende Dezember, verpflanzte im Februar und erntete im Mai, also vor dem Einsetzen des Monsuns, durch den die Ähren zu Boden gedrückt und das Getreide verdorben worden wäre.

Dank dieser Technik war es möglich, im Gebiet von Angkor einen Nahrungsmittel-Überschuß zu erzeugen. Die ganze Ebene war eine einzige landwirtschaftliche Kulturfläche mit geometrisch aufgeteilten Feldern sowie breiten, Dutzende von Kilometern langen Kanälen, die die Fläche in rechten Winkeln aufteilten und die Erde mit Wasser durchtränkten. Eine weitere Unterteilung des Geländes erfolgte durch die von den Kanälen abzweigenden kleineren Wasserrinnen und die Deiche, die die Felder eingrenzten; sie bedeckten die Landschaft wie ein feines geradliniges Spinnennetz. So wurde die ganze Zone durch Menschenhand umgestaltet. Ein Netz von Wasserleitungen sorgte für eine ständige Wasserzirkulation; man könnte es mit dem System unserer Blutgefäße vergleichen, die unseren gesamten Körper durchziehen und versorgen. Auf diese geformte Landschaft fielen die senkrechten Strahlen der Tropensonne und spiegelten sich in den zahllosen Wasserflächen. Wasser gab es überall – Angkor war ein Reich des Wassers mit seinen gewaltigen rechtwinkligen Barays, an die sich talwärts von Wassergräben umgebene Städte und die endlosen Reisfelder anschlossen.

Von den rund tausend Quadratkilometern, die von den Khmer gerodet wurden, war vermutlich – nach Abzug der von den Städten, Dörfern und Wasserversorgungsanlagen eingenommenen Flächen – etwas mehr als die Hälfte dem Reisanbau vorbehalten. Die intensiv bearbeitete Anbaufläche betrug also rund 60000 Hektar, und jeder Hektar erbrachte im Jahr 2 – manchmal auch 2,5 – Tonnen Reis. Allein in der Region von Angkor erntete man also im 11., 12. und 13. Jahrhundert jährlich zwischen 130000 und 150000 Tonnen Reis. Es war ein gewaltiger, auf maximale Produktion abgestimmter Mechanismus, der die Grundlage der Macht und des Reichtums von Angkor bildete.

Andere Erzeugnisse

Zwar bildete der Reis, den man auf tausenderlei Arten zuzubereiten verstand, das Grundnahrungsmittel der Menschen von Kambodscha, doch ernährte man sich keineswegs nur von Reis. Durch den nicht minder intensiv betriebenen Fischfang auf dem Großen See war die Versorgung mit tierischem Eiweiß gesichert. Noch heute zählt der so unberechenbare See zu den fischreichsten Gewässern der Erde.

Getrocknete oder frische Fische kamen zu allen Jahreszeiten auf den Tisch der Khmer; man verzehrte durchschnittlich 30 Kilogramm Fisch im Jahr. Die Bevölkerung von Angkor, auf deren genaue Zahl wir noch später zu sprechen kommen werden, benötigte also Jahr für Jahr ungefähr 20000 Tonnen Fisch aus dem Großen See.

Daneben kultivierte man in dem gut bewässerten Land natürlich auch Gemüse, Obst und Gewürze, um die Tafel zu bereichern. Wie Tcheou Ta-kuan berichtet, erntete man Zwiebeln, Lauch, Senf, Zuckerrohr, Kürbisse, Gurken, Auberginen, Bohnen und Erbsen, daneben Gewürzpflanzen und Baumwolle. An Obstsorten führt er auf: Granatapfel, Banane, Orange und Letschi; außerdem gäbe es, so fährt er fort, noch viele anderen landwirtschaftlichen Erzeugnisse, deren Namen er aber nicht kenne. Die Obst- und Gemüsegärten Angkors waren also wohlbestellt, die Menschen lebten im Überfluß. Nicht umsonst sprach der chinesische Reisende vom «reichen und edlen Kambodscha».

Technologische Lösungen

Ein so kompliziertes Bewässerungssystem, wie es die Khmer für den Reisanbau schufen, warf eine Fülle technischer Probleme auf. Leider sind wir weder durch erhaltene Texte noch durch die Berichte von Zeitgenossen genauer darüber informiert. Daher bleibt uns nichts anderes übrig, als nach bestem Vermögen die technologischen Verfahren zu rekonstruieren, deren sich die Kambodschaner für den Bau ihrer gewaltigen Wasserreservoirs, der Barays, bedienten, um sie regelmäßig mit Wasser zu speisen und danach das Wasser durch ein Verteilernetz bestmöglich zu nutzen, um ein großes Gebiet zu versorgen.

Wie man die mächtigen Barays baute, hat Bernard-Philippe Groslier beschrieben. Man bediente sich des rationellsten Verfahrens, indem man beidseits der Linie, auf der sich der

Damm erheben sollte, die Erde aushob. «Auf diese Weise gewann man gleichzeitig innen und außen mit dem Baray parallel laufende Kanäle. Das Wasser, das bei einem solchen Damm immer durchsickern mußte, wurde größtenteils vom äußeren Kanal aufgenommen, der gleichsam als Abzug diente. In diesen Kanal floß auch das durch Abzugsöffnungen im Damm ausströmende Wasser. Und vor allem gingen von diesem Kanal die gesamte Bewässerungsgräben aus.»

Wenn man sich vorzustellen versucht, welcher Arbeitsaufwand für den Bau eines Baray erforderlich war, darf man nicht vergessen, daß vor dem Beginn der eigentlichen Bauarbeiten das Land zunächst einmal gerodet werden mußte. Man mußte an der gewählten Stelle die Bäume entfernen – eine gewaltige Arbeit, wenn man bedenkt, daß das Land, als sich die ersten Khmer-Könige in Angkor niederließen, von dichtem Tropenwald überwuchert war. Gewiß war das Gebiet vorher nicht gänzlich unbewohnt gewesen, aber die kleinen Reisfelder, die damals existierten und nur eine einzige Ernte jährlich erbrachten, waren winzige Inseln im Urwald, längs der Flußufer. Doch dann gingen die angkorianischen Techniker ans Werk. Sie ließen den Wald niederbrennen und die mächtigen Stämme entfernen, die bis zu 40 Meter lang sein konnten. Danach mußte man durch genaue Vermessungen den Standort des künftigen Baray festlegen. Das Reservoir wurde exakt ostwestlich ausgerichtet. Die Begrenzung bildeten geradlinige, sich im rechten Winkel schneidende Dämme. War die genaue Ausrichtung nur durch technische Notwendigkeiten bestimmt? Dies ist kaum anzunehmen. Da das Gelände so abfiel, daß ein Wasserlauf, der unbehindert hätte fließen können, sich von

Nordnordost nach Südsüdwest gezogen hätte, wäre es logisch gewesen, den Baray genau senkrecht dazu zu errichten, seine Achse also leicht nach Nordwest und Südost zu verschieben. Das hat man jedoch nicht getan. Wir werden noch sehen, daß die Wasserreservoirs und die Bewässerungsanlagen der Khmer nicht ausschließlich funktionellen Notwendigkeiten folgten; man berücksichtigte auch symbolische Bedeutungen und verschmolz harmonisch technische und religiöse Kriterien. Das beweisen auch die Tempelanlagen, die jedes Bewässerungssystem krönen.

Nehmen wir als Beispiel den östlichen Baray, der 7000 auf 1800 Meter mißt. Nachdem das Gelände vermessen war, begann man beidseits der künftigen Dämme Gräben auszuheben. Nehmen wir einmal drei Meter hohe Dämme an, deren Seiten eine Neigung hatten, die dem natürlichen Aufschüttwinkel von loser Erde entspricht (also rund 45 Grad). Ein solcher Damm hat einen trapezförmigen Querschnitt. Bei einer Höhe von drei Metern und einer Scheitelbreite von einem Meter ergibt sich eine Basisbreite von sieben Metern; der Querschnitt hat eine Fläche von rund 14 Quadratmetern. Bei einer Dammlänge von insgesamt fast 18 Kilometern errechnet sich ein Volumen von 250000 Kubikmetern; insgesamt mußten mehr als 400000 Tonnen Erde bewegt werden.

Wie lange hat der Bau des Baray gedauert? Nehmen wir einmal an, daß König Yasovarman rund 2000 Arbeitskräfte zur Verfügung hatte, die sich ausschließlich dem Deichbau widmeten. Wenn jeder Arbeiter Erde aushob, in einen Tragkorb füllte und diesen zum Deich trug, um ihn dort auszuleeren, konnte er pro halbe Stunde etwa 30 Kilogramm zur Baustelle befördern, also im Tag rund 500 Kilogramm. Diese halbe Tonne, mit 2000 Arbeitern vervielfacht, ergibt eine tägliche Arbeitsleistung von tausend Tonnen. Demnach waren insgesamt für die Errichtung der Deiche 400 Arbeitstage vonnöten. Da man jedoch an Festtagen und bestimmt auch während des Monsuns nicht arbeitete, dauerte der Bau eines Wasserreservoirs gute zwei Jahre; unter Einschluß der Rodungsarbeiten muß man für den östlichen Baray eine Bauzeit von insgesamt 4 bis 5 Jahren ansetzen. Das erscheint durchaus glaubwürdig, hat doch Yasovarman elf Jahre auf dem Thron von Angkor gesessen. In derselben Zeit ließ der große Baumeister auch die Stadt Yasodharapura errichten.

Nun könnte man sich fragen, auf welche Weise der Bauleiter exakt festlegen konnte, wie hoch der Deich an jeder Stelle zu sein hatte, denn wenn auch die Schwemmland-

▼ Schnitt durch den Deich eines Khmer-Baray. Das Material zur Aufschüttung des Deiches wurde den beiden parallel laufenden Gräben entnommen.
A Deich
B Baray
C Seitenkanal

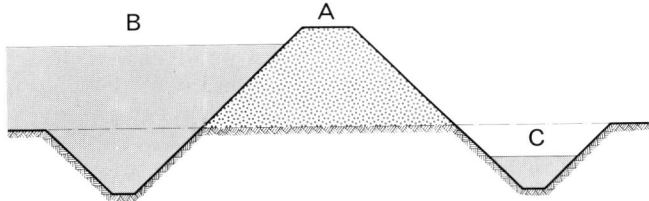

ebene von Angkor völlig flach zu sein scheint, weist sie doch Unregelmäßigkeiten auf, die sich auf einer Länge von sieben Kilometern auswirken können. Wahrscheinlich ging dem Bau des dem Deich außen parallel laufenden Kanals eine Vorbereitung voraus, die dazu diente, den genauen Verlauf festzulegen: man grub eine Rinne, die man so mit Wasser füllte, daß es überall gleich hoch stand. Damit hatte man einen Anhaltspunkt, mit dessen Hilfe man die Deichkrone an allen Stellen auf die gleiche Höhe bringen konnte. Man hatte damit die Gewähr, daß die Krone exakt horizontal verlief, so daß nach Vollendung des Bauwerks, wenn man den Baray mit Wasser füllte, das Reservoir an keiner Stelle überlief.

Interessant ist auch das Verhältnis zwischen dem Volumen der Erdaufschüttung und dem Fassungsvermögen des Baray. Bei Yasovarmans Schöpfung sprechen die Zahlen für sich: Mit Hilfe der 250000 Kubikmeter Erde konnte man rund 30 Millionen Kubikmeter Wasser aufstauen – also ein Verhältnis von 1:120!

Durch diesen technischen Eingriff in die Ebene von Angkor wurde die ganze Landschaft vollkommen umgewandelt. Die Bewässerungsanlagen bestimmten nicht nur die landwirtschaftliche Nutzfläche, sondern auch die menschlichen Ansiedlungen. Deshalb wirkten sich die Bewässerungsmethoden stark auf den Städtebau und die funktionelle Gestaltung der Städte der Khmer aus.

Die Grundlagen des angkorianischen Städtebaus

Schon für die Fu-nan-Zeit lassen sich bestimmte Prinzipien unterscheiden, denen der Städtebau der Khmer folgte. So sind die ausgedehnten Städte, die man durch Lufterkundung im Bassak-Gebiet entdeckt hat, von Befestigungsanlagen eingefaßt, die aus einem geradlinigen Erdwall und davorliegendem Wassergraben bestehen. Die rechteckig angelegte Stadt Oc-eo mit einer Seitenlänge von 3000×1500 Meter weist gar einen fünffachen Wall auf; alle vier Seiten sind von Wassergräben eingefaßt. Durch einen in der Achse verlaufenden Kanal wird sie zweigeteilt, und eine weitere Unterteilung erfolgt durch kleinere, sich rechtwinklig schneidende Kanäle. Die aus Holz errichteten Behausungen standen auf Pfählen. Zwar hatten in Fu-nan nicht alle Städte den in der Khmer-Welt zur Regel werdenden quadratischen oder rechteckigen Grundriß, aber immerhin zeigen sich bereits gewisse charakteristische Elemente, auf denen der angkorianische Städtebau gründete. So finden wir stets die

sich im rechten Winkel schneidenden Geraden, die Wassergräben und die Erdwälle, die später allenthalben anzutreffen waren.

Nach welchen Leitlinien richtete sich der Städtebau der Khmer? Es war schon die Rede davon, daß das Land seit der Fu-nan-Zeit stark unter indischem Einfluß stand. Gilt das auch für den Städtebau? Hier muß zunächst kurz ausgeführt werden, was wir über den indischen Städtebau wissen. Die folgenden Angaben sind im wesentlichen dem Band «Indien I» von Andreas Volwahsen entnommen. Der Autor weist darauf hin, daß die Gründung einer Stadt in Indien ein Vorhaben von höchster Bedeutung sei; um sein Gelingen zu sichern, sei es unerläßlich, magisch-religiöse Vorkehrungen zu treffen. Die indische Stadt weist einen quadratischen Grundriß auf, symbolisiert doch diese geometrische Form in der Vorstellung des Inders den Zusammenhang der kosmischen Ordnung. Das Mandala genannte Quadrat ist wiederum in eine gerade Zahl kleinerer Quadrate (Pada) unterteilt, die nicht Maßeinheiten darstellen, sondern den Plan untergliedern. Je nach der Komplexität der Stadt wachsen die Mandalas nach einer einfachen geometrischen Abfolge: Zwei Seiteneinheiten ergeben für die Stadt vier Flächeneinheiten, eine Seitenlänge von drei Padas ergibt eine Fläche von neun Padas usw. Die Gesamtzahl der Padas kann also 4, 9, 16, 25, 36, 49, 64, 81, 100, 121, 144 usw. betragen.

Die indischen Städte hatten in der Regel die gleiche Zahl von Padas auf jeder Seite des Quadrats; man bezeichnete das als Manduka. So kann die Stadt durch zwei sich senkrecht schneidende Straßen in vier Teile gegliedert sein. Diese der «urbs quadrata» oder dem römischen Feldlager mit «cardo» und «decumanus» nahestehende Raumordnung war für den Städtebau der Khmer charakteristisch. In Indien wie in Kambodscha geht durch die Schnittstelle zweier Hauptstraßen die Achse der Welt. Und an dieser kosmologisch bedeutsamen Stelle erhebt sich der Tempel, einerseits zwischen zwei exakt nach den Kardinalpunkten ausgerichteten Straßen, andererseits der Vertikalen, die Himmel und Erde miteinander verknüpft. Das Heiligtum nahm also einen privilegierten Platz ein, jenen ausgezeichneten geometrischen Ort, den bei den Indern der Meru-Berg symbolisierte, der heilige Berg, der das Himmelsgewölbe trug und Wohnstätte der Götter war. Die Menschen traten dadurch mit dem Göttlichen in Verbindung, daß sie den heiligen Berg hinaufstiegen bis zu dem ihn krönenden Tempel. Auf dem Gipfel der Tempelpyramide empfing der Mensch die Wohltaten der Götter, besonders den Monsunregen, auf dem der ganze Reichtum einer agrarischen Zivilisation beruhte. Eine gleiche Verbindung mit dem Wasser gab es am Rand der Stadt in Form der Wassergräben, die den Urozean darstellten, von dem die Welt eingefaßt ist.

Das gleiche rechtwinklige Ordnungssystem, einer exakten astronomischen Ausrichtung unterworfen, finden wir auch bei einem Nachbarvolk der Khmer – bei den Chinesen. Auch die Hauptstadt der T'ang, Chang-an, weist einen quadratischen Grundriß auf. Die von einer Mauer umgebene Stadt ist durch sich senkrecht schneidende Straßen in Viertel unterteilt. Ebenfalls hat Peking einen Grundriß im Schachbrettmuster mit rechtwinklig aufeinandertreffenden Straßen. Aber obwohl die altchinesische wie die altindische Stadt ein Abbild des Kosmos sein sollte, fällt doch hinsichtlich der Konzeption sofort ein wesentlicher Unterschied ins Auge: Während die indische Stadt stets den Tempel als Mittelpunkt hatte, also ein theozentrisches Universum bildete, erhob sich im Herzen der chinesischen Stadt der Palast des Herrschers inmitten der «verbotenen Stadt» – und durch diese von einem Wassergraben eingefaßte königliche Residenz erhielt die chinesische Stadt einen ausgesprochenen anthropozentrischen Charakter. Obwohl formal sehr ähnlich, sind die beiden kosmologisch ausgerichteten Stadtgrundrisse Ausdruck eines ganz anderen Geistes. Übrigens stehen auch manche im Mittelalter angelegten japanischen Städte den altchinesischen Städten nahe. Bei den Khmer jedoch verlief wie in Indien die Hauptachse der Stadt stets von Ost nach West. Dies entsprach der Ausrichtung des Tempels, dessen Eingang gewöhnlich im Osten lag. Also wurde die Ausrichtung der Stadt durch die Zugangsstraße zum Heiligtum bestimmt, und das Haupttor lag stets in Richtung der aufgehenden Sonne.

**Zwei Khmer-Beispiele: Yasodharapura und Angkor Thom**

Unter den angkorianischen Städten, deren Grundrisse wir zumindest teilweise rekonstruieren können, ist an erster Stelle Yasodharapura zu nennen, das kurz vor 900 n. Chr. von König Yasovarman gegründet wurde. Diese bedeutsame Hauptstadt, deren Anlage Victor Goloubew wiederentdeckt hat, bildete ein Viereck. Im Mittelpunkt erhob sich ein natürlicher Hügel, der Phnom Bakheng, auf dem der Herrscher nach dem Vorbild des Meru sein quadratisches Heiligtum errichten ließ; gekrönt wurde es von fünf Tempeln, die die fünf Gipfel des heiligen Berges symbolisierten.

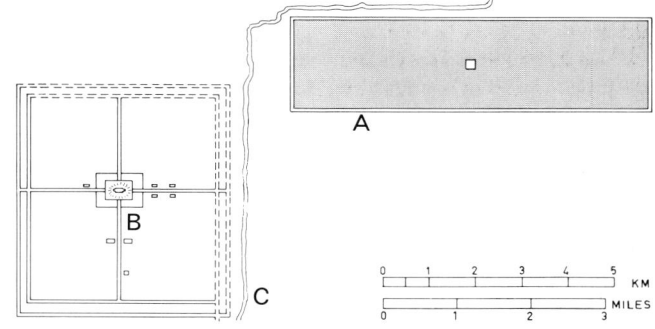

▲ Plan der Stadt Yasodharapura mit östlichem Baray um 900 n. Chr.
A Östlicher Baray
B Phnom Bakheng
C Siem-Reap-Fluß

A) Anlage der Hauptstadt Yasovarmans

Die erhaltengebliebenen Überreste von Yasodharapura ergeben leider nur ein unvollkommenes Bild. Besonders schwer zu beantworten ist die Frage, ob die Gründung des Königs wirklich vollendet wurde oder ob das Vorhaben ein solches Ausmaß hatte, daß es sich nie völlig ausführen ließ. Daß es ein gewaltiges Unterfangen war, beweisen die Dimensionen: Im Süden und Westen war die Stadt von einem 4 Kilometer langen und 200 Meter breiten Wassergraben begrenzt, der nicht ins Erdreich gegraben, sondern wie ein Baray mit Hilfe von Dämmen angelegt war. Der kanalisierte, exakt nordsüdlich ausgerichtete Siem-Reap-Fluß bildete die östliche Begrenzung. Wo die nördliche Stadtgrenze lag, läßt sich heute nur noch schwer bestimmen, denn dieser Teil der Stadt wurde durch die Anfang des 13. Jahrhunderts durch Jayavarman VII. gegründete Stadt Angkor Thom überlagert. Wahrscheinlich bestand auch diese Grenze aus einem breiten Wassergraben, wie er im Westen und Süden gegeben war. Zahlreiche «Zufälle» lassen sich nur schwer erklären. So fällt die nördliche Hälfte des Westgrabens genau mit dem östlichen Deich des westlichen Baray zusammen; dieser Deich war genau halb so lang wie die Nordsüderstreckung der Stadt. Hat man, um Zeit zu sparen, beim Bau des westlichen Baray einfach einen der mächtigen Dämme von Yasodharapura benutzt? Das könnte durchaus der Fall gewesen sein. Auch scheint man beim Bau von Angkor Thom den Innendeich des Nordgrabens beibehalten zu haben; er wurde zur Ostwestachse der neuen Khmer-Stadt. Schließlich wurde zur Zeit Suryavarmans II., also zu Beginn des 12. Jahrhunderts, fast der gesamte Südostteil der Stadt durch die gewaltige Anlage von Angkor Vat überlagert. Vielleicht aus städtebaulichen Gründen ist übrigens der Tempel von Angkor Vat nach Westen hin ausgerichtet und nicht nach Osten wie alle anderen Sakralbauten der Khmer, denn so bildete der Tempeleingang einen rechten Winkel zur nordsüdlichen Hauptachse von Yasodharapura, anstatt der Ostgrenze der Stadt zugewandt zu sein. Wir dürfen nicht vergessen, daß die sich in der Zone von Angkor aufeinanderfolgenden Städtegründungen der Khmer schließlich fast die gesamte zur Verfügung stehende Bodenfläche einnahmen; die letzten Khmer-Herrscher konnten ihre gewaltigen Neugründungen nur dann in das bestehende urbane Bautengeflecht einfügen, wenn sie Konzessionen machten, wozu auch das Niederreißen älterer Stadtviertel gehörte. (Vgl. Pl. S. 17–18.) Der Plan von Yasodharapura kann zwar großenteils rekonstruiert werden, doch bleibt er dennoch zu bruchstückhaft und wurde durch spätere Anlagen zu stark verändert, als daß man daraus mehr ziehen könnte als allgemeine Schlüsse; klar erkennbar sind nur die rechtwinklige Anlage, die nach den Kardinalpunkten hin ausgerichteten Achsen und die im Mittelpunkt liegende natürliche Bodenerhebung. Um mehr über den angkorianischen Städtebau zu erfahren, müssen wir uns der letzten Schöpfung der Khmer-Kultur zuwenden – Angkor Thom.

B) Der Plan von Angkor Thom

Da hier vom Städtebau die Rede ist, wollen wir uns zunächst nur mit den diesbezüglichen Eigenheiten von Angkor Thom befassen, ohne näher auf die Architektur einzugehen; diese wird im fünften Kapitel ausführlich dargestellt werden. Die von Jayavarman VII. gegründete Stadt ist so weitgehend erhalten, daß wir ihre funktionalistischen Aspekte bis zu einem gewissen Punkt zu erfassen vermögen, auch wenn die Ausgrabungen und archäologischen Sondierungen längst nicht abgeschlossen sind. (Vgl. Pl. S. 151)

Das im Anfang des 13. Jahrhunderts erbaute Angkor Thom bildet ein Rechteck mit einer Seitenlänge von 3 Kilometern, das von einem 100 Meter breiten Wassergraben eingefaßt ist. An den insgesamt 12 Kilometer langen Graben schließt sich ein Erdwall an, auf dessen Krone eine Straße verläuft. Nach der Stadt zu wird er durch eine Böschung abgestützt, die ein Glacis bildet; darauf folgt stadtwärts ein weiterer

umlaufender Wassergraben. Halbiert wird jede Seite durch eine axial die Stadt durchschneidende Straße, die über Damm und Graben verläuft; über dem Graben wird sie durch ein großes, überwölbtes Tor (Gopuram) geführt. Im Herzen der Stadt stößt sie auf den Bayon mit seinem Heiligtum. Die vier rechtwinklig aufeinanderstoßenden Straßen teilen die Stadt in vier gleich große, wiederum quadratische Viertel. Im Nordostquadrat führt eine fünfte Straße, parallel zu jener, die auf den Haupteingang des Bayon stößt, vom Königlichen Palast zum Siegestor und von dort über die Stadtgrenze hinaus. Nur durch sie wird die strenge Symmetrie der Gesamtanlage gestört.

Diese große städtebauliche Schöpfung, die eine Gesamtfläche von 9 Quadratkilometern bedeckte, erhob sich, wie bereits gesagt, auf dem nördlichen Teil von Yasodharapura, anderseits aber auch auf den Ruinen der Stadt, die der König Udayadityavarman II. in der zweiten Hälfte des 11. Jahrhunderts um den Baphuon-Tempel errichtet hatte. Deshalb müssen die Grundrisse der Khmer-Städte gleich-

▼ Mandalaförmiger Stadtplan von Angkor Thom mit einer Seitenlänge von 12 Padas, also einem Flächeninhalt von 144 Padas

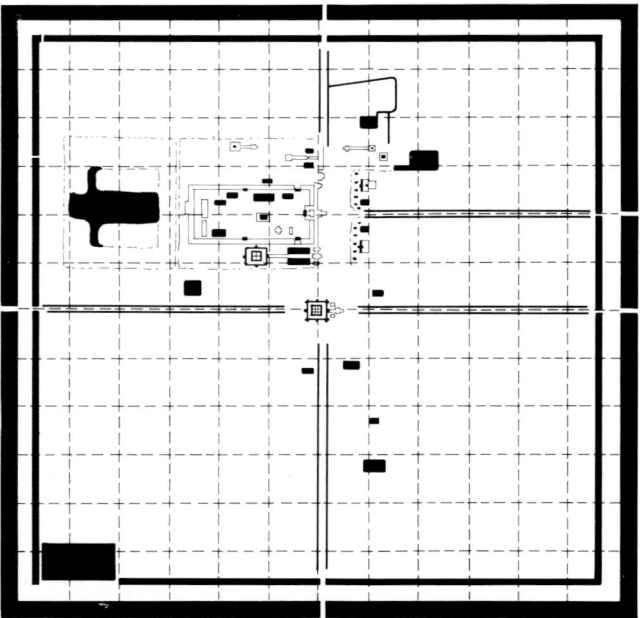

sam wie ein Palimpsest entschlüsselt werden. Freilich hat Jayavarman VII. die Schöpfungen seiner Vorgänger so gründlich umgestaltet, daß seine Stadt ein einheitliches, in sich geschlossenes Ganzes darstellt, dessen funktionelle Aspekte gründlich studiert worden sind, besonders von Bernard-Philippe Groslier in seinem «Angkor et le Cambodge au XVIᵉ siècle d'après les sources portugaises et espagnoles», einem Werk, aus dem wir im folgenden einige wesentliche Passagen über den Städtebau zitieren werden. Für das Verständnis der städtischen Wasserbautechnik der Khmer ist dieses Buch Grosliers unerläßlich.

## Städtische Wasserbautechnik

«Die äußeren Wassergräben von Angkor Thom», schreibt Bernard-Philippe Groslier, «sind 100 Meter breit und etwa 5 bis 6 Meter tief. Sie waren durch Stufen aus Laterit eingefaßt, die durch eine 1 Meter breite Sandsteinkrone abgeschlossen waren. Auf den Außenseiten verlief eine Deichstraße. Durch die zu den Toren führenden Straßen, die über die aufgeschütteten Deiche verliefen, waren die Gräben in vier getrennte Abschnitte gegliedert. Diese Besonderheit entsprach ausgezeichnet der Bodenbeschaffenheit: auf einer Achse, die exakt von der Nordostecke der Stadt zu ihrer Südwestecke verlief, fällt das Gelände regelmäßig ab. Der Höhenunterschied macht etwa zehn Meter aus.

Der Nordostquadrant der Gräben wird vom Siem Reap mit Wasser gespeist... Der Südostquadrant war mit dem Fluß durch zwei in Ostwestrichtung verlaufende Kanäle verbunden und gab sein Wasser an das Versorgungsnetz von Angkor Vat ab... Der Südwestquadrant nahm die Abwässer der Stadt auf, die vom Beng-Thom-Becken zugeleitet wurden. Drei von Osten nach Westen und von Norden nach Süden verlaufende Kanäle führten das überschüssige Wasser dem um den Bakheng angelegten Kanalnetz oder dem westlichen Baray zu. Der Nordwestquadrant schließlich scheint durch einen Kanal gespeist worden zu sein, der vom Baray westlich von Preah Khan herkam. Er mündet in den westlichen Baray.»

In der Stadt wurde das Wasser durch ein ebenso verzweigtes Kanalsystem verteilt; Groslier schreibt darüber folgendes: «Ein 35 bis 40 Meter breiter Kanal, dessen Wände mit Laterit ausgekleidet waren, zog sich etwa 80 bis 100 Meter hinter der Umfassungsmauer um die Stadt; er war von Deichen eingefaßt und wurde von einer Straße begleitet. Unterbrochen war er an mehreren Stellen durch Wege...

Dieser Kanal endete in einem großen rechteckigen Becken, dem Beng Thom, in der Südwestecke von Angkor Thom. Gespeist wurde dieser Kanal aus den äußeren Gräben. In die Stadt gelangte das Wasser durch eine Ableitung in der Nordostecke von Angkor Thom, die aus vier unter der Mauer hindurchgeführten, überwölbten Kanälen bestand... Der an der niedrigsten Stelle von Angkor Thom gelegene Beng Thom nahm... die Abwässer auf. Diese wurden durch fünf je 9,30 Meter breite und 1,70 Meter hohe sowie 60 Meter lange überwölbte Kanalisationsgräben unter der Mauer hindurch in den südlichen äußeren Graben abgeleitet. Von den fünf Stadttoren gingen senkrecht zur Mauer 30 bis 40 Meter breite Straßen aus; die Böschungen waren mit Laterit verkleidet... Sie wurden beidseits flankiert von Wassergräben, die ebenfalls mit Laterit ausgekleidet und rund 8 Meter breit waren. Zweifellos mündeten diese Gräben an einer Seite in den inneren Umfassungsgraben.» Durch dieses außergewöhnliche, wohldurchdachte, vollkommene System «wurde die Stadt mit reinem Wasser versorgt, wurden die Abwässer abgeleitet, wurden Transport und Verkehr erleichtert, und gleichzeitig war es im Ganzen der Bewässerungsanlagen von Angkor ein wichtiger Bestandteil».

## Gliederung der Stadt

Man hat sich also die von Jayavarman VII. gegründete Stadt als eine Art von südostasiatischem Venedig vorzustellen: die auf Deichen angelegten Straßen wurden von Kanälen flankiert, auf denen Boote fuhren. Durch ein Kanalnetz wurde die Stadtfläche klar in Viertel unterteilt, in denen auf Pfählen Strohhütten standen, die Dächer mit Stroh oder Palmwedeln bedeckt, von mächtigen Bäumen beschattet. Diese Schilderung ist keineswegs eine bloße Mutmaßung: Der Chinese Tcheou Ta-kuan schrieb ausdrücklich, daß alle Wohnhäuser in Angkor Thom mit Stroh gedeckt gewesen seien; Ziegeldächer waren den Tempeln und dem Königspalast vorbehalten. Ferner berichtet er, daß die Größe der Häuser vom Rang des Bewohners abhing. Dies gilt übrigens auch durchgehend für den Wohnungsbau in Indien, China und Japan. Des weiteren betont Tcheou Ta-kuan, daß der Königspalast wie auch die öffentlichen Bauten und die Häuser der Adligen allesamt nach Osten ausgerichtet waren. Die Ausrichtung der Tempel galt also auch für Holzbauten.

Den Verlauf der einzelnen Straßen kennen wir nicht; wir wissen lediglich, daß von den fünf Stadttoren breite Straßen ausgingen und daß rings um die Stadt innerhalb der Mauer eine Straße verlief. In Indien gab es entsprechend angelegte Prozessionsstraßen, die nicht nur religiösen Riten dienten, bei denen die ganze Stadt zu umgehen war, sondern auch Truppenverschiebungen hinter der Stadtmauer erleichterten. Angkor Thom ist also ein offenkundiges Beispiel für den Einfluß, der durch den überkommenen indischen Symbolismus auf die Khmer ausgeübt wurde.

Wie bereits erwähnt, hatte die indische Stadt einen mandalaförmigen Grundriß und war in Padas unterteilt, in quadratische Parzellen, deren Zahl je nach dem gewählten Plan variabel war. Welches Ordnungsprinzip herrschte in Angkor Thom, und aus wie vielen Padas bestand die Stadt?

Um diese Frage beantworten zu können, müssen wir untersuchen, wie der quadratische Grundriß der Hauptstadt von Angkor unterteilt war. Wie wir bereits einleitend bemerkt haben, wurde die geometrische Regelmäßigkeit hauptsächlich durch die fünfte Straße gestört, die Königsstraße, die vom Siegestor zum Palastviertel führte. Durch diese Königsstraße wurde die Strecke zwischen der östlichen Hauptachse, die vom Tor der Toten ausging, und dem Nordgraben der Stadt genau im Verhältnis eins zu zwei geteilt. Die Entfernung zwischen den beiden Straßen betrug also ein Sechstel der Seitenlänge der Stadt.

Nun stammten jedoch das Palastviertel sowie die Baphuon- und Phimeanakas-Tempel aus der Zeit vor der Gründung von Angkor Thom. Daraus ergibt sich, daß die Umfassungsmauer der königlichen Residenz, die zu Beginn der Angkor-Zeit errichtet wurde, eine gegebene Tatsache war, die der Baumeister Jayavarmans VII. von vornherein in seine Pläne einbeziehen mußte: weder konnte er wesentliche Veränderungen vornehmen, noch ließ sie sich in die regelmäßige Padas-Unterteilung einbeziehen. Das gleiche galt für die Khleang gegenüber den Königlichen Terrassen. Um die Unterteilung der Bebauungsfläche von Angkor Thom zu rekonstruieren, können wir lediglich von einem Kanal ausgehen, der in der Mitte der Westachse nach Süden abzweigte. Dadurch wird der Südwestquadrat vertikal zweigeteilt, und zwar in einem Verhältnis, das einem Viertel der Seitenlänge der Stadt entspricht, während der Nordostquadrant horizontal dreigeteilt ist, wobei die Unterteilung einem Sechstel der Länge des östlichen Umfassungskanals entspricht. Eine Untergliederung in Padas, die einem Vielfachen dieser beiden Brüche ($\frac{1}{4}$ und $\frac{1}{6}$) entspricht, ist also nur möglich, wenn die gesamte Stadtfläche in der Länge und Breite in je 12 Padas unterteilt wird. Das ergibt

für die Stadt innerhalb der Mauern insgesamt 144 Padas. Daraus errechnet sich die Seitenlänge der Padas von Angkor Thom: sie betrug rund 250 Meter; jedes Pada hatte eine Fläche von 62 500 Quadratmeter.

Mangels stratigraphischer Untersuchungen muß diese Mandala-Gliederung natürlich vorerst noch Theorie bleiben – eine Theorie freilich, die den Prinzipien des Khmer-Städtebaus durchaus entspricht.

Wie viele Menschen lebten in Angkor?

Wir wissen, welche Fläche die Bewohner von Angkor kultivierten; ferner ist uns bekannt, welche maximale Ausdehnung die Städte hatten. Deshalb ist es mit Hilfe statistischer Methoden möglich, das Wirtschaftspotential und die mutmaßliche Größenordnung der Bevölkerungszahl zu errechnen.

Die bewässerten Reisfelder, deren Anordnung man durch Luftbilderkundung rekonstruieren konnte, nahmen schätzungsweise eine Fläche von 60 000 Hektar ein; weitere 40 000 Hektar beanspruchten die Städte und Dörfer, die Baray, die Straßen und Kanäle und vor allem die den Sekundärkulturen – besonders Gemüse, Obst und Viehfutter – vorbehaltenen Flächen. Die 60 000 Hektar Reisfelder waren in Lose eingeteilt, die pro Familie kaum größer als zwei Hektar waren; diese Bauernfamilien führten die für den Reisanbau notwendigen komplexen Arbeiten durch: Pflügen, Aussaat, Verziehen der Jungpflanzen, kontrollierte Bewässerung, Ernte, Dreschen, Schälen der Reiskörner usw. Die in einem Pfahlhaus wohnende Khmer-Familie war im Durchschnitt zehn Köpfe stark; mindestens vier Personen standen im arbeitsfähigen Alter. Man brauchte also für die Bestellung eines Reisfelds von einem Hektar mindestens zwei Arbeitskräfte, wobei die Frauen ebenso viel arbeiteten wie die Männer; sie besorgten vor allem das mühselige Geschäft des Verziehens der Jungpflanzen.

Aus dieser Schätzung ergibt sich, daß für die mit Reis bestellte Fläche von Angkor ein Arbeitskräftepotential von mindestens 120 000 bis 150 000 Menschen erforderlich war. Rechnet man dazu die nicht arbeitsfähigen Kinder, so kommt man allein für die Familien der Reisbauern auf eine Gesamtzahl von mindestens 300 000 bis 350 000 Menschen. Die Bauern und Viehzüchter, die die übrigen 30 000 Hektar Land bewirtschafteten, sowie die Fischer, die auf dem Großen See arbeiteten, machten mit ihren Familien rund

100000 Menschen aus. Das ergibt für die Dörfer eine Bewohnerzahl von rund 450000. Dieser bäuerlichen Schicht gehörten neben Kindern und Greisen vermutlich auch Sklaven an, wie aus Tcheou Ta-kuans Bericht hervorgeht.

Die 450000 Menschen wohnten in 4×8 Meter großen Behausungen; diese lagen in kleinen, von Zuckerpalmen beschatteten Gärten. Selten war eine solche Parzelle mehr als 500 Quadratmeter groß. Nimmt man 10 Personen pro Haushalt an, so ergibt sich eine Gesamtzahl von 45000 Häusern, die mit ihren Gärten eine Fläche von höchstens 25 Quadratkilometern bedeckten.

Ausgehend von dem, was wir über den Städtebau wissen, läßt sich eine Gegenrechnung aufmachen. Wie schon erwähnt, hatte die im 10. Jahrhundert gegründete Stadt Yasodharapura, in deren Mittelpunkt der Phnom Bakheng mit seinem Tempel lag, als Grundriß ein Quadrat von etwa 4 Kilometer Seitenlänge, bedeckte also eine Fläche von rund 16 Quadratkilometern. Wenn man annimmt, daß die Tempel, das Palastviertel, die Adelshäuser, die Kanäle und Straßen weniger als ein Viertel dieser Fläche beanspruchten, so bleiben für die Behausungen des einfachen Volkes, das bei weitem zahlenmäßig im Übergewicht war, etwas mehr als 10 Quadratkilometer. Diese 10 Quadratkilometer reichten für 20000 Häuser, in denen durchschnittlich je zehn Menschen wohnten. Daraus ergibt sich für die Hauptstadt von Angkor eine Bevölkerung von rund 200000 Menschen. Da es in der Region von Angkor noch andere Städte gab, beispielsweise Roluos, darf man annehmen, daß seit dem 11. Jahrhundert die städtische Bevölkerung etwa 250000 Köpfe stark war.

Von diesen Annahmen ausgehend, kommt man für die Gesamtfläche der Region von Angkor auf eine Bevölkerungszahl von rund 700000; diese Menschen lebten in einem 1000 Quadratkilometer großen Gebiet. Angesichts der intensiven Bodenbewirtschaftung durch Reis-Monokultur ist die Bevölkerungsdichte keineswegs übermäßig. Überzeugend bestätigt wird diese geschätzte Zahl durch eine Inschrift des Ta-Prohm-Tempels in Angkor aus dem Jahre 1186, die besagt, daß «12640 Menschen im Tempelbereich wohnen». Der Tempelbereich innerhalb der Umfassungsmauer, die 600×1000 Meter maß, betrug 600000 Quadratmeter. Rechnet man rund 100000 Quadratmeter für den Tempel, die Wasserbecken und die Zugangsstraßen ab, so verbleiben 500000 Quadratmeter für die Pfahlbauten, die sich auf einem je rund 500 Quadratmeter großen Grundstück erhoben. Nach unserer Schätzung lebten also im Tempelbezirk (1000 Behausungen mit durchschnittlich je

10 Bewohnern) rund 10000 Menschen. Geht man davon aus, daß jeder Haushalt 12 Menschen umfaßte oder daß die Parzellen etwas kleiner waren, so ergibt sich die in der Inschrift genannte Zahl. Dieser aufschlußreiche Text bestätigt also in etwa unsere Schätzung. Bestenfalls ist sie dahingehend zu korrigieren, daß die von uns angenommene Gesamtbevölkerung von 700000 Menschen um 20 Prozent hinter der tatsächlichen Zahl zurückbleibt.

Nun mag man einwenden, daß eine so hohe Bevölkerungsdichte in so früher Zeit unwahrscheinlich ist. Dagegen ist zu sagen: Zwar zählte Paris im 13. Jahrhundert keine 100000 Einwohner, aber in der chinesischen Hauptstadt Chang-an lebten schon zwischen dem 7. und 10. Jahrhundert auf einer Fläche von 80 Quadratkilometer mehr als eine Million Menschen! Nur die Reiskultur erlaubte in China wie im Kambodscha der Angkor-Zeit eine so hohe Bevölkerungsdichte. Nur sie ergab einen so hohen Hektarertrag, daß in Asien Großstädte erstehen konnten. Im Abendland blieben Großsiedlungen unmöglich, solange man keine besseren Ackerbaumethoden kannte oder die industriellen Revolution die Produktionsmethoden grundlegend veränderte. Wir haben die jährliche Reiserzeugung auf 130000 bis 150000 Tonnen geschätzt. Wenn jeder Khmer durchschnittlich pro Tag 250 bis 300 Gramm Reis (Rohgewicht) verzehrte – was mehr als 3000 Kalorien täglich entspricht –, so ergibt sich ein Eigenkonsum von rund 80000 Tonnen Reis jährlich. Daraus errechnet sich ein Produktionsüberschuß von 60000 bis 70000 Tonnen, also rund 40 Prozent. Diesem gewaltigen Ernteüberschuß verdankte Angkor seinen Wohlstand. Er erlaubte die großen öffentlichen Bauten und die prächtigen architektonischen Schöpfungen der Khmer.

Die Gesellschaftsstruktur

Der Entschluß der Khmer, die auf einem wohldurchdachten Bewässerungssystem gründende ertragreiche Reiskultur zu übernehmen, sollte tiefgreifende soziale Folgen zeitigen. Errichtung und Unterhalt der erforderlichen Bewässerungsanlagen sind nur möglich, wenn die Gesellschaft straff durchorganisiert ist. Die intensive Bodenbewirtschaftung bedarf einer starken zentralen Steuerung.

Die meisten Unternehmungen der Khmer waren kollektiven Charakters, wobei von Anfang an die Masse des Volkes durch eine allmächtige Zentralgewalt organisiert wurde. Ein solches kollektives Unternehmen war schon sehr früh der Fischfang auf dem Großen See.

Ein Gleiches gilt für die Landwirtschaft. Zwar hätten sich die Bauern der Ebene von Angkor auch mit einer Ernte jährlich zufriedengeben können, aber nachdem sie erst einmal beschlossen hatten, sich nicht mehr dem Rhythmus der Jahreszeiten zu beugen, mußten sie sich zwangsläufig zusammenschließen, denn die Verwirklichung eines so umfangreichen Unterfangens wie eines Baray war nur in gemeinschaftlicher Arbeit möglich. Um ein solches Unternehmen in die Wege zu leiten, bedurfte es einer Zentralgewalt, denn für jede Arbeitskraft, die zur Durchführung dieser Arbeit von der Gemeinschaft abgestellt wurde, mußte eine ganze Familie ernährt werden.

Die breite Grundlage der sozialen Pyramide der Khmer bildeten die Reisbauern. Wie bereits gesagt, kann für die klassische Zeit angenommen werden, daß diese bäuerliche Schicht, die sich aus Bauern, «Tagelöhnern» und Sklaven zusammensetzte, mehr als 350000 Köpfe zählte. Dazu kamen die Arbeiter und Handwerker, die die Bewässerungsanlagen errichteten und unterhielten, sowie spezialisierte Handwerker für die großen öffentlichen Bauten. Auch die Fischer und Schiffer machten sicherlich einen nicht unbedeutenden Teil der Bevölkerung des «Wasserreiches» Angkor aus. Weitere soziale Gruppen waren die Handwerker und Händler in den Städten, die Beamten und das Militär. Über diesen gesellschaftlichen Schichten standen die Priester, die Höflinge und der Herrscher.

Gewiß war die Gesellschaft in Angkor straff gegliedert; es gab eine mit vielen Machtbefugnissen ausgestattete Wasserpolizei und eine Beamtenschaft, die dafür sorgte, daß der gigantische Reis-Produktionsmechanismus reibungslos funktionierte. Anderseits kannten die Khmer niemals die Einteilung der Gesellschaft in Kasten, wie sie in Indien üblich war. Und darauf beruhte die Dynamik der altkambodschanischen Gesellschaftsordnung. Beamtenposten waren nicht erblich. Ein Feudalsystem konnte sich nicht ausbilden.

Es war eine offene Gesellschaft: jeder hatte Zugang zu den höchsten Ämtern. Diese Mobilität erlaubte es einem Bauern, Soldat oder Handwerker zu werden. Anderseits konnten hohe Beamte jederzeit auf eine niedrigere soziale Stufe zurückfallen. Nichts wurde endgültig erworben. Wie die Religion, so kannte auch die soziale Ordnung den Kreislauf der ewigen Wiederkehr. Das beruhte auf der Kollektivität dieser Kultur: bei den Khmer waren die Produktionsmittel, vor allem der Boden, kein Privateigentum. Der Boden stand dem zur Verfügung, der ihn bebaute. Wenn ein Bauer ein Reisfeld in fünf aufeinanderfolgenden Jahren bebaute, hatte er einen Besitzanspruch auf dieses Feld. Aber nach dem Tod des Besitzers fiel das Feld wieder der Krone zu. Eigentümer des Grundes und Bodens war, wie in den Inschriften vermerkt, nur der König.

Macht und Rolle des Königs

Kambodscha war eine erbliche Monarchie. Der König war nicht nur absoluter Herrscher über seine Untertanen, sondern auch oberster Gerichtsherr. Tcheou Ta-kuan schreibt: «Sämtliche, selbst unbedeutende Streitsachen des Volkes werden stets dem Herrscher vorgetragen.» Der König stand mit der Masse seines Volkes durchaus in Verbindung, zumindest im 13. Jahrhundert, heißt es doch in dem Bericht des Chinesen: «Zweimal täglich gibt der Herrscher in Regierungsangelegenheiten Audienz. Wer von den Beamten oder aus dem Volk ihn zu sprechen wünscht, setzt sich auf den Boden, um auf ihn zu warten.»

Doch der König kümmerte sich nicht nur um Regierungsangelegenheiten, sondern war auch der unumgängliche Mittler zwischen dem Himmel und den Menschen. Wie wir noch sehen werden, residierte die Gottheit in Gestalt einer Statue auf der Spitze einer Pyramide oder auf dem Tempelberg. Der König stieg zu der Gottheit hinauf, um durch entsprechende Riten Macht über sie zu erlangen und die Wohlfahrt des Reiches zu sichern. Er wandte sich an die Gottheit, um durch Kulthandlungen agrarischen Ursprungs, die sich bis heute in Kambodscha erhalten haben, die regelmäßige Wiederkehr des Monsuns zu gewährleisten. Er war also für die materielle Weltordnung verantwortlich, war die Quelle aller Segnungen, ohne welche die Menschen nicht zu leben vermochten. Er war der Mittler, der irdische Stellvertreter der Gottheit, der von Gott Gesalbte, was sich darin ausdrückte, daß er bei der Thronbesteigung von den Priestern geweiht wurde. Je absoluter der Herrscher regierte, desto mehr wuchs die Macht der Priesterschaft. Aber obwohl der Hohepriester eine bedeutsame Rolle spielte, gab es doch zwischen weltlicher und geistlicher Macht keine Trennung. In seiner Person vereinigte der König die oberste Autorität. Er war die treibende Kraft des Staates, der Souverän, der die Errichtung von Tempeln und Bewässerungsanlagen beschloß, durch die er dem ganzen Reich Segen brachte. Durch die Verknüpfung aller technologischen Möglichkeiten mit magisch-religiöser Macht sicherte er die Wohlfahrt seines Reiches und steigerte gleichzeitig die Macht der Gottheiten, in deren Paradies er nach seinem Tod einging.

**Östlicher Mebon, Angkor:** Grundriß 1:800 (952)

**Ishvarapura-Tempel, Banteay Srei:** Grundriß 1:600 (967)

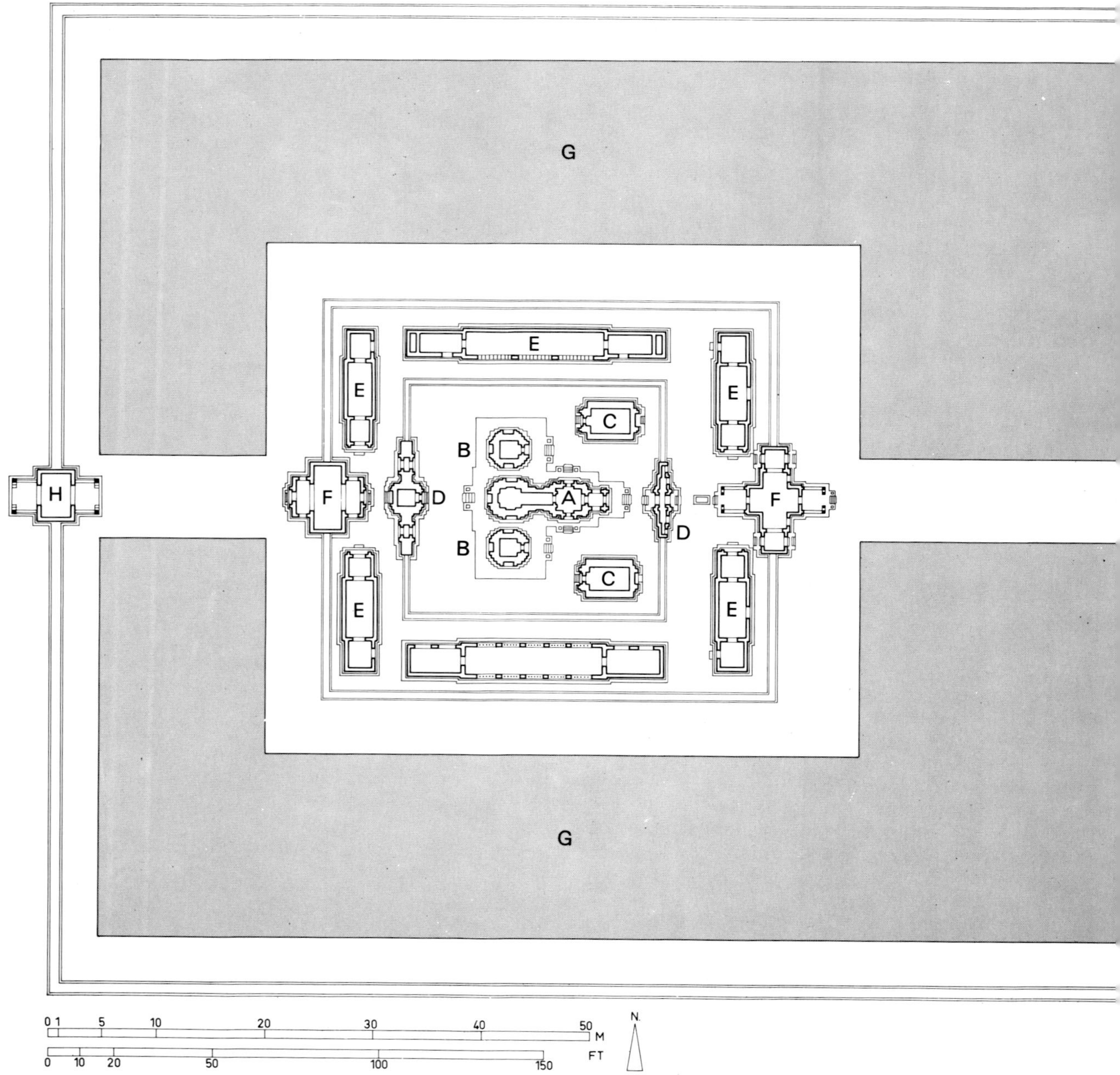

G

E

E     E     E

C

B

H     F     D     A     D     F

B

C

E     E

G

0 1   5   10    20    30    40    50
                                      M

0   10   20     50       100       150
                                        FT

N.

A Haupttempel mit Mandapa
B Nebentempel
C Bibliotheken
D Gopuram der ersten Einfassung

E Langsäle als Vorläufer der
  umlaufenden Galerie
F Gopuram der zweiten Einfassung
G Wassergräben

H Gopuram der dritten Einfassung
I Straße zum Tempeleingang
J Gegenüberliegende Pfeilergalerien
K Haupteingang

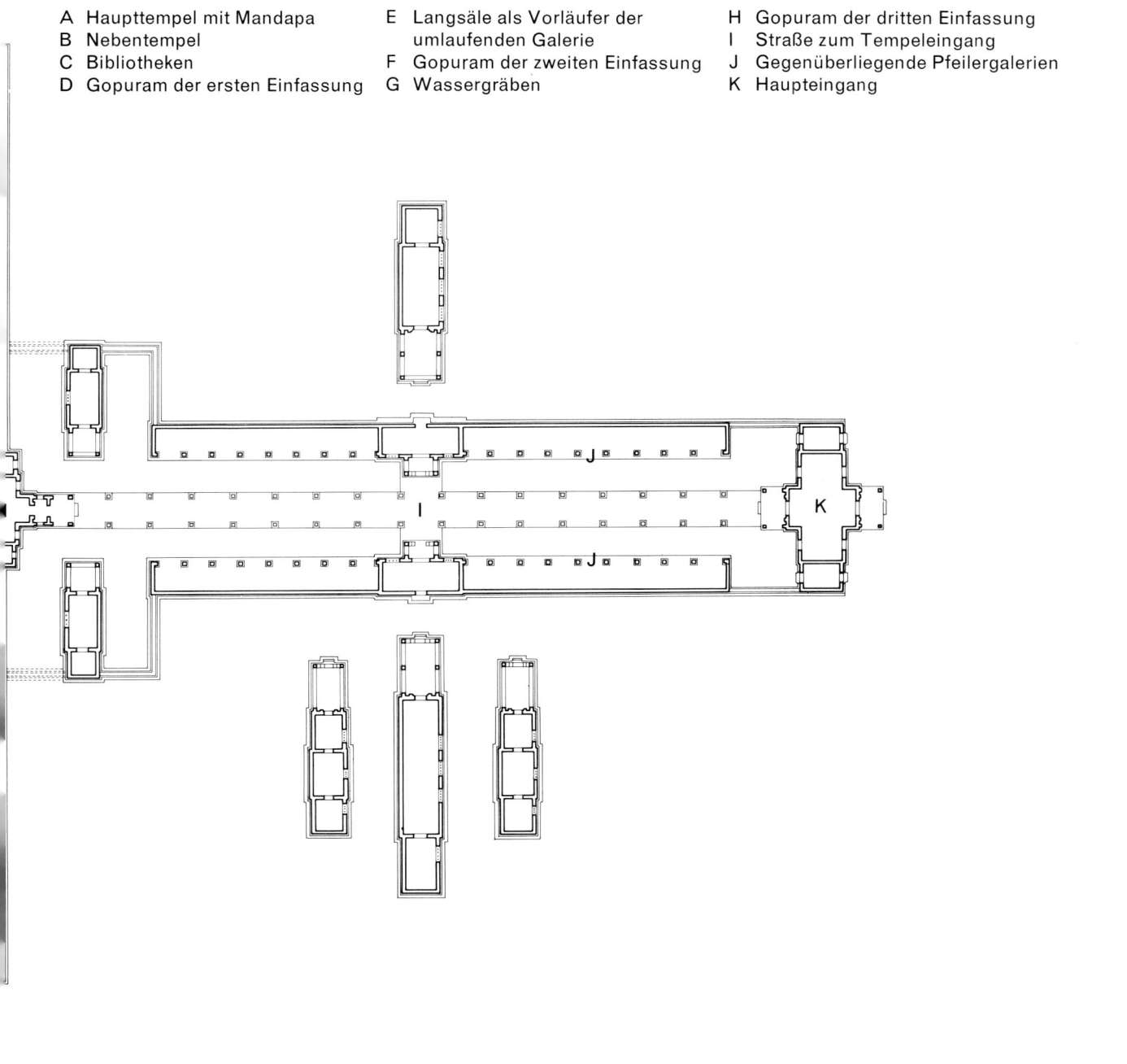

# Legenden

## Ishvarapura-Tempel, Banteay Srei (967)

63 Blick auf den dreieckigen Giebel des Gopuram der zweiten Einfassung. Die Schrägseiten des beidseits von einem Pfeilerpaar getragenen Giebels laufen in hochgestellten Spiralen aus; das Giebelfeld ist reich skulptiert.

64 Auf einem Sockel der mit Ziegelsteinen überwölbte Mandapa des Haupttempels. Am Treppenaufgang sitzen Wächter mit Menschenleibern und Affengesichtern.

65 Wächter mit Affengesichtern vor dem Seiteneingang des Mandapa. Das ganze Bauwerk aus rosa Sandstein ist reich ornamentiert.

66 Blick von Nordwesten auf die drei Tempeltürme auf ihrem Sockel. Interessant sind die Blendtüren, die kuduförmigen Giebel und die Miniaturtempelchen auf den Dachabstufungen.

67 a) Ein Wächter oder Dvarapala in einer Nische, die einen himmlischen Palast symbolisiert; b) quadratische Schmuckfelder auf der Tempelmauer; c) plastisch aus dem Sandstein herausgearbeitete pflanzliche Volute.

68 Apsara (himmlische Gottheit), Detail. Massiver Schmuck dehnt die Ohrläppchen, Hals und Arme sind mit schwerem Schmuck bedeckt.

69 Blick auf eine Bibliothek mit drei übereinandergestaffelten Giebeln, deren Zackenbögen sich mit jeder Etage vergrößern.

70 Westgiebel der Nordbibliothek. Auf dem Giebelfeld ist eine Szene aus dem legendären Leben Wischnus dargestellt: die Ermordung des Königs Kamscha durch Krischna. Die Szene spielt in einem Palast, der eine genaue Vorstellung vom damaligen Palastbau in Holz bei den Khmer vermittelt.

## Palast von Angkor Thom
(Ende 10. bis Anfang 11. Jh.)

71 Eines der von Sandsteinstufen eingefaßten Wasserbecken im Palastviertel, das von einer (rechts sichtbaren) Lateritmauer umgeben ist.

## Phimeanakas, Angkor (978 bis Anfang 11. Jh.)

72 Mittelansicht der dreistufigen Lateritpyramide im Zentrum des Palastviertels. Diese Ostseite – sie ist schmaler als die Nord- und Südseiten – läßt die Kühnheit der steil aufragenden Pyramide erkennen, die von einem einzigen Tempel gekrönt wurde. Ohne Absätze führen die von Mauern mit Löwen eingefaßten Treppen zur umlaufenden Galerie.

73 Innenansicht der Nordostecke der überwölbten Sandsteingalerie. Der unelegante Mauerverband verrät, welche Schwierigkeiten die Khmer-Baumeister zu überwinden hatten, als sie das Steingewölbe einführten, das in der klassischen Zeit zur Regel werden sollte.

## Ta Kêo, Angkor (980–1013)

74 Axiales Luftbild des fünfstufigen Tempelbergs. Ganz unten im Bild die erste Stufe mit Gopuram und langgestreckten Gebäuden mit dockenverzierten Fenstern. Die zweite Stufe weist die erste umlaufende Galerie der Khmer-Architektur auf; sie war noch nicht in Stein überwölbt. Es folgt das mächtige dreistufige Sandsteinmassiv mit den fünf in Quinkunxstellung angeordneten Tempeltürmen.

75 Blick von der Nordostecke der zweiten Einfassung auf den Tempel. Auf der obersten Plattform sind drei der fünf Türme sichtbar.

76 Blick vom südlichen Gopuram nach Osten in den schmalen Hof zwischen erster und zweiter Einfassung. Über dem hohen Lateritsockel mit seinem nur schwach herausgearbeiteten Dekor die Blendfenster der umlaufenden Sandsteingalerie. Die Docken sind fast alle verschwunden.

77 Detail eines Tempelturmdaches. Man erkennt deutlich die vierfache Abstufung in großen Sandsteinblöcken, an denen noch nicht mit den Vorarbeiten für die Ornamentation begonnen wurde. Deshalb wirkt dieses Dach weit massiver als die fertiggestellten Bauten.

78 Ohne Unterbrechung führt die Treppe die drei Stufen des zentralen Massivs hinauf.

65

**Pre Rup, Angkor:** Grundriß 1:1000
(961)

N.

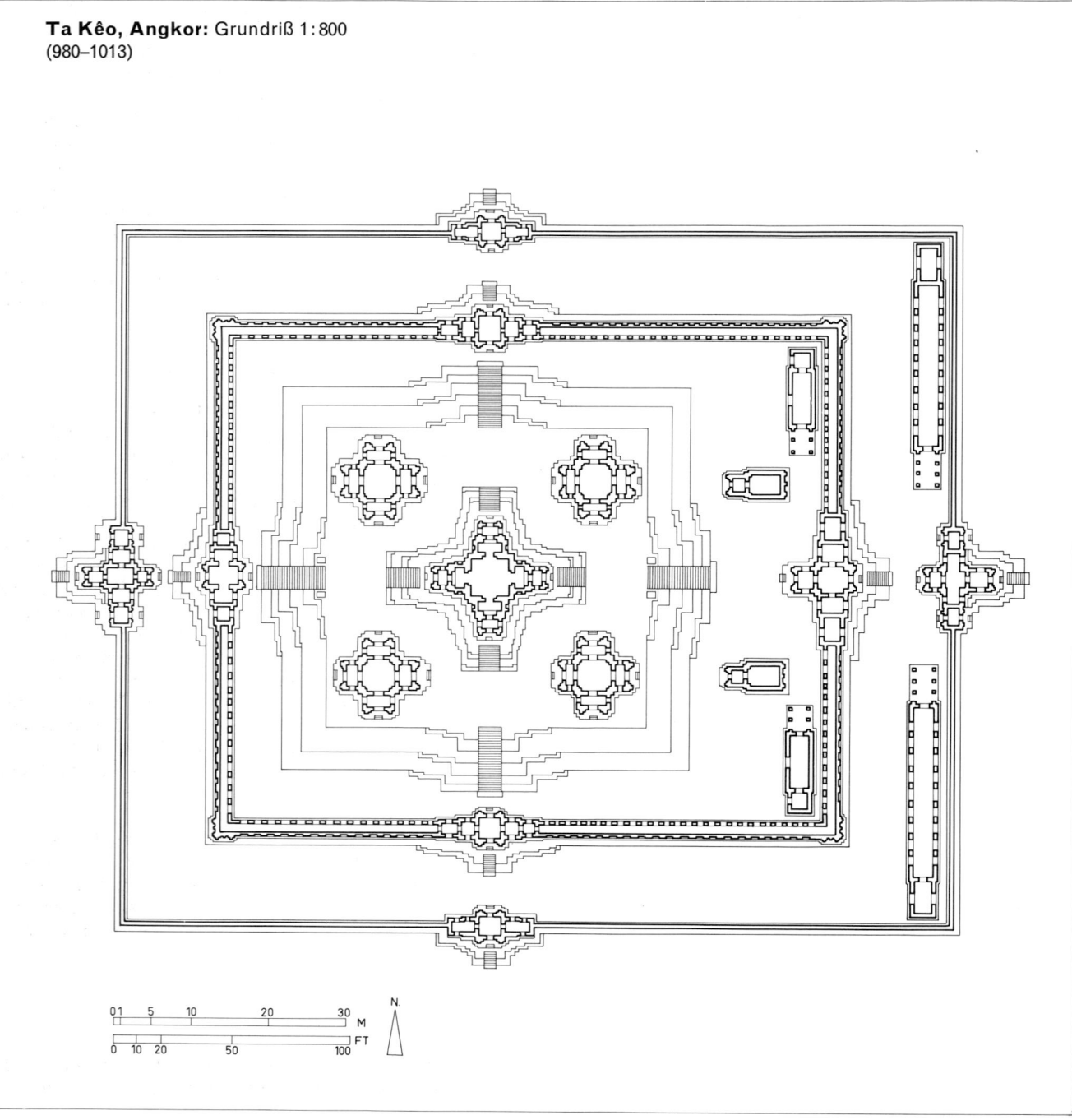

**Ta Kêo, Angkor:** Grundriß 1:800
(980–1013)

0 1  5  10  20  30  M
0  10 20  50  100  FT

N.

# 3. Quellen und Prinzipien der Khmer-Architektur

Bis jetzt haben wir den physischen und sozialen Rahmen dargestellt, in dem sich die Khmer-Architektur entfaltet hat. Ehe wir uns nunmehr mit einzelnen Bauschöpfungen befassen, dürfte es angebracht sein, einerseits auf die Prinzipien einzugehen, auf denen diese Baukunst gründet, und anderseits auf ihre spezifische plastische Ausdrucksweise. Wir gehen also gleichsam zu den Quellen dieser Kunst zurück und stellen fest, welcher Mittel sie sich bediente, wurden doch die Grundformen der Khmer-Architektur bestimmt durch die Bauprogramme, die Zweckbestimmungen der Bauwerke und die dafür gefundenen technischen Lösungen. Wie die wichtigsten kulturellen Errungenschaften des alten Kambodscha indischen Ursprungs sind, so ist auch in der Kunst der indische Einfluß unverkennbar.

Das aus Indien übernommene architektonische Erbe

Im Zivilisationsprozeß, aus dem die Khmer-Welt hervorgegangen ist, spielte der Beitrag Indiens eine entscheidende Rolle, sowohl im Bereich der Ackerbautechnik als auch auf religiösem Gebiet, doch in ganz besonderem Maße in der Kunst und Architektur, wie wir noch sehen werden. Deshalb sei hier noch einmal angeführt, in welcher Hinsicht die Architektur und vor allem der Sakralbau indischem Einfluß unterlag. Mehr als alle anderen Bauten zeigen die religiösen Bauwerke die Ausstrahlung Indiens. Hier wird sichtbar, daß die religiösen Kulte von erstrangiger Wichtigkeit waren: sie bestimmten das Programm der Baumeister. Wie wir wissen, stammten die in Kambodscha verbreiteten Religionen aus Indien, wenn auch bestimmte Riten noch Überbleibsel autochthoner Religionen sind. Seit der Fu-nan-Zeit fanden die großen indischen Religionen (Hinduismus als Brahmanismus, Schiwaismus und Wischnuismus, Buddhismus als Mahayana und Hinayana) auf breiter Front Eingang ins alte Kambodscha.

Indien war also Anregung und treibende Kraft für die Khmer-Kunst, und zwar in doppelter Hinsicht: einerseits als Ursprungsland der Kulte und damit des architektonischen Programms (denn gleiche Erfordernisse führen zu übereinstimmenden Formen), anderseits als Vorbild für fundamentale Bautechniken.

Die Rolle des Gottkönigs

Aber vielleicht mehr noch als durch die Theologie und die Mythologie im eigentlichen Sinn wurde das Ritual und damit die Zweckbestimmung der Bauschöpfungen durch die Rolle des Herrschers bestimmt, der als irdischer Stellvertreter der Gottheit angesehen wurde. Mit den Worten von Georges Coedès kann man sagen, daß «das hinsichtlich seiner geschichtlichen Folgen bedeutsamste Ergebnis der indischen Ausstrahlung in Indochina darin bestand, daß in großen Gebieten monarchistische Regierungsformen eingeführt wurden... Entsprechend der indischen Auffassung von Königtum ist der Herrscher ein Gott auf Erden, der Vertreter Indras, der König der Götter.»

Diese Göttlichkeit des Herrschers, die für die Monarchen aller indisierten Staaten typisch war, wurde in der Khmer-Welt noch stärker betont. So war im alten Kambodscha der König nicht nur der Träger der höchsten geistlichen Autorität, sondern die Inkarnation der Gottheit des Bodens und Wächter der Kardinalpunkte. Er war buchstäblich der Herr der Erde, «der Eigentümer der ganzen Erde», der Allherrscher.

Wie er der König der Götter war, so war er auch der König der Menschen und war als solcher nicht dem Kreislauf der Wiedergeburten unterworfen, sondern ging nach seinem Tod in der Gottheit auf. Diese Auffassung erklärt das Ritual des Gottkönigs, in dem der Name des Königs mit der Gottheit verknüpft wurde. Zentrum dieses Rituals war das Heiligtum, das der Herrscher in seiner Hauptstadt errichtete und in dem ein Standbild der Gottheit aufgestellt war. In dieser Statue lebt der König nach seinem Tod weiter; er wurde dann mit der Gottheit eins und erhielt einen postumen Namen. Damit entsprach dieser Kult auch dem im Volk verbreiteten Ahnenkult, den die Khmer vielleicht von China übernommen hatten.

Also war der Tempel nicht nur die Wohnung der Gottheit, die in Gestalt einer Statue in der Cella, vor der die Kulthandlungen stattfanden, anwesend war, sondern er wurde auch nach dem Tod des Königs zu seinem Mausoleum. Die geweihte Statue war gewissermaßen das Gefäß der Göttlichkeit, die Matrize der Welt. Aus dieser Kosmologie ergab sich die symbolische Bedeutung des Heiligtums von selbst. Der Tempel stand nicht nur im Zentrum der Stadt, sondern bezeichnete gleichzeitig den Mittelpunkt der Welt. In der Hindu-Mythologie ist das Zentrum der Welt der Berg Meru, auf dem, wie die griechischen Götter auf dem Olymp, die indischen Gottheiten wohnen. Diese Parallelität zwischen Tempel und kosmischem Berg wird in der Architektur sichtbar: Das Heiligtum, in dem die Statue der Gottheit steht, ist oft auf der Spitze einer Pyramide errichtet, die

symbolisch die Übereinstimmung zwischen dem Tempel und dem Meru unterstreichen soll. Daraus entwickelte sich der Tempelberg.

Aus dieser grundlegenden Analogie ergab sich die sakrale Bedeutung der Stadt: die mit Wasser gefüllten Umfassungsgräben symbolisieren das die Welt umgebende Urmeer, und die Wälle stellen die Gebirgsketten dar, von denen die Erde gesäumt wird.

## Das Heiligtum

Daher ist, wie Jeannine Auboyer treffend geschrieben hat, der Tempel «die Replik der Residenz der Gottheit, die in den religiösen Texten als kosmischer Berg, als Mittelpunkt des Universums bezeichnet wird. Sein symbolisches Äquivalent fand der heilige Berg in verschiedenen architektonischen Formen, vor allem im Tempel mit pyramidenförmig zugespitzter Bedachung, deren verschiedene Abstufungen den Stufen entsprechen, auf denen sich nach Vorstellung der göttlichen Kosmologie die Wohnstätten der Götter befinden.»

Das den Baumeistern vorgegebene Programm bestand also im wesentlichen darin, ein Heiligtum zu schaffen, das eine Statue (oder einen Linga, das Symbol Schiwas) aufzunehmen hatte und dessen Dach den Meru symbolisierte, auf dem die Götter wohnten. Es ging also keineswegs darum, eine Kultstätte zu schaffen, in der sich die Gläubigen versammeln konnten: Zugang zum Allerheiligsten hatte nur der Hohepriester, der in der Frühzeit sicherlich mit dem König identisch war.

Das Götterbild, das sowohl die Königsmacht wie die Macht der Götter repräsentierte, wurde nach dem Hindu-Ritual verehrt; vor allem wurden ihm Milch und zerlassene Butter als Opfergaben dargebracht. Für diesen Dialog zwischen Hohepriester und Gottheit brauchte man nicht viel Platz. Deshalb maß die Cella des Tempels kaum mehr als 2 bis 3 Meter im Quadrat; quadratisch war sie, weil diese geometrische Form eine besondere symbolische Bedeutung hatte: sie symbolisierte die Vollkommenheit, das göttliche Absolute.

## Das Mandala: eine esoterische Figur

Wie der Grundriß der Khmer-Stadt durch eine magische Figur bestimmt war, die man als Mandala bezeichnet und die bildlich die kosmische Ordnung symbolisiert, so ent-

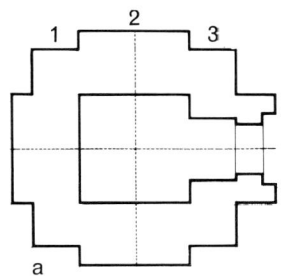
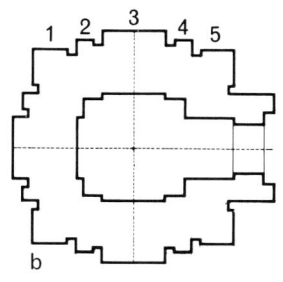

Auch für die Bedachung des Tempels war das Mandala maßgebend. Die Unterteilung des Daches in mehrere Stufen – sie symbolisierten, wie schon gesagt, die Abstufungen des Wohnsitzes der Götter auf dem Berg Meru – erfolgte nach der Gliederung der magischen Figur, die man vertikal in den Raum hineinprojizierte. Besonders deutlich

▼ Aufriß und Grundriß des Dharmaraja Ratha von Mahaballipuram (Indien), eines Felsentempels (nach Andreas Volwahsen)

▲ Plan des indischen Allerheiligsten:
a) dreifach abgestufter Grundriß;
b) fünffach abgestufter Grundriß
(nach Andreas Volwahsen)

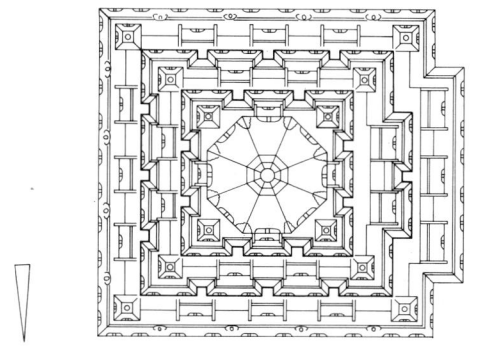

sprach auch der Tempel, ebenfalls auf einem solchen Quadrat gründend, den Gesetzen des Kosmos. Nach hinduistischer Auffassung ist das Mandala ebenso wie die Zahlenmystik, die Mystik der Proportionen und der Geometrie ein Mittel der Erkenntnis. Diese magische Grundrißgestaltung sollte also in erster Linie den Tempel wie die Stadt mit den göttlichen Gesetzen in Übereinstimmung bringen, indem ihnen jene Grundform gegeben wurde, die man der himmlischen Welt zuschrieb. So wurden Stadt und Tempel zu einem verkleinerten Ebenbild der Wohnstätte der Gottheiten.

Die magische Figur, das Mandala, durch kleinere Quadrate, die Padas, unterteilt, bestimmte den Grundriß der Tempel. Andreas Volwahsen hat dies in seinem Band «Indien I», der in dieser Buchreihe erschien, hervorragend erläutert. Es war jedoch üblich, daß die Außenfront der Cellamauern sich nicht genau mit dem Linienverlauf des Mandala deckte; offensichtlich betrachtete man eine exakte Übereinstimmung mit dem magischen Quadrat als Sakrileg. Deshalb wurden die Mauern an mehreren Stellen eingezogen. Die Linien des Mandala wurden nur an ganz bestimmten Punkten geschnitten; im übrigen verliefen die Konturen der Cella parallel zu ihnen, ohne sich je mit ihnen ganz zu decken. Dadurch ergaben sich Vorsprünge der Fassade durch Pilaster und Einzüge; die Fassadenform geht wahrscheinlich auf den früheren Holzbau mit seinen spezifischen Eigentümlichkeiten zurück. Die Proportionen des Mandala bestimmten auch die Mauerstärke – in archaischen Tempeln sind die Mauern oft sehr dick – und die Stellung der Tür.

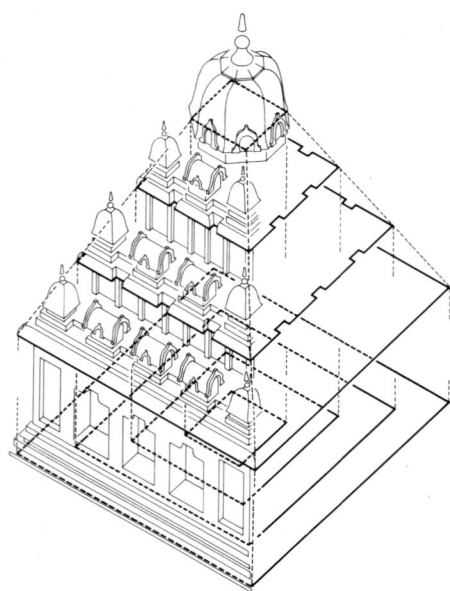

▲ Axonometrische Ansicht des Tempels von Mahaballipuram mit dreidimensionaler Mandalagliederung

ist dieser Übergang von einem zweidimensionalen Grundriß
zu einer dreidimensionalen Raumgliederung bei einem
südindischen Tempel, auf den wir uns in der Folge noch
mehrmals beziehen werden und mit dem sich Andreas
Volwahsen ausführlich befaßt hat. Es handelt sich um einen
der Felsentempel von Mahaballipuram, den ein Herrscher
der Pallava-Dynastie im 7. Jahrhundert schaffen ließ.
Dieser Tempel, der Dharmaraja Ratha, eines der ersten
Beispiele drawidischer Steinarchitektur in Indien, war in
Wirklichkeit weniger ein Heiligtum als ein Musterbeispiel,
denn der Felsentempel ist nicht vollständig aus dem Gestein
gehöhlt und enthält auch kein Kultbild. Das Musterbauwerk
bezeichnet den Ursprung der pyramidenförmigen Bedachung, deren symbolische Bedeutung für alle Sakralbauten in den hinduisierten Staaten maßgebend wurde.

Natürlich war diese mit reichem kosmologischem Symbolismus befrachtete Pyramidenform nicht von Anfang an voll
und endgültig ausgebildet. In Indien stellte man zahlreiche
Versuche an, ehe man über die technischen Möglichkeiten
verfügte, um die Formen der ersten aus leichtem Material
errichteten Heiligtümer in Stein zu übertragen. Wahrschein-

lich waren die alten indischen Felsentempel – so in
Mahaballipuram und in Ellora – im Bemühen geschaffen
worden, in dauerhaftem Material die hölzernen Heiligtümer
zu kopieren, deren Form bis heute in den Pagoden über-
lebt hat.

Die Stadt der Götter

Zunächst waren die ersten indischen Steintempel mit einfachen Steinplatten gedeckt, die man zunehmend aufstockte,
so daß eine Art von Stufenpyramide entstand. Jede Dach-
stufe hatte genau den gleichen Grundriß und war gegenüber der darunterliegenden allseits eingezogen. Auf diese
Weise entstanden wahre Türme, deren Stufen die verschiedenen hierarchischen Ebenen der von den Göttern auf dem
Berg Meru bewohnten Stadt repräsentierten. Besonders
deutlich wird dies durch die Dächer und ihren Dekor: sie
sind mit winzigen Bauwerken geschmückt, und jede Stufe
ist gleichsam ein Abbild der Stadt mit ihrer Mauer, ihren
Ecktürmen, ihren Stadttoren oder Gopuram, die nach den
Regeln des hinduistischen Städtebaus die Seitenlängen
halbieren.

Der Felstempel von Mahaballipuram läßt diesen symbolischen Dekor genau erkennen: Die Ecktürme haben einen
quadratischen, die Stadttore oder Gopuram einen rechteckigen Grundriß. Dieses Vorbild wurde von der Khmer-
Architektur aufgegriffen. Ecktürme und Stadttore spielten
unterschiedliche Rollen. Und während der Eckturm entsprechend seinem quadratischen Grundriß bald mit einem
Neben-Tempel gleichgesetzt wurde, übernahm man für den
Gopuram mit seiner rechteckigen Bedachung in der
primitiven Hindu-Architektur die Dachanordnung des
Holzgewölbebaus der buddhistischen Zeit, wie sie auf den
Reliefs von Sânchi (1. Jahrhundert n. Chr.) sichtbar ist.

Der Kudu: ein symbolisches Grundmotiv

Diese Übernahme einer der buddhistischen Architektur
eigenen Bedachungsform bezeugt übrigens, wie stark sich
die indischen Religionen sowohl hinsichtlich ihrer Kultformen als auch ihrer architektonischen Formen gegenseitig durchdrangen. Dem Buddhismus ging der Brahmanismus voraus; die im Zuge der hinduistischen Erneuerung
geschaffenen Bauwerke übernahmen sowohl die Formen
als auch die Bautechniken der buddhistischen Architektur
und oft sogar auch typisch buddhistische Symbole.

Dies gilt besonders für ein dekoratives Element, das man mit einem Tamil-Wort als Kudu bezeichnet; es spielte in der gesamten sakralen Architektur der hinduisierten Staaten eine bedeutsame Rolle.

Der Kudu ist eine schematische Darstellung der überwölbten Fassade des strohgedeckten buddhistischen Tempels. Das Dach ist im Schnitt hufeisenförmig, die vereinfachte Darstellung gleicht einem griechischen Omega. Dieses bei indischen Holzbauten übliche Dach fand Verwendung sowohl für Stadttore wie für die Häuser der Reichen, wie die Reliefs von Sânchi bezeugen. Exakt nachgeahmt wurde die Form von den Baumeistern, die aus den Felshängen

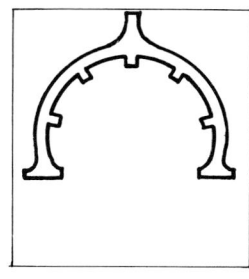

▲ Vom buddhistischen Chaitya von Karli abgeleitete Kudu-Form (Aufriß nach Andreas Volwahsen)

▼ Entwicklung der Tempeldächer in Indien (a, b, c) und bei den Khmer (d):
a) Aiholli, 6. Jh.;
b) Bubaneshvar, 8. Jh.;
c) Bubaneshvar, 10. Jh.;
d) Banteay Srei, 10. Jh.
Die drei ersten Skizzen nach «L'Inde» von Pierre Rambach und Vitold de Golish

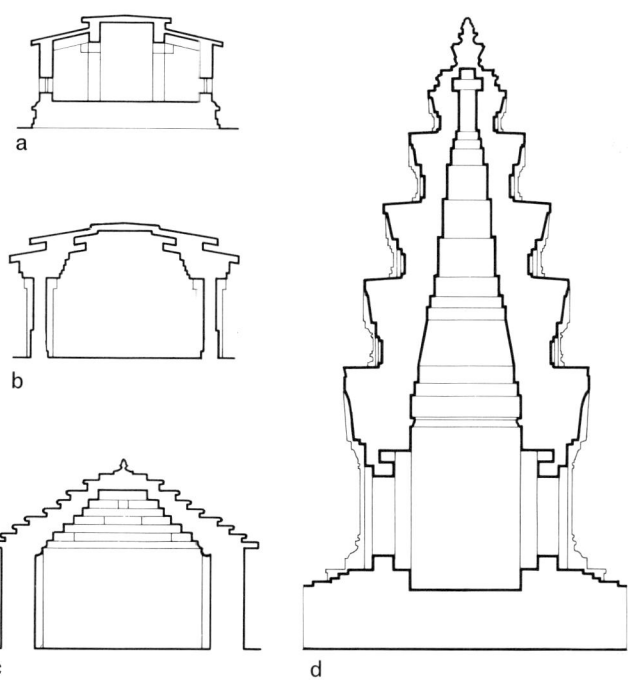

von Ajanta oder Karli im 1. Jahrhundert die dem buddhistischen Kult eigenen großen Felsensäle oder Chaitya herausarbeiteten. Als man mit der Schaffung künstlicher Höhlen die ursprünglichen Holzbauten in Stein übertrug, behielt man in der Fassade die Form der hufeisenförmigen Überdachung dieser Bauten bei. Schließlich verknüpfte sich mit dieser Form, die auch an die Silhouette des Stupa erinnert, allgemein die Vorstellung eines Kultorts. Daher galt den Hindus, die das Motiv aufgriffen, dieses als Ausdruck göttlicher Präsenz, da die Gottheit in Gestalt der Kultstatue im Heiligtum leibhaftig gegenwärtig ist. So wurde der Kudu zum Sinnbild der Gottheit. Stets blieb er den Heiligtümern vorbehalten und bezeichnet deutlich deren sakrale Rolle. Man findet das Motiv sowohl auf den Tempelfassaden wie auf Miniaturtempeln, die die Tempeldächer schmückten und die Götterstadt symbolisierten.

Als der Kudu erstmals als dekoratives Element an buddhistischen Bauwerken auftauchte, gab er exakt in Stein das frühere hölzerne Deckengerüst wieder. Auf den Flachreliefs von Sânchi sieht man häufig kleine Gestalten den Kopf aus der durch den Kudu überwölbten Öffnung herausstrecken; sie sollten Menschen darstellen, die den großen Augenblicken im Leben Buddhas beiwohnten. Seit Mahaballipuram jedoch, wo ebenfalls unter den Kudu Gesichter auftauchen, repräsentieren sie symbolisch die zahlreichen Gottheiten, die auf dem Meru wohnen.

Die aus den Miniaturtempeln auf den Tempeldächern herausschauenden steinernen Gestalten beweisen zudem, daß die Bedachung tatsächlich die Götterstadt symbolisierte. Als jedoch das Wissen um den formalen Ursprung des Kudu verlorenging, kam es zu einer zunehmenden Abstrahierung. Nicht mehr Menschen- oder Göttergestalten füllten den Raum unter dem Kudu, sondern ein flammen-förmiges Motiv, so beispielsweise in Khadjuraho, einer Kultstätte aus dem indischen Mittelalter. Die Indologin Stella Kramrich hat dieses Symbol überzeugend gedeutet: nach ihr ist gleichbedeutend mit dem Wort Kudu der Begriff «gavaksa», der «Flammenauge» bedeutet – ein Auge, aus dem Flammen hervorbrechen. Hinter der Tür oder dem Fenster seiner Wohnstätte leuchtet der Gott in strahlendem Glanz. Auch dadurch wird bestätigt, daß der Kudu die göttliche Präsenz oder den leuchtenden Glanz der Gottheit repräsentierte.

Wie wir noch sehen werden, findet sich das Kudu-Motiv bei allen Sakralbauten in der hinduisierten Welt, sowohl bei den eigentlichen Tempeln wie bei den Miniaturbauten, die auf

den Tempeldächern standen. In der Khmer-Welt gewann das Motiv eine beträchtliche Bedeutung als Giebelform; Giebelfeld und Türsturz waren oft reich mit Reliefs geschmückt. Deshalb war es wohl angebracht, die Geschichte dieses charakteristischen Elements etwas ausführlicher darzustellen.

## Mandapa-Tempel

Früh schon, ab dem 5. Jahrhundert, erhielten die Heiligtümer in Indien eine Vorhalle, Mandapa oder Jagamohan genannt. Vielleicht am bekanntesten ist der Lad-Khan-Tempel in Aihole im Dekkan, eine Schöpfung der Tchâloukya-Dynastie. Der Mandapa entwickelte sich im Lauf der Zeit zu einem großen Saal mit oder ohne tragende Stützen. Er war dem Tempel vorangestellt und ganz anders überdacht als die Cella. In der Khmer-Welt findet sich der Mandapa nur bei bestimmten Flachtempeln, um den Gegensatz zu den Tempelbergen zu unterstreichen.

In Indien wie in Kambodscha ist der Mandapa in der Regel auf der Ostseite vorgebaut, denn die Tempel waren, vermutlich als Nachklang alter Sonnenkulte, nach der aufgehenden Sonne hin ausgerichtet, damit deren erste Strahlen das Kultbild beleuchten konnten.

## Das falsche Gewölbe

Unter den typischen Elementen der indischen Architektur, die die Khmer-Baumeister übernahmen, ist schließlich noch das falsche Gewölbe zu nennen, das Kraggewölbe. Die Baumeister des alten Kambodscha kannten nur diese eine Form der Überwölbung. Die Hindu-Kulte erforderten keinen großen Raum für die Gläubigen, so daß es nicht zur Errichtung großer Kulthallen kam, aber anderseits ist es auch möglich, daß man sich wegen bautechnischer Unzulänglichkeit gezwungen sah, sich auf kleine Räume zu beschränken, da man das Keilgewölbe entweder nicht kannte oder aus religiösen Gründen ablehnte. Mit einem Kraggewölbe jedoch lassen sich keine großen Räume überwölben.

Dies sind also, kurz dargestellt, die bautechnischen und symbolischen Prinzipien, die die Khmer von Indien übernahmen und aus denen im Gebiet von Angkor eine Architektur erwuchs, die sich von den Vorbildern immer mehr entfernte, um schließlich völlig eigenständig zu werden.

▼ Entwicklung des Kudu-Motivs in Khadjuraho (Indien) mit schematisiertem Flammenornament

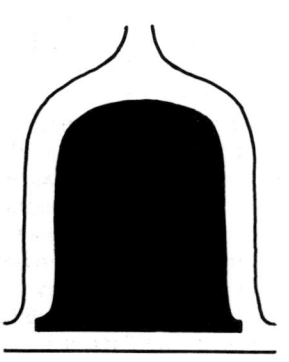

## Die plastischen Ausdrucksmittel der Khmer-Architektur

Auf den aus Indien übernommenen Grundlagen aufbauend, entwickelten die Baumeister der Khmer ihre eigenen Ausdrucksformen. Coedès ist der Auffassung, «die Beziehungen zwischen Indien und Südostasien» seien «kontinuierlich» gewesen; ich glaube jedoch, daß ab dem 7./8. Jahrhundert der indische Einfluß weit schwächer war als in den ersten Jahrhunderten nach der Zeitenwende, als durch den intensiven Handel zahlreiche Seefahrer und Kaufleute nach Indochina kamen. Gewiß werden auch später noch die Namen von indischen Mönchen und Brahmanen mit Khmer-Königen in Verbindung gebracht, und möglicherweise lebten am Hof von Angkor indische Theologen und Astronomen – aber gegenüber der Fu-nan-Zeit waren dies nur schwache Nachklänge.

Inzwischen hatten die Khmer ein selbständiges Reich geschaffen. Viel hatten sie von den Gurus gelernt, den aus Indien gekommenen religiösen Führern. Und bald sollten die Schüler ihre Lehrer übertreffen und sich von ihnen absetzen.

Diese Loslösung vom indischen Einfluß hat auch Coedès erkannt, soweit sie die ornamentalen Motive betraf. Er schreibt: «Allgemein läßt sich sagen, daß der Dekor, der im 7. Jahrhundert von den indischen Vorbildern sehr nahestehenden Formeln ausging, sich immer mehr davon entfernte und sie so stark abwandelte, daß sie schließlich nicht mehr wiederzuerkennen.»

Noch weit mehr gilt dies für die Architektur. Diese fand zu einer Vielzahl von eigenständigen Lösungen und formte die aus Indien stammenden Grundlagen so stark um, daß daraus etwas völlig Neues entstand. Mit Recht schrieb Maurice Glaize: «Zwar stand Indien am Anfang, aber es wirkte eher befruchtend als schöpferisch.»

Das Heiligtum oder der Prasat

Das in Indien «Garbha griha» genannte Heiligtum wurde bei den Khmer mit dem Sanskritwort Prasat bezeichnet. Es handelt sich dabei um einen Turm von – wie in Indien – meist quadratischem Grundriß und mit zurückversetzten Mauern, die von wandgebundenen Pilastern eingerahmt werden. Im Aufriß stimmen die vier Fassaden überein. Gewöhnlich auf der Ostseite befindet sich der Eingang; die Heiligtümer sind in der Regel nach Osten ausgerichtet.

Die drei übrigen Fassaden tragen Scheintüren, die der wirklichen Tür exakt nachgebildet sind: In den Stein gehauen sehen wir zwischen den Türpfosten und dem Türsturz, allesamt ebenfalls aus Stein, die aus Brettern zusammengesetzten Türflügel und bis im kleinsten Detail die Türbeschläge, die mit größter Sorgfalt wiedergegeben sind.

Überspannt wird die Tür von einem weitgespannten, oft mehrlappigen Bogen, der sich vom Kudu herleitet und eine Art von Giebel bildet, dessen Tympanon zu manchen Zeiten reich skulptiert wurde. Das Dach ist in der Regel viergeschossig, wobei jedes Geschoß eine nach oben kleiner werdende exakte Nachbildung des Heiligtums ist. Jedes der «Scheingebäude», die die Geschosse bilden, hat genau den gleichen Grundriß wie das eigentliche Heiligtum und auf den Fassaden auch die von einem Kudu überspannten Scheintüren.

Die sich wandelnden Giebel

Das Kudu-Motiv hielt sich zunächst getreu an die indischen Vorbilder. Dies gilt sowohl für die Fu-nan- und die vorangkorianische Architektur des 6. Jahrhunderts von Nuisam (Terrakotten von Phuco-co-tu) als auch für Angkor Borei, den Asram Maha Rosei und vor allem im 7. Jahrhundert für Sambor Prei Kuk. In der Angkor-Architektur überspannten solche Bögen die Tore der Heiligtümer und bildeten hohe Giebel. Deren Formen wandelten sich rasch und so grundlegend, daß man in den spätesten angkorianischen Giebeln die indischen Vorbilder kaum mehr wiederzuerkennen vermag: Aus der nüchternen Hufeisenform der Chaitya von Ajanta sind vielfach geschwungene Bögen geworden. Interessant ist übrigens die Feststellung, daß in der Spätzeit in den Giebelfeldern wieder die Köpfe auftauchen, die sich in den Blendfenstern von Mahaballipuram fanden; übersteigert wurden dann die Köpfe in den gewaltigen Buddhaköpfen der Gesichtertürme Jayavarmans VII.

Damit hat die Gottheit ihren Platz über dem Heiligtum wiedergefunden und schaut in die vier Himmelsrichtungen, in die ihre segenspendende Macht ausgeht.

In plastischer Hinsicht sind diese vom indischen Kudu-Motiv hergeleiteten Giebel besonders deshalb interessant, weil sie Fassade und Dach organisch miteinander verbinden. Zwischen dem eigentlichen Baukörper und der pyramidenförmigen Bedachung gibt es keine klare Zäsur. Das in allen Dachgeschossen wiederholte Motiv, das die

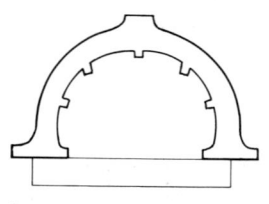    

a    b    c    d    e

▲ Entwicklung des Kudu-Motivs von den indischen
Anfängen bis zur Umsetzung der Khmer:
a) Klosterornament, Ajanta (um 500 n. Chr.);
b) mit eingefügtem schematisiertem Kopf, Mahaballipuram (7.–8. Jh.);
c) «Flammen-Kudu» der Khmer (Ende 9.–Anfang 10. Jh.)
d) Giebel von Banteay Srei (967);
e) Kudu als Einfassung der Kolossalgesichter der von
Jayavarman VII. erbauten Tempeltürme (1190–1200)

Mitte einer jeden Fassade einnimmt, schafft eine dekorative
Verknüpfung, die die vertikale Geschlossenheit des Prasat
bewirkt.

Durch den Giebel wurde der kubische Charakter des Khmer-
Heiligtums verwischt. Der Prasat besteht im Grunde aus
einer Abfolge von aufeinandergestellten, immer kleineren
Würfeln, doch diese Grundstruktur wird durch die Kudu-
Motive völlig verdeckt. Sie greifen über die breiten Gesimse
hinaus, durch die die Dachgeschosse horizontal gegliedert
sind. Dadurch wirkt das Heiligtum nicht nur in sich geschlossen, sondern es erhält auch eine himmelwärts
gerichtete Dynamik.

Während diese aus dem Kudu hervorgegangenen Giebel
hauptsächlich eine symbolische Bedeutung haben, da sie
die göttliche Präsenz ausdrücken sollen, sind die dreieckigen Giebel rein architektonische Gebilde. Sie finden
sich an mit Gebälk oder Ziegeln gedeckten Nebengebäuden,
so über den Langsälen von Preah Kô, Koh Ker und vor allem
in Banteay Srei und Preah Vihear. Mit ihren in Spiralen
endenden geradlinigen Schrägseiten leiten sie sich direkt
aus dem Holzbau her; stilistisch deuten sie bestenfalls auf
chinesischen Einfluß hin. Zwar lassen sie sich im letzten
Abschnitt der Angkor-Architektur nicht mehr nachweisen,
doch spielten sie dann in der nach-angkorianischen Zeit, als

man die Bauten wieder aus leichteren Materialien errichtete,
erneut eine sehr große Rolle.

Der Dekor der Dächer

Bald jedoch wurde der Prasat komplizierter, sein Symbolismus noch deutlicher. Nun bestand das Dach nicht mehr nur
aus vier Geschossen, von denen jedes eine verkleinerte
Nachbildung des darunterliegenden war, sondern man
schmückte es mit Pancharam genannten kleinen Türmchen,
von denen jedes eine Miniaturkopie des gesamten Heiligtums war. Diese Türmchen erhoben sich an den Ecken
jedes Geschosses und kompensierten optisch die Dach-
einzüge, so daß schließlich eine elegante tiaraförmige
Silhouette entstand, wie sie am eindrucksvollsten die Türme
von Angkor Vat aufweisen. Diese bilden lediglich den
Endpunkt einer Entwicklung, die eine zunehmende Abkehr
von den ursprünglichen Formen bedingte; mit der Stadt der
Götter, die der Dekor der pyramidenförmig bedachten
indischen Tempel symbolisierte, haben die dreieckigen
Aufbauten der Türme von Angkor Vat nichts mehr gemeinsam. Diese Umwandlung des Prasat in eine Stadt der
Götter, wie es der Hindu-Tempel von Mahaballipuram war,
geschah also zuerst durch Miniaturisierung: An den Ecken
der Dachgeschosse des Prasat erschienen kleine Prasats,
die genaue Nachbildungen des gesamten Heiligtums waren.

Der Tempelberg

Als sie jedoch einen prächtigeren, größeren Tempel schaffen
wollten, der mehr war als ein einfacher Prasat, griffen die
Khmer-Baumeister wieder auf den Grundbegriff ihrer kosmischen Symbolik zurück, auf den Berg Meru. Doch nun
stellten sie den Berg der Götter nicht nur durch den Dach-
dekor, sondern durch einen ganzen Tempel dar, wobei

◀ Aufriß eines Tempelturms von Banteay Srei (Gesamthöhe 9 m) mit viergeschossiger Überdachung, Kudubögen über den Türen und Blendtüren sowie kleinen Pancharam (Miniaturtempeln) an den Ecken

bereits vom Fundament an der kosmische Sinngehalt deutlich wurde. Man stellte den Prasat auf eine Abfolge von pyramidenförmig sich verjüngenden Stufen, deren Gesamtheit dem Meru entsprach. Vorbereitet war die Neuerung schon seit langem durch die Tatsache, daß auch die älteren Tempel sich auf einer Plattform erhoben. Dieses Fundament bildete gleichsam ein «temenos» und hatte die Aufgabe, die sakralen Bauten aus den profanen Bauten herauszuheben. Die Pyramide der Khmer entstand durch die Aufeinanderschichtung mehrerer sich verjüngender Fundamentschichten. Alle Tempelberge werden praktisch durch übereinandergestellte Plattformen gebildet. Es handelt sich also um Stufenpyramiden, bei denen die einzelnen Stufen die hierarchischen Ebenen der Götterstadt auf dem Meru symbolisieren. Mit den von den Ägyptern entwickelten «echten» Pyramiden, beispielsweise mit den Pyramiden von Gise, haben die Tempelberge nichts gemeinsam.

Auf der Stufenpyramide erhebt sich das Heiligtum. Eine breite Treppe führt zum Allerheiligsten hinauf, in dem als Kultbild die Statue der Gottheit aufgestellt ist. Im späteren Verlauf wurden die verschiedenen Stufen des Fundaments durch Aufbauten bereichert, die ebenfalls die Stadt der Götter repräsentieren sollten: kleine Tempel, Ecktürme, Tore oder Gopuram.

Bald wurde der heilige Bezirk durch Nebenbauten erweitert: durch langgestreckte Säle, die an die Stufen angrenzten, zunächst nur an das Fundament; dann aber griffen sie auch auf die übrigen Geschosse über. Diese Räume wurden mit zunehmender Komplizierung des Rituals nötig: sie dienten als Sakristeien, als Speicher für Opfergaben, als Schlafstätten für Pilger, als Wohnräume für die Tempeltänzerinnen usw. Schließlich wurden aus den rings um alle Stufen umlaufenden Langsälen im Zuge einer wahrhaft genialen Vereinfachung Galerien, die sämtliche Geschosse ringsum einfaßten.

Damit war die Khmer-Architektur ausgereift, hatte ihre klassische Ausbildung gefunden; mit Hilfe des nunmehr zur Verfügung stehenden Formenschatzes wurden alle großen Bauschöpfungen des alten Kambodscha verwirklicht

Die umlaufenden Galerien und konzentrischen Einfassungen erlaubten es, den Tempelbezirk zu gliedern, in einem organischen Komplex gewaltige architektonische Elemente zusammenzufassen, die mit dem ursprünglichen Prasat nichts mehr gemeinsam hatten.

Die Flachtempel

Die umlaufenden Galerien griffen bald über die Pyramide des eigentlichen Tempelbergs hinaus und umschlossen eine ganze Reihe von Nebengebäuden, die von nun an zum Heiligtum gehörten: die sogenannten Bibliotheken, Wasserbecken für rituelle Waschungen, Terrassen für die Tempeltänze usw. Dadurch entstand eine neue Tempelform, bei der alle Umfassungen und Galerien in einer Ebene lagen, auch wenn der Grundriß des Tempelbergs mit konzentrischen Galerien getreu übernommen wurde. Diese Flachtempel, deren das Heiligtum umgebende Galerien wesentliche Elemente waren, lassen sich als horizontale Umsetzung des pyramidenförmigen Tempelkomplexes bezeichnen. Die konzentrischen Einfassungen entsprechen den Abstufungen des Prasat-Daches, die in eine Ebene verlegt sind.

Der bedeutsamste Unterschied zwischen dem Tempelberg und dem Flachtempel besteht, was den eigentlichen Tempel angeht, darin, daß, wie bereits erwähnt, dem Flachtempel eine Vorhalle (Mandapa) vorgelagert ist. Die Entstehung dieser Vorhalle ist schwer erklärbar, doch ist hier nicht der Ort, näher darauf einzugehen.

Die Einfassungen und Galerien

Die für die Khmer-Architektur charakteristischen konzentrischen Einfassungen können verschiedene Formen haben. So findet man einfache Erdaufschüttungen als Deiche des Wassergrabens, der den ganzen Tempelbezirk umgibt. An ihre Stelle traten bald von Kappen gekrönte Steinmauern. Mit zunehmender Bereicherung des architektonischen Formenschatzes wurden aus den Mauern überdachte Galerien. Sie bestanden zunächst aus zwei parallel verlaufenden Mauern, die über Holzgebälk ein Stroh- oder Ziegeldach trugen; später erhielten sie ein falsches Gewölbe aus Steinplatten. Die Galerien leiten sich direkt von den Langsälen der Tempelberge her.

Doch immer neue Möglichkeiten erschloß die Architektur. Die Galerien wurden auf einer oder auch auf beiden Seiten mit Fenstern ausgestattet, die durch steinerne Baluster abgeschlossen waren. Immer luftiger wurden die Bauten: Eine der Mauern wurde durch Pfeiler ersetzt. Um den Schub des schweren Steindachs aufzufangen, kam bald eine zweite Pfeilerreihe dazu. Durch ein Halbgewölbe wurde das Hauptgewölbe abgestützt.

Damit standen die architektonischen Grundelemente fest, aus deren Abwandlung und Kombination sich die weitere Entwicklung ergeben sollte: die mit großen Fenstern versehene Galerie, die auf einer oder auf beiden Seiten von pfeilergestützten Halbgalerien flankiert war; die pfeilergestützte Hauptgalerie mit ebenfalls von Pfeilern getragenen Halbgalerien, die sehr luftig wirkten usw. Eine eigenartige Lösung fand man für den Baphuon: In der Mitte steht eine mit Fenstern versehene Trennmauer, die auf beiden Seiten von Pfeilergalerien flankiert ist. Die Weiterentwicklung dieses Galerienbaues führte zu originellen Raumgliederungen, so zu den berühmten kreuzförmigen Innenhöfen, wie sie die Tempel von Angkor Vat, Preah Vihear, Beng Mealea, Preah Khan u.a. aufweisen.

Die Ecktürme und Tore (Gopuram)

Der Ratha von Mahaballipuram, das indische Vorbild der Khmer-Tempelbaumeister, trägt auf den Ecken eines jeden Geschosses des pyramidenförmigen Daches kleine quadratische Türme und in der Mitte Miniaturbauten, die die Tore oder Gopuram der Stadt der Götter symbolisieren.

In Kambodscha wurden aus den Scheinbauten jedoch im Laufe der Zeit richtige Gebäude: Man versah die Galerien mit großen Ecktürmen, deren Dächer ebenso gestaltet waren wie das Tempeldach; außerdem halbierte man die Umfassungsmauern durch Tore, die wie in Indien Gopuram genannt wurden.

Der Gopuram sollte eine bedeutsame Entwicklung durchmachen. Anfangs bestand er aus einem einfachen über einer Mauer errichteten Bau. Derselbe war von zwei Türen durchbrochen und bildete somit einen zur Umfassungsmauer in einem rechten Winkel liegenden Zugangsweg. Doch bald wurde das Tor komplizierter. Zunächst wurde der Gopuram in Stein überwölbt; dann traten beidseits des Haupteingangs Vorräume und Nebentore hinzu. Allmählich wurde aus dem ursprünglichen Mauerdurchlaß ein mächtiges Bauwerk, eine Art von Triumphbogen, der immer größere Räume umschloß. Schließlich wurden daraus pfei-

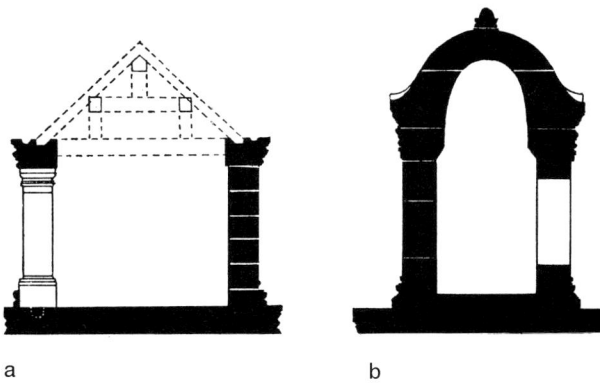

a      b

▲ Schnitt durch die Galerien:
 a) vorklassische Galerie mit Dachstuhl aus Holz (Prasat
  Thom in Koh Ker)
 b) klassische Galerie mit Steingewölbe (Preah Vihear)
  (nach Boisselier)


lergestützte dreischiffige Säle, die den klassischen Bibliotheken oder Mandapa entsprachen.


Kosmologische Symbolik

Man setzte dem Tempel Miniatur-Prasats auf, und gleich-
zeitig wurde die Pyramide, die das Allerheiligste trug, zu
einem gewaltigen Baukomplex mit zahlreichen Neben-
heiligtümern. Beide Elemente, die Stufendächer wie die
Pyramiden, symbolisierten die stufenförmig aufgebaute
Götterstadt auf dem Berg Meru. Man ging sogar noch weiter:
Als die Umfassungsmauern des Tempels die ganze Stadtanlage einschlossen, gab es fortan in dieser symbolischen
Kosmologie keine Unterbrechung mehr in der stetigen
Wiederholung zwischen dem winzigen Tempelchen oder
Pancharam, der die Bedachung eines Prasats schmückt,
und der eigentlichen ganzen Khmer-Stadt. Nun stand
das Heiligtum zwischen zwei symbolischen Systemen:
einem makrokosmischen, von dem es getragen wurde,
und einem mikrokosmischen, das es krönte. Auf der einen
Seite bildete der Prasat eine Verbindung zum unendlich
Kleinen durch die Miniaturtempel auf dem Dach, die ihrerseits Ornamente in Form noch kleinerer Tempelchen
trugen usw., eine theoretisch endlose Abfolge. Anderseits
ist der Khmer-Tempel ein symbolisches Gebilde, das auf
die unendliche Größe des Kosmos und der Götterstadt

verweist: Er steht im Mittelpunkt einer Abfolge von Einfassungen, die die verschiedenen Ebenen des Meru
repräsentieren und deren äußerste die Gebirgskette symbolisiert, die die Erde umschließt. In diesen Symbolbezügen
steht der Mensch mitten zwischen zwei Strukturen, die
beide, wenngleich in unterschiedlichem Maßstab, den Sitz
der Götter darstellen.

Die Khmer-Baumeister schufen also einen völlig in sich
geschlossenen Symbolkomplex. Städtebau und Architektur
sind eins geworden, die gleichen Gesetze gelten für den
Dekor, den Tempel und die ganze Stadtanlage. Alles
stimmt harmonisch überein.

Erst als man die Flachtempel entwickelt hatte, konnten
die konzentrischen Einfassungen und Galerien sich so
stark ausdehnen, daß sie auf großen Flächen nicht nur die
Kultstätte, sondern eine ganze Stadt umschlossen, die
Menschen ebenso wie die Gottheit. Damit war das Heiligtum mehr als ein einfacher Tempel: es umfaßte die ganze
menschliche Siedlungsgemeinschaft, so daß entsprechend
der Entwicklung des religiösen Lebens der Khmer die Stadt
der Menschen zur Stadt der Götter wurde. Deshalb ist es
manchmal unmöglich, zwischen dem Tempel und der Stadt
unterscheiden zu wollen: Ist der Bayon das Heiligtum von
Angkor Thom, oder ist nicht vielmehr die Mauer des
Tempelbezirks gleichzeitig die Stadtmauer? Oft bezeichnet
man Angkor Vat als einen Tempel, doch in Wirklichkeit
begrenzten die Gräben eine Ansiedlung, in der etwa 17000
bis 20000 Menschen wohnten. Das gleiche gilt für zahlreiche
Heiligtümer der spätangkorianischen Zeit, beispielsweise
für Preah Khan oder Ta Prohm, wo, wie bereits erwähnt,
die Mauern des Tempelbezirks eine Stadt mit 12640 Bewohnern umschlossen.

Die Sakralarchitektur sprengte also die engen Grenzen des
Heiligtums, verleibte sich zunächst die Stadt und dann
alle von der Gemeinschaft errichteten Bauwerke ein, von
den Bewässerungsanlagen bis zu den Wohnhütten, den
Palästen und den Stadtmauern. Bei den Khmer war somit der
Tempel von grundlegender Bedeutung.

Gleichzeitig wurden die architektonischen Ausdrucksmittel
durch neue Elemente bereichert. Während wir es in der
Frühzeit nur mit einem einzigen Prasat zu tun haben,
gehörten später zum Tempelbezirk zahlreiche Bauten, die
sich in der Mehrzahl aus den die Götterstadt repräsentie-
renden Miniaturaufbauten der pyramidenförmigen Tempeldächer entwickelten.

## Die Bautechniken

Wie viele andere Völker der Menschheitsgeschichte, so zielten auch die Khmer mit ihren Sakralbauten auf eine konkrete Darstellung der mythischen Götterstadt und waren bestrebt, den Göttern eine Behausung zu schaffen, die zwar formal den menschlichen Behausungen entsprach, sich aber durch ein besonderes Merkmal auszeichnete: die Dauer. Für die ewigen Götter wollten die Menschen ewige Wohnungen bauen. Deshalb griffen sie zu dauerhaften Materialien. Zwar lebten die Khmer in leichten strohgedeckten Holzhäusern, in den Städten ebenso wie in den Dörfern, aber ihre Tempel errichteten sie früh schon aus Backstein oder Stein. Deshalb sind uns von den Städten der Khmer nur noch die religiösen Bauten erhalten – Skelette gleichsam der großen Städte, die einst vorwiegend aus Holzhäusern bestanden.

Aber im Verlauf dieser «Versteinerung», die für jede Sakralarchitektur kennzeichnend ist, spielten im alten Kambodscha zwei Faktoren wesentliche Rollen: einerseits der althergebrachte Pfahlbau, die eigenständige Form der Behausung, andererseits die religiösen Vorschriften und architektonischen Formen, die die Khmer aus Indien übernahmen. Aus der Verschmelzung dieser beiden Faktoren erstand die Sakralbaukunst der Khmer.

Aus Indien kam der erste Anstoß zum Bau in Ziegel und Stein; vor allem stammte aus dem Subkontinent das Kraggewölbe. Solche Gewölbe, mit denen die Khmer ihre Prasats bedeckten, waren ein unmittelbares Erbe der indischen Architektur. Ob aus Ziegeln oder aus Stein, von unten wirken diese Gewölbe stets wie spitz zulaufende Kamine, bei denen jede Lage über die darunterliegende hinausragt.

Baumaterialien

In der vorangkorianischen Zeit errichtete man fast alle sakralen Bauten aus Backstein, doch in der Angkor-Zeit verlor dieses Baumaterial zunehmend an Bedeutung, und in der klassischen Epoche ist es fast völlig verschwunden.

Boisselier schreibt: «Die einzelnen Lagen wurden ohne Mörtel aufeinandergesetzt; nachdem man die Steine poliert hatte, verband man sie mit einem pflanzlichen Bindemittel. Durch dieses Verfahren, das einem regelrechten Kleben gleichkommt, wirkt die Mauer wie ein Monolith; die waagrechten Fugen sind fast unsichtbar.» Dank dieses mono-

lithischen Charakters konnten die Backsteinwände in den Ornamentzonen direkt skulptiert werden, auch wenn man sie später mit Stuck überzog.

Die Baumeister der Khmer verwandten zwei Gesteinsarten. Der Laterit, ein rötlicher, verfestigter Ton, der allenthalben anzutreffen ist, war im allgemeinen dem Unterbau vorbehalten, obwohl er bei manchen angkorianischen Bauten sichtbar ist. Der graue oder rosa Sandstein war das edlere Material, aus dem die schönsten Khmer-Bauten errichtet wurden. Sandsteinbrüche liegen bei Kulên 40 Kilometer nördlich von Angkor; von dort konnten die Steinblöcke während des Hochwassers auf Flößen auf den Flüssen befördert werden, die in den Großen See münden.

Auch die Gesteinsblöcke wurden ohne Zement oder Mörtel zusammengefügt. Welcher Technik die Khmer sich bedienten, weiß man nicht genau; bekannt ist lediglich, daß sie die Flächen, an denen die Blöcke aneinanderstießen, glatt schliffen, doch wie dies geschah, ist ein Rätsel. Jedenfalls begnügte sich die Khmer-Architektur mit einem Mauerwerk, das nur durch die Schwerkraft zusammengehalten wurde. Diese Tatsache war sicherlich einer der Gründe, warum es in Kambodscha keine großen Innenräume gab. Niemals ist es den Baumeistern von Angkor gelungen, diese technische Beschränkung zu überwinden.

Die Heiligtümer waren schon von Anfang an in dauerhaften Materialien gedeckt. Anders die langen Säle und die Galerien. Diese wurden zunächst mit Dachgebälk und Ziegelbedachung versehen; erst später benutzte man zur Abdeckung Steinplatten. Aber das führt uns zur Zimmermannskunst und zum Holzbau, der bei den Khmer eine sehr große Rolle spielte. Die autochthone Baukunst kannte zunächst nur das Holz, und so hat es die Entwicklung der Khmer-Architektur entscheidend geprägt.

Der Holzbau

Die Wohnbauten und sogar die Königspaläste waren meist aus Holz errichtet. Der Holzbau war schon in einer Zeit üblich, da sich der indische Einfluß in Indochina nicht bemerkbar machte. Entsprechend den klimatischen Gegebenheiten ihrer Heimat stellten die Bewohner des Landes ihre Strohhütten stets auf Pfähle, in den Ebenen ebenso wie am Rand von Flüssen und Seen. Überall ging man auf die gleiche Weise vor: Auf orthogonal angeordneten, in den Boden gerammten Pfählen errichtete man in 1½, 2 oder

3 Meter Höhe eine rechteckige Plattform, auf der sich die eigentliche Behausung erhob. Diese war gewöhnlich 6 bis 8 Meter lang und 3 bis 4 Meter breit. Das Satteldach bestand aus einem strohgedeckten Gebälk. Dazu konnten noch ein Vorraum und kleinere Anbauten treten. Für die Häuser im Palastviertel wandelte man diesen Grundplan vielfältig und stark ab.

Wie der Palast des Königs in Angkor ausgesehen hat, wissen wir durch den Bericht des Chinesen Tcheou Ta-kuan. Danach hatte nur der Herrscher das Recht auf ein ziegelgedecktes Haus; der Audienzsaal war von dem Saal,

in dem sich der König aufhielt, durch ein goldenes Fenster getrennt. Hinter dieses stellte sich der König, um mit seinen Untertanen zu sprechen oder die Streitfälle zu entscheiden, die ihm vorgetragen wurden. Das Fenster – wahrscheinlich eine Maueröffnung mit vergoldetem Metall- oder Holzgitter – findet sich übrigens noch heute in den Thai-Palästen, die manchen interessanten Aufschluß darüber geben, welche außerordentliche Bedeutung leichtes Baumaterial in der alten Khmer-Architektur gehabt hat.

Also waren sowohl die Behausungen an Seen und Flüssen wie die einfachen Hütten der Reisbauern nach denselben Prinzipien konstruiert. Man verfolgte damit den Zweck, die Menschen und ihre Habe vor dem Zugriff von Monsun und Überschwemmungen zu schützen. Aber diese primitive Bautechnik, die buchstäblich auf regelmäßig angeordneten Pfählen gründete – von denen manche über die Plattformen hinausragten, das Dach trugen und die Fenster und Türen einfaßten –, beruhte in jeder Hinsicht auf einfachen Gesetzen, die auch für die Backstein- und Steinarchitektur richtunggebend werden sollten: Grund- und Aufriß waren rechtwinklig (von der Abschrägung des Daches abgesehen); als Maßeinheit diente der regelmäßige Pfahlabstand, was ein rationelles Bauen ermöglichte; nach den Regeln der Holzbautechnik erforderte jeder Vorsprung – Vorraum oder Anbau – ein Dach, das zum Giebel einen rechten Winkel bildete.

Umsetzung in Stein

Diese für den Holzbau typische Lösung erfreute sich bei allen Bauwerken besonderer Beliebtheit: Alle Dächer bestanden aus zwei sich im rechten Winkel kreuzenden Firstbalken, wodurch vier Giebel entstanden, deren Felder nach den vier Haupthimmelsrichtungen schauten. Dieses System war der wichtigste Beitrag des Holzbaus zur Steinarchitektur von Angkor; es stammt nicht aus Indien, von wo nur die dem sakralen Steinbau eigenen Gesetze übernommen wurden.

Aber auch in anderer Hinsicht wirkte sich der prähistorische kambodschanische Holzbau auf die Architektur von Angkor aus. So erstellte man, um zu den Pfahlbauten am Großen See hinaufzugelangen oder um die Behausungen untereinander zu verbinden, Holzstege auf Pfählen, die mit den Plattformen auf gleicher Höhe waren. Dieser Formel begegnet man in den klassischen Khmer-Bauten wieder. Die großen Straßen, die zu den Tempeln von Angkor Vat oder zum Baphuon führen, sind nichts als solche in Stein umgesetzte Stege. In beiden Fällen wird die Herkunft dadurch noch deutlicher, daß aus den einstigen Pfählen steinerne Säulen geworden sind, die die Alleen tragen.

Ferner stammen die Balusterfenster der Khmer, die für diese Architektur typisch sind und den vergitterten Fenstern des mittelalterlichen Indiens nichts verdanken, direkt vom Holzbau; die Fensterrahmen sind mit Gehrungen versehen, die steinernen Docken sind trotz ihres beträchtlichen Gewichtes gedrechselt... Übrigens sind solche Fenster ausgezeichnet auf die klimatischen Gegebenheiten des Landes zugeschnitten: sie spenden Schatten, ohne daß den Innenräumen Licht und Luft entzogen wird. Auch in plastischer Hinsicht sind sie außerordentlich interessant, eine originale Schöpfung, die sich unmittelbar von den mit Holzdocken verschlossenen Fensteröffnungen herleitet.

Ebenfalls dem Holzbau entstammen letztlich die Pfeilerhallen, die gegen Ende der angkorianischen Geschichte aufkamen. Nur dank dieser altüberkommenen Methoden konnte man teilweise die technischen Unzulänglichkeiten überbrücken, so das Fehlen des Keilgewölbes, und Innenräume von beträchtlicher Größe schaffen. Die Galerien, «Kreuzgänge», Bibliotheken, Mandapa und mehrschiffigen Gopuram lassen deutlich die Herkunft vom Holzbau erkennen.

Auf diesen Ursprung weisen auch die Techniken, die man beim Steinbau verwandte. Wo man auf technische Schwierigkeiten stieß, griff man stets zu Lösungen, die dem Holzbau eigen waren: Schwalbenschwänze, Gehrungen, mit Holz verstärkte Türstürze, Drechseln, Zapfenverbindungen, aufgesetzte Türeinfassungen, die wie geschnitzte

▼ Schnitt durch eine säulengestützte Straße des Baphuon, Angkor. Höhe der Stützsäulen: 1,2 m

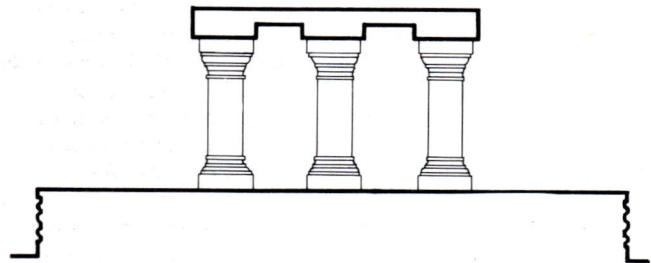

Türrahmen behandelt wurden usw. Auch die skulptierten Stürze sind wie Schnitzwerk behandelt und verraten die Ableitung vom Holzbau.

Dockenfenster, säulengetragene Straßen, Dächer mit gekreuzten Firstbalken und dreieckigen Giebeln waren Zeugen der Vergangenheit, die die Khmer-Architektur beibehielt. In einem Land, das mehrere Monate jährlich durch den Monsun überschwemmt wird, so daß sich zur Zeit des Hochwassers Verkehrsprobleme ergeben, mußte man diese Tatsache berücksichtigen. Dies tat man seit frühester Zeit mit den Pfahlbauten, und deren Prinzipien wurden auch für den Steinbau übernommen.

Zu Recht schreibt deshalb Henri Parmentier: «Der Holzbau zieht sich wie ein roter Faden durch die Architektur» der Khmer. Diese Feststellung ist besonders deshalb interessant, weil sie aufzeigt, wie sich die Kunst im alten Kambodscha ihre Eigenständigkeit erhielt oder sie zurückgewann. Die Khmer lösten sich immer mehr von den indischen Vorbildern und übertrugen ihre ureigensten Baumethoden auf die von Indien übernommene Sakralarchitektur. Unter dem Einfluß des kambodschanischen Holzbaus wurden die kompakten Steinmassen der indischen Tempel aufgelockert, wurden die Grundrisse so umgestaltet, daß immer deutlicher das uralte Schema des Pfahlbaus zutage trat.

## Grundregeln der Khmer-Architektur

Hauptaufgabe der sakralen Architektur der Khmer war die Darstellung einer symbolischen Welt, die steinerne Vergegenständlichung kosmologischer Anschauungen, die jedoch durch konkrete Gegebenheiten, die sich vom althergebrachten Holzbau ableiteten, bereichert wurden.
Rein funktionelle Aspekte milderten die Abstraktion der Formen. Diese Architektur mag dürftig erscheinen, gab es doch keine großen überdachten Räume, und oft macht sie den Eindruck, als handle es sich bei ihren steinernen Schöpfungen um Bauten, die lediglich der Freude der Götter dienten, nicht aber zum Nutzen der Menschen. Dennoch fand diese Kunst einen so straffen Ausdruck, daß sie logischem Denken entsprungen sein muß – einer Logik freilich, die ganz anders ist als die unsere. Beruhen doch diese Bauten auf Prinzipien und Gesetzen, die nicht Ausfluß einer materiellen Kausalität sind, sondern vielmehr eines Spiels von geistigen Beziehungen und Vorstellungen, die über ein eigenes Vokabular und vor allem über eine eigene Syntax verfügen. Die Sprache der Khmer-Architektur ist in

sich völlig geschlossen. Sie ergibt sich zwangsläufig aus den Voraussetzungen, aus denen die Formen hervorgehen. Diese Grundgesetze seien zum Abschluß dieses Kapitels kurz dargestellt.

## Achsen, Symmetrie, Wiederholung

Die Grundregel der Khmer-Architektur beruht «auf den Begriffen Achse und Symmetrie, woraus sich notwendigerweise eine Wiederholung von Elementen ergibt», wie Maurice Glaize mit Recht geschrieben hat. Grundgegebenheit war der quadratische Grundriß des Heiligtums mit seinen vier übereinstimmenden, nach den Kardinalpunkten hin ausgerichteten Fassaden; dieser Plan entsprach dem Mandala, dessen Seiten in eine gerade Zahl von Padas unterteilt sind. Das Bauwerk ist insofern axial ausgerichtet, als es im allgemeinen durch eine Gerade bestimmt ist: durch den Zugangsweg, längs dessen die verschiedenen Bauelemente angeordnet sind. Symmetrisch ist er insofern, als beidseits der virtuellen, von Ost nach West mitten durch das Bauwerk verlaufenden Linie im Norden und Süden die gleichen Formen wiederholt werden. Symmetrisch kann das Gebäude aber auch in bezug auf eine zweite Achse sein, die die erste genau in der Mitte im rechten Winkel schneidet; dadurch entstehen vier gleiche Viertel, im Grundriß vier Quadrate. Die Wiederholung beschränkt sich in diesem Fall nicht auf eine Verdopplung der Elemente, sondern jedes Motiv oder jeder Teil des Gebäudes wird vervierfacht: Türen, Stürze, Giebel usw.

Diese rechtwinklige Symmetrie gilt sowohl für die Türme oder Prasats als auch für die Tempelberge, die sich aus diesen herleiten. Sie ergibt sich aus dem Symbolgehalt, mit dem die Hindu-Kosmologie die Zahl vier und das Quadrat befrachtet: beide gelten als das Symbol absoluter Vollkommenheit.

Beim Bauwerk, das nach einer Ostwest- und einer Nordsüdachse gegliedert ist, bemerkt man diese Symmetrie auf den ersten Blick. Versteckt hingegen ist eine andere – freilich ideale – Symmetrie, die bei den Hindus eine nicht minder bedeutsame symbolische Rolle spielt: die Symmetrie in vertikaler Hinsicht. Ein Tempel ist nur dann vollkommen, wenn er unter der Erde negativ gleichsam den über der Erde sich erhebenden positiven Bau widerspiegelt. Deshalb weisen die Khmer-Tempel genau unter dem Allerheiligsten eine tiefe Grube auf, die gleichsam das Gegenstück zum Turmdach des Prasat bildet; in sie versenkte man die

Gründungsopfergaben. Ebenso kann man die leeren und wassergefüllten Gräben als negative Gegenstücke der Stadtmauern und Galerien betrachten.

Nach dieser auf einem tiefgründenden Dualismus beruhenden Raumauffassung muß jedes sichtbare positive Gebilde von einem unsichtbaren negativen Gegenstück begleitet sein, das die chthonischen Mächte und die Unterwelt symbolisiert. Auch dies beweist, wie sehr in sich geschlossen die Gesetze dieser Symbolwelt sind.

## Der Zentralbau

In der sakralen Khmer-Architektur herrschte also der Zentralbau vor: das Bauwerk wurde durch zwei sich im rechten Winkel schneidende Achsen bestimmt. Daraus folgt, daß das Gebäude trotz seiner Ausrichtung von allen Seiten gleich aussah. Diese Formel wandte man für die meisten großen Tempelberge an, auch wenn man sie nicht sehr streng handhabte.

Aber der Zentralplan reichte über den eigentlichen Tempel hinaus und formte nicht nur die umliegende Stadt bis zu ihren Umfassungsgräben, sondern auch die Landschaft ringsum, denn im Land der Khmer war alles dem magischen Quadrat, dem Mandala, unterworfen. Deshalb sind die vier Tempelstraßen gleichsam vom Heiligtum in die vier Haupthimmelsrichtungen ausgehende Strahlen. Ihre Achsen sind Abszisse und Ordinante eines gewaltigen Bezugssystems, in dessen Schnittpunkt als Zentrum das Allerheiligste liegt. Diese Raumaufteilung mittels eines riesigen Koordinatensystems ist besonders gut erkenntlich, wenn man die angkorianische Ebene vom Gipfel eines Zentraltempels überschaut: die großen überhöhten Straßen, die sich am Horizont verlieren, führen zu den Kardinalpunkten der Himmelsrose.

Das Heiligtum ist gleichsam das Urbild des Universums; diese Vorstellung wird für jeden greifbar, der das in seine Achsen eingespannte Land betrachtet; diese Achsen verlieren sich praktisch an den Grenzen der Welt. So konnte der Khmer-Herrscher, seit der Fu-nan-Zeit «König des Berges» genannt, vom Gipfel seines Tempelberges aus den grenzenlosen Bereich der Macht sehen, die er über sein Reich ausübte: er war buchstäblich der Herr der Welt.

Schließlich ist noch zu bemerken, daß dieses Plansystem gleichzeitig zentripetal ist, da die konzentrischen Einfassungen oder die mit umlaufenden Galerien versehenen Stufen des Tempels gleichsam wie Wälle das Allerheiligste umschließen, und zentrifugal dank der großen Achsen, die in die umliegende Landschaft hinausgreifen und diese in engem Bezug auf das Heiligtum strukturieren.

Der Zentraltempel stellt also eine architektonische Gleichung dar, von der ausgehend das ganze Land durchgestaltet wird: das ganze Reich der Khmer erhält den Grundriß eines gigantischen Mandala.

## Der axiale Plan

Verglichen mit dem reichen Symbolgehalt des als Zentralbau errichteten Tempels könnte der axial durchgeformte Tempel dürftig erscheinen. Dennoch ist auch er eine höchst bemerkenswerte architektonische Schöpfung. Der axial ausgerichtete Gebäudekomplex ist gleichsam ein gewaltiger Vektor, auf dem beiderseits der geraden Tempelstraße die architektonischen Elemente so angeordnet sind, daß sie in einer ständigen Steigerung zum Allerheiligsten hinführen. Das Heiligtum wird dadurch zum End- und Zielpunkt einer Wallfahrt. Alles ist zum Heiligtum hin gestaffelt.

Die Kultstätte läßt eine rhythmische Gliederung erkennen, hervorgerufen durch Pausen, Verminderung und Steigerung der Raumdynamik. Eine Hauptrichtung führt zu einer starken Polarisierung, auch wenn der Ablauf immer wieder durch Nebenthemen unterbrochen wird.

Die axiale Anordnung der Bauwerke weckt den Eindruck einer aufsteigenden Bewegung. Diesen Eindruck erzielte man teils, indem man den Tempelkomplex auf ansteigendem Gelände errichtete (Preah Vihear, Vat Phu), teils durch die Staffelung immer höherer Gebäude, die im Turm des Tempels gipfelten (Banteay Srei, Koh Ker). (Vgl. Pl. S. 188.)

Beide Grundrißtypen, der axiale und der zentrale, beeinflußten sich bald gegenseitig in immer stärkerem Maße. Mischformen tauchten auf, durch die die Strenge beider Formeln gemildert wurde. So läßt sich verfolgen, wie die großen zentral ausgerichteten Tempel eine Hauptachse erhielten, die gewöhnlich (von Angkor Vat abgesehen) von Ost nach West verlief: die Heiligtümer waren nach Osten hin ausgerichtet. Das Zentrum wurde von nun an in der dem Eingang gegensätzlichen Richtung verschoben; dadurch gewann man mehr Abstand zwischen den einzelnen architektonischen Elementen, die an der zum Tempel

führenden Hauptstraße die aufeinanderfolgenden Umfassungen bildeten. Anderseits wurden auch die axial angelegten Tempel durch die Zentralbauten beeinflußt: man legte um das Heiligtum eine umlaufende Einfassung.

Dies sind, kurz zusammengefaßt, die Grundgesetze des Khmer-Tempelbaus. Es ist eine gleichzeitig wunderbar reiche und ganz in sich geschlossene architektonische Sprache, beruht doch diese Architektur auf einer grundlegenden Voraussetzung, dem Mandala, die die Khmer mit unerbittlicher Logik bis zur letzten Konsequenz verwirklicht haben. Dieser strengen Systematik, verbunden mit einem bewundernswerten Gespür für die offenen Räume, verdanken wir die vollkommensten Schöpfungen der angkorianischen Architektur.

**Angkor Vat:** Lageplan 1:10000 (1113–1150)

A 200 m breiter Wassergraben mit Deichstraße
B Propyläen
C 350 m lange axiale Straße
D Biblictheken
E Wasserbecken
F Hauptheiligtum
G Östlicher Gopuram
H Erdstraße über den Wassergraben

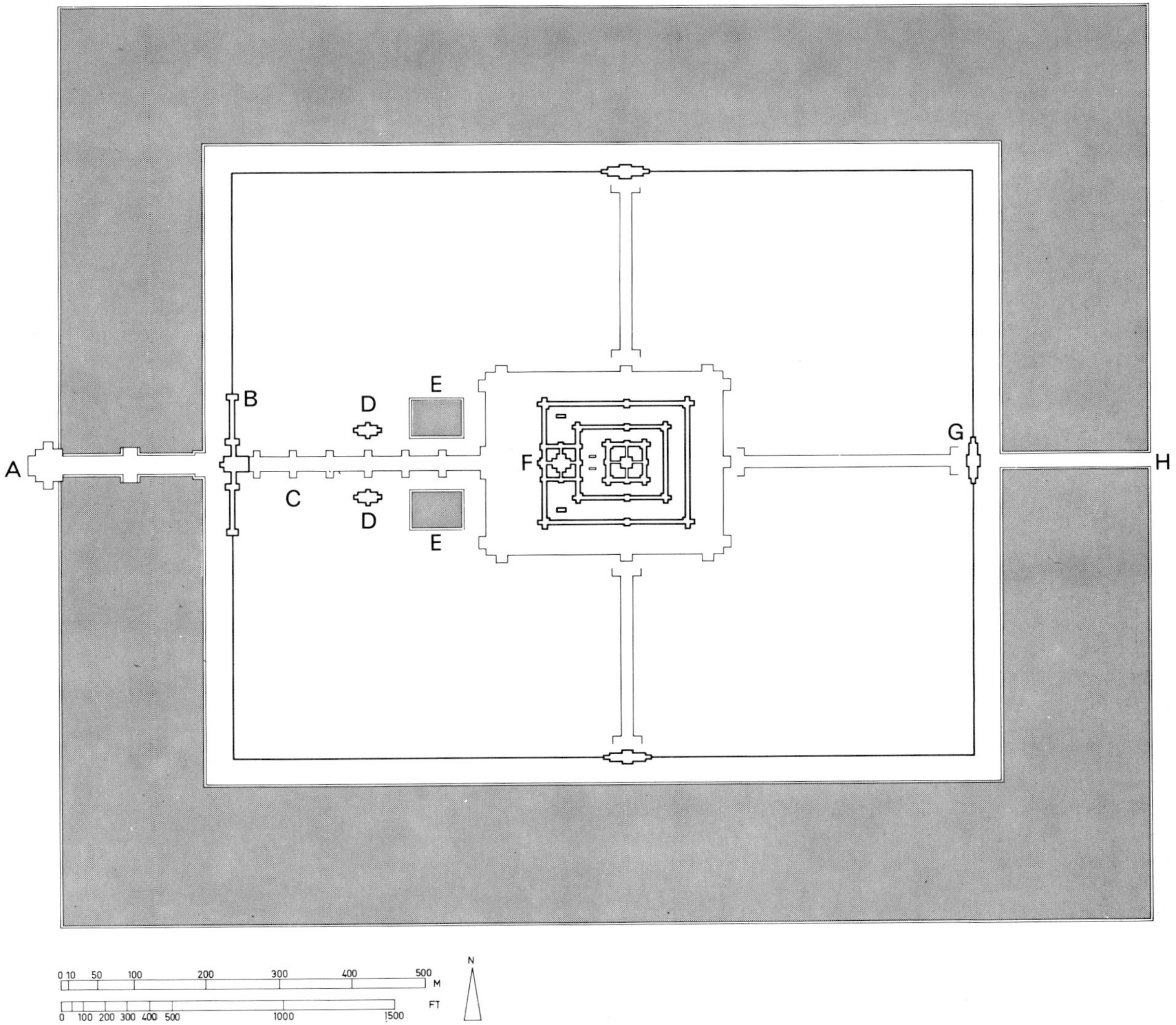

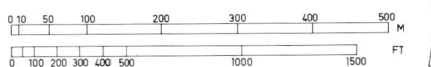

A
B
C
D
D
E
E
F
G
H
0 10 50 100 200 300 400 500
M
0 100 200 300 400 500 1000 1500
FT
N

**Angkor Vat:** Grundriß des Haupteingangs und des
Tempels 1:1500 (1113–1150)

A Deichstraße
B Propyläen am Wassergraben

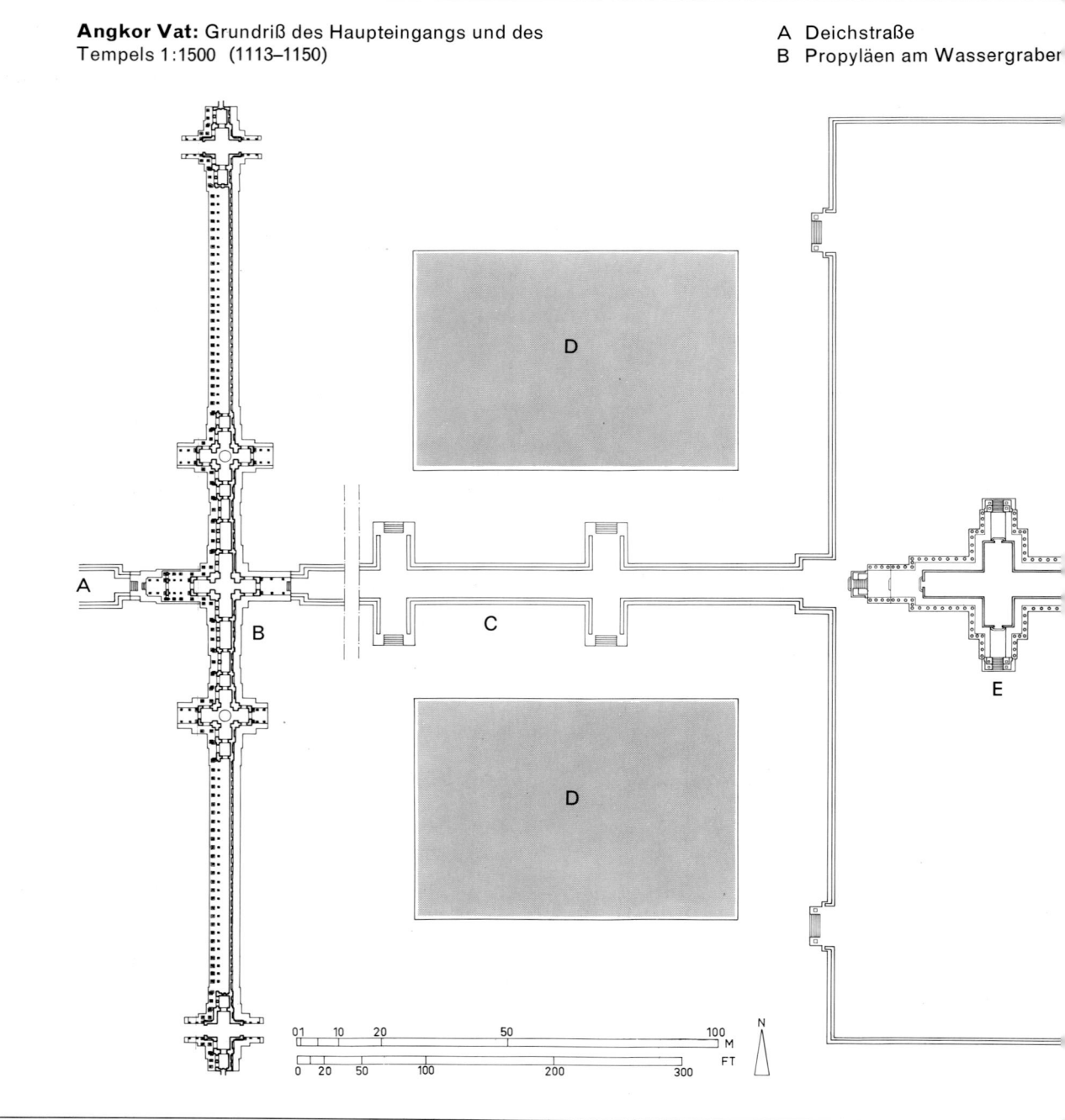

A Deichstraße
B Propyläen am Wassergraben
C
D
E

01 10 20 50 100 M

0 20 50 100 200 300 FT

N

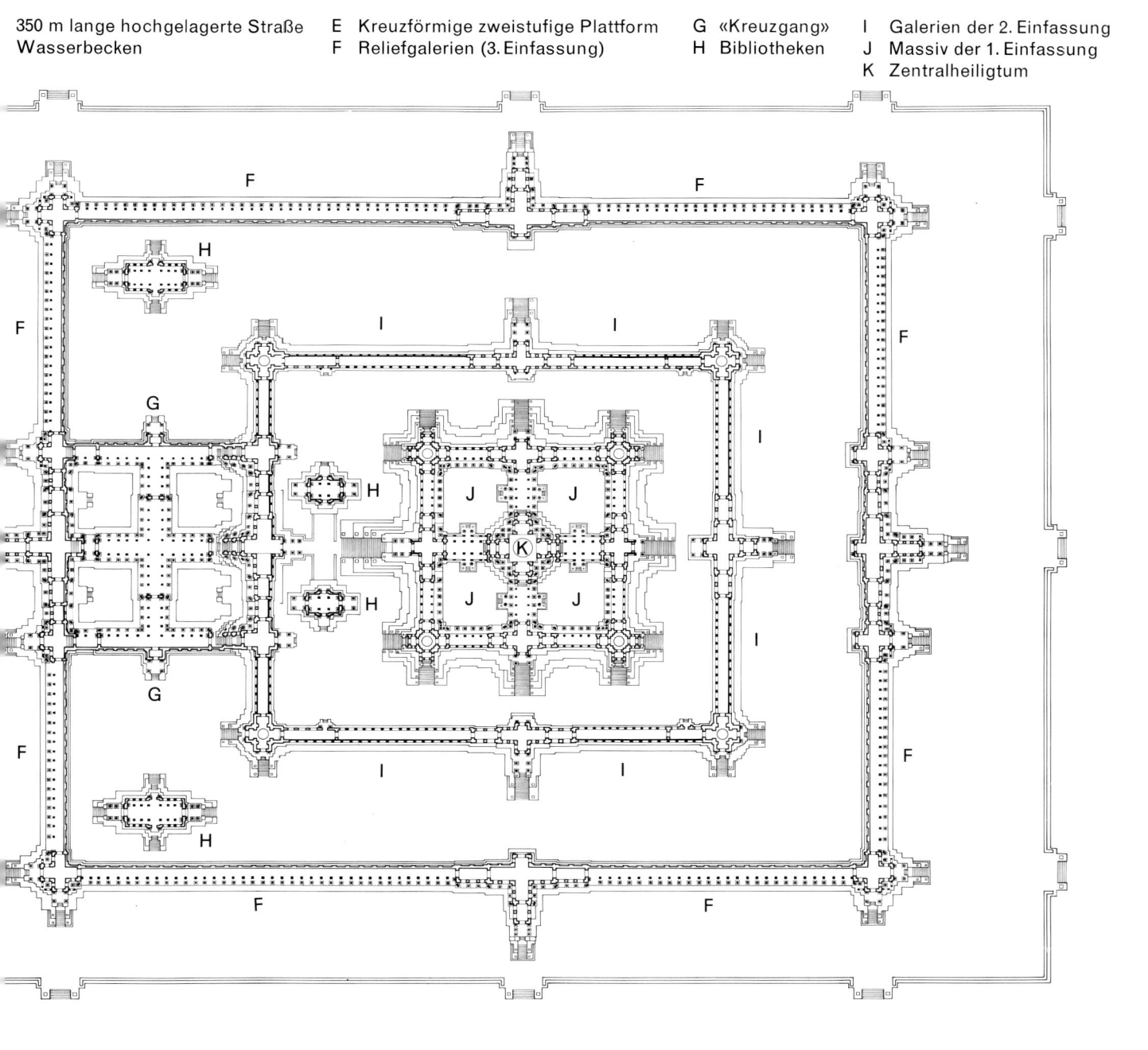

350 m lange hochgelagerte Straße
Wasserbecken

E Kreuzförmige zweistufige Plattform
F Reliefgalerien (3. Einfassung)

G «Kreuzgang»
H Bibliotheken

I Galerien der 2. Einfassung
J Massiv der 1. Einfassung
K Zentralheiligtum

# Legenden

## Angkor Vat (1113–1150)

101 Luftaufnahme des Tempelbergs mit seinen drei Einfassungen und der 350 Meter langen Straße, die vom Haupteingang hinter dem Wassergraben bis zum Tempel führt.

102 Blick auf die mit Sandsteinplatten belegte Tempelstraße.

103 Die zum Hauptheiligtum mit seinen fünf Tempeltürmen auf der Spitze führende Straße wird von Naga-Balustraden gesäumt. Links und rechts die sogenannten Bibliotheken.

104 Detail des Dekors am Unterbau der Tempelstraße.

105 Das Zentralmassiv des Tempelbergs, das die Geschosse der gekreuzten Giebeldächer krönt. Die vier sich verkleinernden Stockwerke der Türme werden von einer riesigen steinernen Lotusknospe überragt.

106 Apsaras und Devatas schmücken die Rückwand der großen Galerie am Tempeleingang.

107 Die abgestufte Bedachung des mittleren Gopurams des Haupteingangs.

108 Reich ornamentierter Türpfosten und Apsara, die eine Vorhalle schmückt.

109 Durch Wülste verzierter Unterbau und Pfeiler der Reliefgalerie.

110 Blick auf die südliche Außengalerie mit gestuftem Unterbau und die Überdachungen von Seitenschiff und Hauptschiff.

111 Blick in die Reliefgalerie.

112 Luftaufnahme des «Kreuzgangs», der die äußere Einfassung mit der zweiten Galerie verbindet. Die sich rechtwinklig kreuzenden pfeilergestützten Innengalerien bilden vier Höfe, die ringsum von Portiken gesäumt sind.

113 Der Südwesthof des kreuzförmigen Klosterhofes. Eine Treppe ermöglicht das Hinabsteigen in den Graben, der – vermutlich einst mit Wasser gefüllt – zu rituellen Waschungen diente.

114 Blick zur Decke eines Winkels des «Kreuzgangs».

115 Der Hauptgang des «Kreuzgangs», von Norden nach Süden gesehen. Pfeiler tragen das durch Halbgewölbe abgestützte Hauptgewölbe. Wie bei den Galerien waren die Gewölbe mit vergoldeten Holzdecken verkleidet, die nicht erhalten sind.

116 Apsaras auf der Mauer des «Kreuzgangs».

117 Nordflügel des «Kreuzgangs», der die Verbindung zur zweiten Einfassung darstellt. Die drei Treppen, die in die Höhe führen, sind durch übereinandergesetzte, ineinander verschachtelte Gewölbe überdacht.

118 Der umlaufende Hof zwischen der zweiten und der dritten Einfassung. Ein hoher, durch Wülste verzierter Sockel trägt die mit Blendfenstern versehene Galerie.

119 Blick in die zweite Galerie. Diese öffnet sich durch dockengeschmückte Fenster auf den Hof vor der dritten Stufe.

120 Apsara in der zweiten Galerie.

121 Blick vom Hof innerhalb der zweiten Einfassung auf die dritte Stufe, die die fünf Tempeltürme trägt.

122 Mit gedrechselten Nocken geschmückte Fenster der zweiten Galerie.

123 Ein Baluster-Fenster von innen gesehen; sein Zweck ist, das starke Sonnenlicht zu filtern.

124 Blick von der dritten Stufe auf den östlichen Gopuram der zweiten Galerie. Zwischen dem Vorbau und den beiden kleinen Bibliotheken rechts und links verläuft ein von niedrigen Säulen getragener Steinsteg.

125 Pfeilergestützter Teil des «Kreuzgangs», der die dritte Tempelstufe bildet.

126 Der mächtig aufragende mittlere Tempelturm. Auf allen vier Seiten finden sich abgestufte pfeilergetragene Vorhallen, die den Turm abstützen.

127 Luftaufnahme der fünf Tempeltürme und der drei durch die Galerien gebildeten konzentrischen Einfassungen.

128 Blick von der dritten Stufe auf den Gopuram des Haupteingangs und die Tempelstraße. Seitlich von der Straße zwölf von Nagas eingefaßte Rampen.

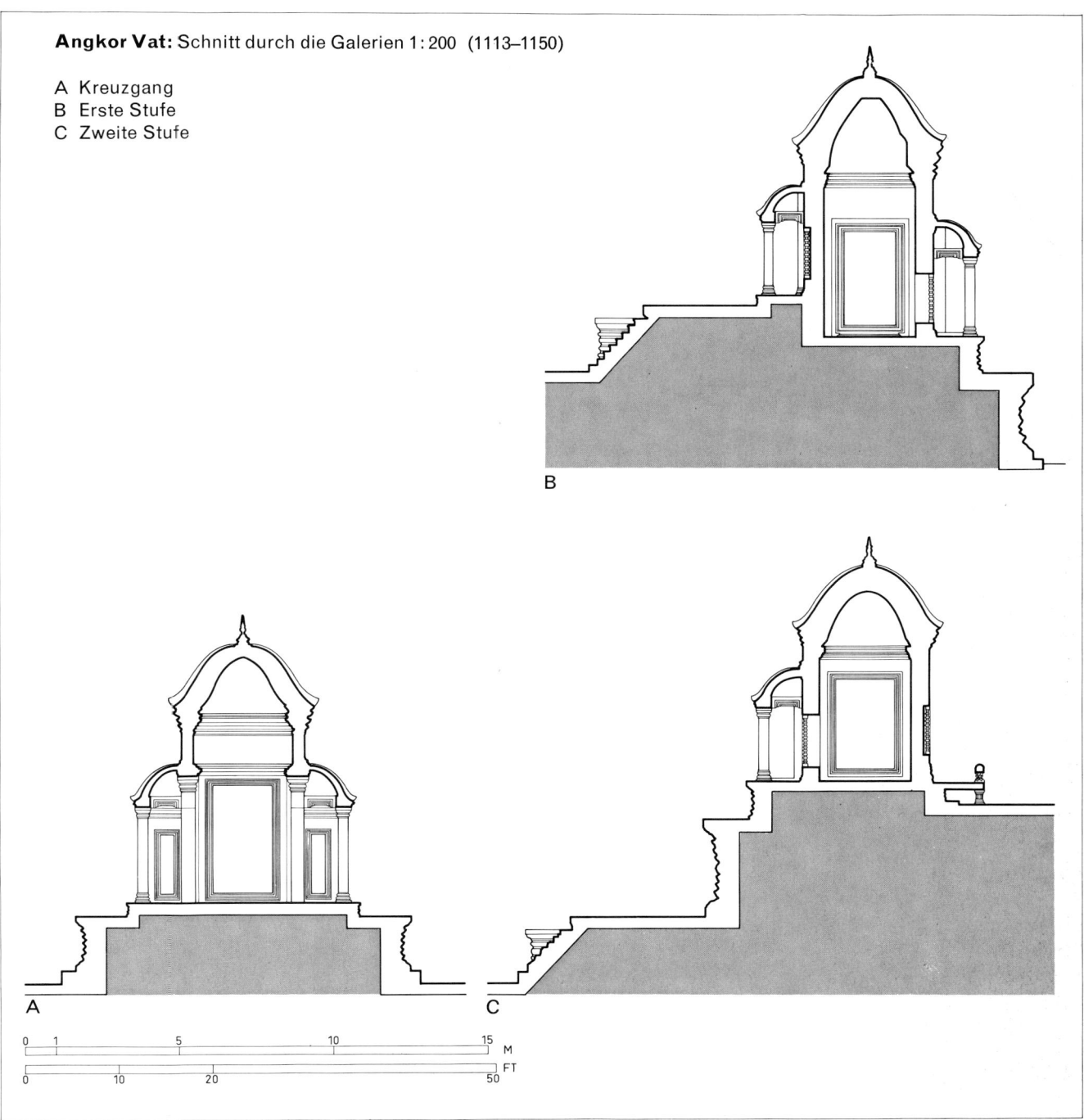

**Angkor Vat:** Schnitt durch die Galerien 1:200 (1113–1150)

A Kreuzgang
B Erste Stufe
C Zweite Stufe

A

B

C

# Angkor Vat: Geometrisches Planschema
von Andreas Volwahsen

Bekanntlich bauen die Pläne indischer Tempelanlagen auf geometrischen Strukturen auf, die sich auf einfache Formen (Quadrat, Kreis, Dreieck) zurückführen lassen, wie Andreas Volwahsen in seinem Band «Indien I» dieser Serie aufgezeigt hat. Die Vermutung liegt nahe, daß auch die Khmer-Heiligtümer den selben Gesetzen gehorchen. Wir haben deshalb Herrn Volwahsen gebeten, das Planschema von Angkor Vat zu rekonstruieren. Hier das Ergebnis:

A  Die Hauptachsen des Heiligtums werden durch einen **Kreis** mit einem einbeschriebenen vierstrahligen Stern bestimmt. Die Strahlen des Sterns bilden zu den Achsen Winkel von 15 Grad. Legt man an den Punkten, an denen die Sternspitzen den Kreis berühren, Tangenten an, so ergibt sich ein **Quadrat**.

B  Mit der Seitenlänge des Quadrats, in das der Kreis einbeschrieben ist, läßt sich ein **gleichseitiges Dreieck** konstruieren, dessen Spitze in Richtung des Tempeleingangs liegt. Durch die Spitze verläuft, parallel zur Basis, die Linie x-x. Das Zentralquadrat des Sterns zeichnet den Verlauf der **inneren Einfassung,** der ersten Galerie, vor.

C  Die Schnittpunkte der Diagonalen des äußeren Quadrats und zweier Geraden, die mit den Seiten des Quadrats einen Winkel von 15 Grad bilden, bezeichnen die Ecken eines Quadrats, das der **zweiten Einfassung** entspricht. Der Verlauf der **dritten Einfassung** ist durch das äußere Quadrat bestimmt.

D  Vom Schnittpunkt der Linie x-x und den Seiten der zweiten Einfassung aus zieht man zwei Diagonalen. Wo diese die vom Mittelpunkt des Sterns ausgehende Achse schneiden, endet der eigentliche Tempelbezirk.

E  Alle wichtigen Elemente des Heiligtums – Gopuram, Türme, Tempeltürme, Plattformen – liegen an Punkten, in denen sich geometrische Linien schneiden.

F  Vereinfachter Plan des Heiligtums von Angkor Vat, wie er sich aus diesem Schema ergibt.

A
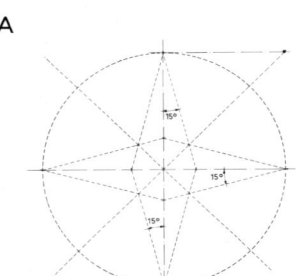

B
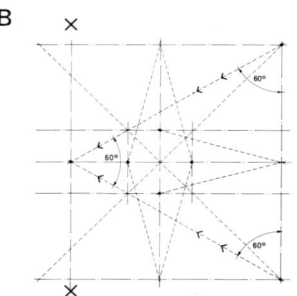

C
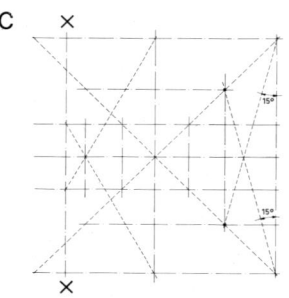

D
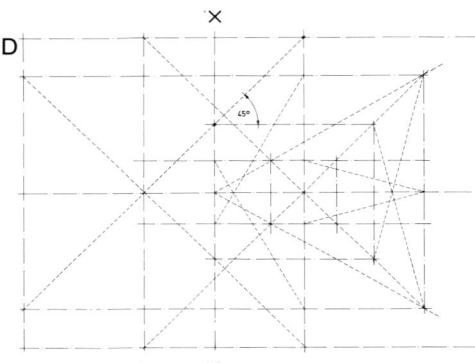

E
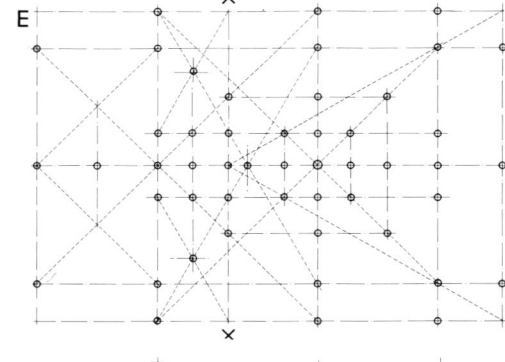

F
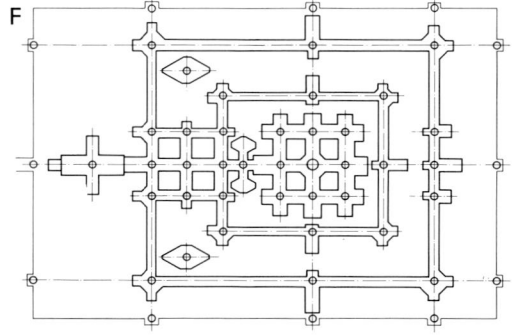

## 4. Die Bauschöpfungen der Khmer und die Entwicklung der architektonischen Formen

Bislang haben wir uns mit der Welt und den Prinzipien der Khmer-Architektur befaßt; jetzt wollen wir uns den einzelnen Bauschöpfungen zuwenden. Wir werden die wichtigsten Bauten von Angkor besprechen, der Hauptstadt des Khmer-Reiches, um anhand konkreter Beispiele aufzuzeigen, wie die Baumeister des alten Kambodscha ihre auf der Hindu-Kosmologie gründenden allgemeinen Regeln in die Wirklichkeit umgesetzt haben. Vor allem aber wollen wir aufzeigen, welche Neuerungen durch jedes Bauwerk eingeführt wurden, und wollen den konstanten, streng logisch ablaufenden Wachstumsprozeß des baulichen Gesamtkomplexes verfolgen. Deshalb werden die Bauwerke in chronologischer Abfolge vorgestellt werden.

Zum Verständnis der architektonischen Entwicklung seien kurz die vorangkorianischen Bauten gestreift, bilden sie doch einen hochinteressanten Auftakt. Anderseits werden wir uns bei der Besprechung von Bauten aus der Angkor-Zeit gelegentlich auf große Bauschöpfungen beziehen müssen, die außerhalb der eigentlichen Region von Angkor entstanden sind, sind doch manche dieser Werke wichtige Verbindungsglieder in der architektonischen Entwicklung, die sich auch auf Angkor auswirkten. So läßt sich in manchen Fällen das Auftauchen neuer Formen nur verstehen, wenn wir Entwicklungsstufen außerhalb von Angkor in Betracht ziehen, etwa die Bauten von Koh Ker, Preah Vihear und Vat Phu. Im wesentlichen werden wir uns jedoch auf die Bauten von Angkor beschränken, die in den Bildteilen dieses Bandes gezeigt sind.

### Die vorangkorianischen Bauten

Zwar läßt sich der indische Einfluß in Indochina vor allem in der Fu-nan-Zeit verfolgen, die das 3. bis 6. nachchristliche Jahrhundert umfaßte, doch erst in der Khmer-Zeit, im Tschen-la-Reich, bildete sich die Sakralbaukunst des alten Kambodscha heraus. Die wahrscheinlich nach dem Vorbild altindischer Holztempel aus leichten Materialien errichteten Tempel von Fu-nan sind uns nicht erhalten, wenn auch die Archäologen imstande waren, große städtische Komplexe wiederzufinden. Die ersten dauerhaften Bauten, die wir kennen, stammen aus der Stadt Sambor Prei Kuk, 140 Kilometer südöstlich von Angkor. Diese Stadt, die eine Seitenlänge von etwa 2 Kilometer aufwies und von dem Khmer-Herrscher Isanavarman (616–635) erbaut wurde, trug den Namen ihres Gründers; sie hieß Isanapura. Die Bauten dieser Stadt, von der aus das ganze geeinte Khmer-Reich regiert wurde, sind von beträchtlicher Bedeutung; sie sind

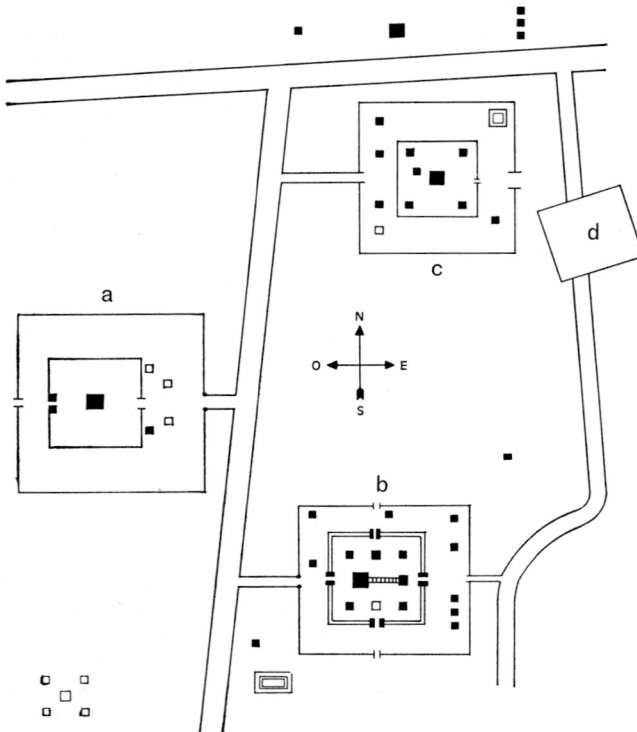

▲ Gesamtplan von Sambor Prei Kuk mit drei Tempel-
komplexen in doppelten Einfassungen
a) Mittelkomplex; b) Südkomplex; c) Nordkomplex;
d) Museum. Die Straßen wurden in neuer Zeit angelegt
(nach Louis Frédéric)

zu komplexen Gruppen zusammengestellt nach Regeln, die
später auch für Angkor bestimmend sein sollten. Deshalb
müssen wir kurz auf die Gebäude von Sambor Prei Kuk
eingehen, lassen sie doch erkennen, wie die Khmer-Welt,
auf dem Erbe von Fu-nan und Indien gründend, zu eigenen
architektonischen Ausdrucksformen findet.

Das wohl älteste Bauwerk von Sambor Prei Kuk ist ein
kleiner würfelförmiger Pavillon von sehr archaischer Form
aus großen Sandsteinplatten. Das nach Osten hin offene
Heiligtum ist von einer einzigen Steinplatte bedeckt, die auf
allen Seiten vordacharting vorkragt. Die Ränder der Platte
sind mit kuduförmigen winzigen Motiven ornamentiert; in
der Mitte eines jeden dieser symbolischen Miniaturfenster

ist ein Kopf dargestellt, der durch die Öffnung zu schauen
scheint. Das Motiv ist unmittelbar aus indischen Formen
abgeleitet; als Vermittlung dienten die Blendfenster aus
Terrakotta in Nui-sam (Südvietnam, 6. Jahrhundert), von
denen bereits die Rede war.

Aber sobald sich ein eigener Sambor-Stil herausbildete,
entwickelte sich eine sehr große architektonische Vielfalt.
Die Tempel von Isanapura bilden drei Gruppen. Jeder
dieser Tempelkomplexe bestand aus einer quadratischen Doppelmauer als Einfassung; in ihrer Mitte erhoben
sich die streng nach der Ostwestachse ausgerichteten
Prasats. Alle Heiligtümer waren aus Ziegelsteinen erbaut
und mit einem Kraggewölbe überdacht, das sich zu einem
Turm erhob.

Das auf einer Terrasse errichtete Hauptheiligtum des Süd-
komplexes weist schon viele Eigenheiten auf, denen wir
später in Angkor wiederbegegnen: Der Grundriß bildete ein
Quadrat mit eingezogenen Seiten; die Fassaden waren von
Pilastern eingefaßt; jedes Stockwerk des Gebäudes war
von einem mächtigen Gesimse gegliedert; die Tür mit
Sandsteinsturz war von angestellten Säulen umrahmt; die
drei übrigen Fassaden wiesen entsprechende Scheintüren
auf; die vermutlich kuduförmigen Giebel ragten vor, doch
läßt sich über ihren Dekor nichts aussagen, da sie stark
zerstört sind. Dieses dem Schiwa geweihte Heiligtum stand
mit einem kleineren Tempel in Verbindung, der den Reit-
stier Schiwas, den Nandi, beherbergte, und zwar durch
einen von Säulen getragenen Steg – das erste Beispiel der
Umsetzung in Stein jener Holzstege, die seit alters die
Pfahlbauten miteinander verbanden.

Bezeichnend für die Baukomplexe von Sambor ist auch die
Vielfalt der innerhalb der Umfassungsmauern gelegenen
Gebäude. Zum Südkomplex gehören nicht nur acht Heiligtümer innerhalb der zentralen Einfassung und acht weitere
innerhalb der Außenmauer (nach der vom Mittelpunkt
ausgehenden Zählung Mauer eins und zwei), sondern auch
auf den Achsen liegende Tore oder Gopuram auf jeder
Seite des Komplexes. Es handelt sich also um einen Zentralplan mit zwei Achsen, die sich in der Cella des Hauptheiligtums im rechten Winkel kreuzen.

Daneben gab es in Sambor Prei Kuk auch achteckige Bauten
mit pyramidenförmigem Dach. Diese eigenartigen Formen
blieben in der Khmer-Architektur ohne Nachfolge. Nichts-
destoweniger sind sie hochinteressant: über dem Fassaden-
dekor mit seinen «fliegenden Palästen» erhebt sich der

kuduförmige Giebel Die indische Herkunft dieser Formen ist unverkennbar.

Die Heiligtümer von Sambor Prei Kuk haben einen quadratischen oder achteckigen Grundriß. Bei den ersteren sind die Türen und Scheintüren vor die Fassaden gestellt. In Banteay Prei Nokor, einer von einer quadratischen Mauer mit 1,5 Kilometer Seitenlänge und einem 100 Meter breiten Wassergraben eingefaßten Stadt, werden diese Scheintüren, die beim Prasat Preah Theat Toch noch fehlen (dort ist auch das Dach nicht mit Miniaturgebäuden geschmückt, sondern besteht aus pyramidenförmig aufeinandergesetzten Lagen ohne weiteren Schmuck), vom Prasat Preah Theat Thom an zur Regel; außerdem hat das letztgenannte Gebäude nicht nur Miniaturaufbauten auf dem Dach und kuduförmige Giebel, sondern auch eine quadratische Cella, wie sie später in Angkor zur Regel werden sollte. Eingezogene Fassadenteile und die vorangesetzten Türen bewirken, daß die die Cella umschließende Mauer fast in einem kreisförmigen Plan eingeschrieben erscheint; dieser Gestaltung begegnen wir weit später wieder beim Heiligtum von Angkor Vat.

Im 8. Jahrhundert, nachdem sich das Tschen-la-Reich in das Tschen-la der Erde und das Tschen-la des Wassers gespalten hatte (über die Geschichte dieser beiden Reiche ist fast nichts bekannt; jedenfalls war es eine Verfallszeit), schien die Architektur sich kaum weiterzuentwickeln; man baute nur noch kleine Tempel. Bestenfalls haben javanische Einfälle neue Anregungen gegeben, die den Grund für die durch den König Jayavarman II. eingeleitete Entfaltung von Angkor legten, erkennt man doch in den Khmer-Tempeln manche Elemente des javanischen Dieng-Plateaus (um 750 n. Chr.) wieder. Daneben spürt man in den Bauschöpfungen dieser Zeit, die nicht sonderlich bedeutungsvoll waren, den Einfluß von Champa.

**Die ersten angkorianischen Bauten**

Eine echte Blüte der Khmer-Architektur zeichnete sich erst mit dem Beginn der Angkor-Zeit ab. Diese entstand nach einer «Inkubationszeit» in Kulên, 40 Kilometer nordöstlich von Angkor. In dieser Zeit, zwischen 800 und 850 n. Chr., wurden die Fundamente jener Kunst gelegt, die in Roluos erblühte. Bernard-Philippe Groslier schreibt: «Eine einleuchtende Hypothese könnte... der Regierungszeit Jayavarmans II. die Entwicklung einer Form zuschreiben, die so großen Erfolg haben und mehr als alle anderen die Khmer-Architektur charakterisieren wird, nämlich den Tempelberg.»

Dies gilt besonders für den Tempel Rong Chen in Kulên. Auch der Tempel von Ak Yum im Zentrum der Stadt, die später vom westlichen Baray überflutet wurde (sie scheint die Hauptstadt Amarendrapura gewesen zu sein, denn «Angkor war eine Abfolge von drei oder vier Städten auf derselben Fläche, aber nicht mit genau übereinstimmenden Grenzen»), war eine um 800 n. Chr. errichtete «dreigeschossige Ziegelpyramide, gekrönt von fünf in Quinkunxstellung angeordneten Türmen». Diese Kreuzpflanzung von fünf Türmen sollte von der angkorianischen Architektur weiterentwickelt werden; sie ist um so interessanter, als sie die Lösung der Khmer-Baumeister von den indischen Vorbildern, ihre zunehmende Eigenständigkeit bezeichnet. Im Indien jener Zeit findet man nirgendwo die fünf in Quinkunxstellung angeordneten Türme; dieses Schema zur Darstellung der fünf Gipfel des Meru ist eine selbständige Erfindung der Khmer.

Die Bauten von Roluos

Mit Jayavarman II. setzt die Angkor-Zeit ein. Seinem zweiten Nachfolger, Indravarman (877–889), kommt das Verdienst zu, jene Bauten errichtet zu haben, die man noch heute in dem südöstlich von Angkor unweit des Großen Sees gelegenen Roluos sieht. Im Herzen dieser ersten angkorianischen Hauptstadt, die damals Hariharalâya hieß, standen zwei bedeutsame Komplexe: Preah Kô und der Bakong.

Mit Hariharalâya (der Name der Stadt leitet sich von Harihara her, einer Gottheit, in der Schiwa und Wischnu verschmelzen) entstand die typische Khmer-Stadt mit ihrem großen Baray – dem Baray von Lolei, den wir bereits kurz geschildert haben – sowie einem Netz von Kanälen und Wassergräben, die ihre Struktur bestimmen.

Preah Kô ist der Grabtempel Jayavarmans II. und der Vorfahren Indravarmans. Er wurde von Indravarman im Jahre 879 errichtet und dem Schiwa geweiht. Nach dem Beispiel der Heiligtümer von Sambor von einer doppelten Einfriedung umgeben, besteht Preah Kô aus sechs auf einer gemeinsamen Plattform errichteten Türmen aus Backstein, die in zwei Reihen angeordnet sind. (Vgl. Pl. S. 20.) Der Mittelturm der vorderen Reihe ist im Vergleich zu den beiden anderen zurückgesetzt, während der Nordturm der zweiten Reihe asymmetrisch an den zentralen Prasat angebaut ist. Innerhalb der nahezu quadratischen Einfassung (97 × 94 Meter) wirkt diese Anordnung etwas chaotisch, dennoch ist sie strengstens der Ostwestachse unterworfen, entlang deren

die Gebäude in westlicher Richtung versetzt wurden.
Auf diese Weise ergeben sich auf der Eingangsseite der
Bauanlage größere Raumintervalle. (Vgl. Abb. 21–23.)

Zwischen den beiden Einfriedungen finden wir symmetrisch
verteilte langgestreckte Gebäude; die durch Vorhallen
geschützten Türen öffnen sich bei den einen auf den
Schmalseiten, bei den andern in der Mitte der Breitseiten.
Eintritt zu diesem Gebäudekomplex gewährt ein mächtiger
Gopuram von kreuzförmigem Grundriß; das sattelförmige
Dachgebälk, dessen Firstbalken sich kreuzten, war mit
Ziegeln gedeckt. Diese Gebälkform ist seit dem Beginn der
Angkor-Zeit für die Khmer-Architektur charakteristisch.

Wie in Sambor sind die Tempel ganz aus Backsteinen
errichtet. Hingegen sind die Einfassungen der von Säulen
flankierten Türen und Scheintüren aus Sandstein, ebenso
die beidseits der Türen in die Wände eingelassenen, aus
einer einzigen Steinplatte bestehenden Nischen, die mit
herrlichen Reliefdarstellungen von Schutzgottheiten geschmückt sind. Oben an den Treppen, die zu den Terrassen
hinaufführen, halten nach dem Vorbild der chinesischen
Drachen schön skulptierte Löwen Wache. Schließlich steht
noch vor jedem Prasat der ersten Reihe, ihm zugewandt,
eine Rundplastik, die den Stier Nandi darstellt.

Aber trotz der qualitätsvollen Skulpturen bedeutet der
Tempel von Preah Kô gegenüber der Architektur von
Sambor keinen bedeutsamen Fortschritt. Zwar sind die
Strukturen klarer herausgebildet, es tauchen Langsäle und
Bibliotheken auf, die Gliederung ist strenger, die Durch-
bildung des gesamten Gebäudekomplexes organischer
(die sechs Tempeltürme stehen alle auf ein und derselben
Terrasse), aber immer noch blieben die Bauten verhältnis-
mäßig klein: die Türme sind lediglich knapp 15 Meter hoch.
Erst im Tempelberg des Bakong kam die Genialität der
Khmer-Baumeister zu voller Entfaltung.


Der Bakong

Wie Preah Kô im Jahre 881 von Indravarman eingeweiht,
war der Tempelberg von Bakong das Hauptheiligtum der
Stadt Hariharalâya, der angkorianischen Hauptstadt des
ausgehenden 9. Jahrhunderts. In der Ebene von Roluos ließ

▶ Plan und Schnitt des Heiligtums von Borobudur, Java,
110 × 110 m (um 800 n. Chr.)

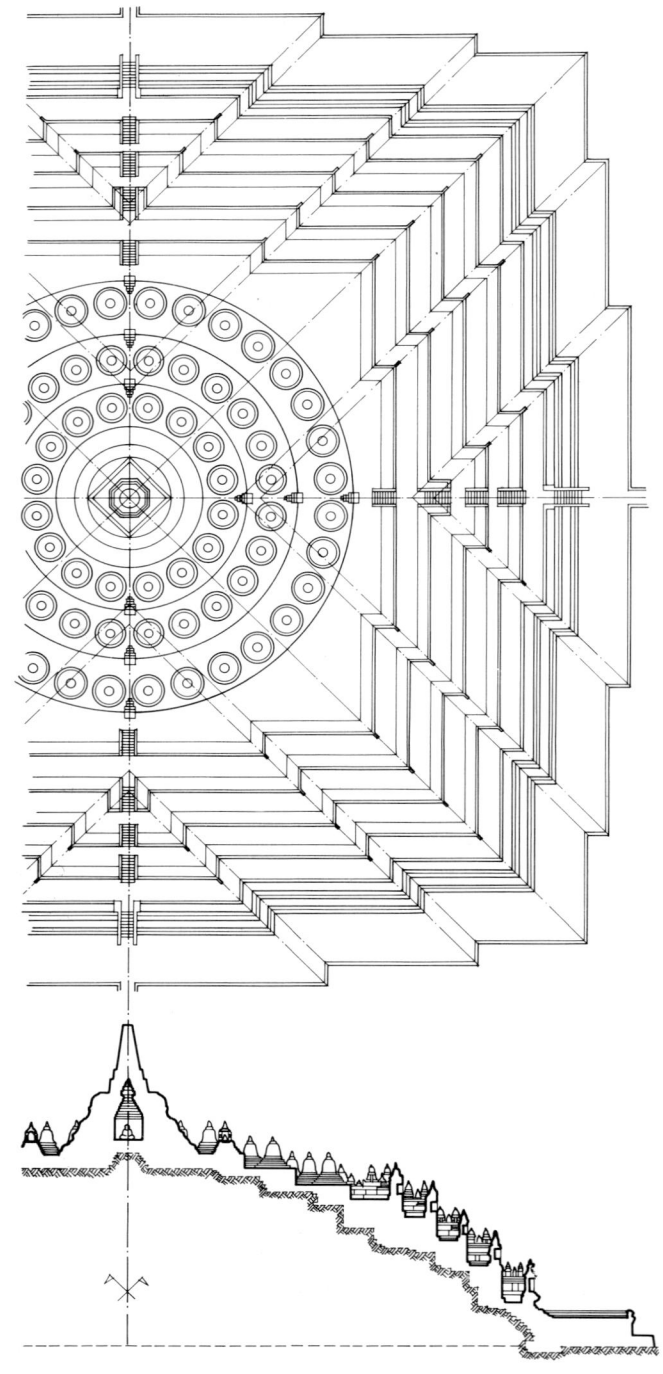

der König – vielleicht nach dem Vorbild javanischer Bauten wie dem Borobudur (um 800 n.Chr.) – den ersten künstlichen Berg errichten, den das dem schiwaitischen Kult des Gottkönigs geweihte Allerheiligste krönen sollte. Zwar existierten Vorläufer, so Ak Yum (Angkor) und Rong Chen (Phnom Kulên), aber einen so mächtigen Tempelberg hatte es bis dahin noch nie gegeben. (Vgl. Pl. S. 41 und Abb. 24–27.)

Der Bakong besteht aus fünf fast quadratischen Terrassen aus Sandsteinblöcken (bis dahin hatte man die Heiligtümer stets aus Backsteinen erbaut). Der Grundbau mißt 67×65 Meter. Die darauf errichteten Terrassen verkleinern sich, d.h. mit jeder Etage nehmen sie an Höhe und Oberfläche ab, um schließlich ihren Gipfelpunkt in einem Zentralsanktuarium zu erreichen, dessen Basis 15 m über der Bodenebene erstellt wurde. Insgesamt bedeckt die Pyramide eine Fläche von 4300 Quadratmetern und hat einen Rauminhalt von etwa 23 000 Kubikmetern. Für ihren Bau brauchte man rund 60 000 Tonnen Sandstein – eine bemerkenswerte Tatsache, gab es doch bis dahin in ganz Kambodscha kein Bauwerk von vergleichbarer Größe.

Der Bakong war die denkbar vollkommenste Darstellung des Berges Meru: Vier axiale Treppen schufen eine exakt rechtwinklige doppelte Symmetrie. Aber um dem Gesetz der Ostwestverschiebung Genüge zu tun, ist jede Terrasse gegenüber der darunterliegenden kaum merklich, doch irgendwie «spürbar» nach Westen hin versetzt. Die axialen Treppen, die man durch einen Gopuram betritt, sind auf jeder Etage von Löwen auf Treppenmauern flankiert, die von unten nach oben etwas kleiner werden; dieses Gesetz der proportionellen Reduktion galt bis dahin nur für die Tempeldächer. Am Rand der vierten, also der vorletzten Terrasse stehen zwölf kleine Prasats, wahrscheinlich Miniaturnachbildungen des ursprünglichen Haupttempels. Dieser ist nicht mehr erhalten; heute krönt den Tempelberg ein Heiligtum aus dem 12. Jahrhundert. Wir wissen nicht, ob Indravarmans Tempel durch ein größeres Bauwerk ersetzt wurde, dessen Maße dem monumentalen Gesamtcharakter des Bakong besser entsprachen, oder ob er aus wenig haltbarem Material errichtet war, das nach zwei oder drei Jahrhunderten so stark zerfiel, daß man den Tempel nicht mehr restaurieren konnte.

Rundplastische steinerne Elefanten symbolisieren an den Ecken der drei untersten Terrassen die Stabilität des Universums. Diese kosmologische Symbolik greift auch über den eigentlichen Tempelberg hinaus: acht Backsteintürme rings um die Pyramide sind Nebenheiligtümer, und vervollständigt wird die architektonische Gesamtkomposition durch parallel oder senkrecht zur Hauptachse angeordnete langgestreckte Gebäude. Eine Steinmauer mit je einem kreuzförmigen Gopuram in der Seitenmitte umschließt das Ganze als ein ostwestlich ausgerichteter Rahmen. Innerhalb der Mauer an den Ecken, aber nicht mit ihr verbunden, sind kleine Prasats Vorläufer der Türme, die bald schon die vier Ecken von Einfassungen und Galerien krönen sollten.

Der Stadtkomplex

Unmittelbar außerhalb dieser inneren Einfassung lagen vermutlich – wie noch heute beim Bonzenkloster – die Wohnungen der Priester und Tempeldiener. Dieser Wohnbezirk nahm einen etwa 25 Meter breiten Geländestreifen ein, der nach außen hin durch einen rechtwinkligen, 60 Meter breiten und 340 auf 360 Meter langen Wassergraben begrenzt wurde. Den Graben kreuzt im Osten und Westen ein zum Tempelberg führender Deich, den gewaltige Nagas aus Sandstein säumen. Bernard-Philippe Groslier schreibt: «Am Boden kriechend und schwerfällig ihre dicke Kappe erhebend, kündigen sie eine der wunderbarsten Schöpfungen der Khmer-Architektur an, die Naga-Balustrade.» Schon bei seinem ersten Auftauchen ist das Naga-Motiv eng mit dem Wasser verknüpft, das es symbolisiert, denn stets finden sich diese mythischen Drachen längs der Wassergräben oder der Stege, die über das bei Hochwasser überschwemmte Gelände hinwegführen.

Der innere Wassergraben, der den Tempel und den Wohnbezirk der Priester umschließt, symbolisierte nach der Hindu-Auffassung das Urmeer, von dem die Erde umgeben ist. Er ist auf der Außenseite von einem Deich begrenzt, auf den ein ungefähr 700×800 Meter langer zweiter Wassergraben folgt, der jedoch nur 22 Meter breit ist. Auf diesem 130 bis 150 Meter breiten Geländestreifen, der den Bakong umgibt und der seinerseits von einer Mauer und einem zweiten Wassergraben begrenzt ist, entstand die Stadt. Die überbaubare Zone hatte eine Fläche von etwa 300000 Quadratmetern. Wenn man nach unserer Schätzung annimmt, daß für jeden Bewohner 45 Quadratmeter zur Verfügung standen (12–13 Bewohner für ein Holzhaus, das auf einem 500 Quadratmeter großen Grundstück stand ), dann wohnten innerhalb der Mauern von Hariharalâya etwa 7000 Menschen.

Wir sehen also, daß schon mit der ersten großen Bauschöpfung von Angkor der Begriff der Tempelstadt auftaucht: der Bakong ist nicht nur ein dem unter der Gestalt des Schiwa verehrten Gottkönig geweihtes Heiligtum, sondern ein ganzer Stadtkomplex mit Wassergräben, Mauern, rechtwinklig unterteilten Wohnvierteln, ein Komplex, der mit seinen durch Hochstraßen gebildeten Achsen auf die Umgebung übergreift und diese auf den zentralen Tempel hin ausrichtet.

In der Stadt, deren Mittelpunkt der Bakong bildete, lebten, wie gesagt, etwa 7000 Menschen. Auch der Tempel von Preah Kô war von einem Wassergraben umgeben, der eine 500 × 400 Meter große Stadt umschloß, die von etwa 4000 Menschen bewohnt werden konnte. Überdies stand südlich dieser beiden Tempel der Prasat Prei Monti, vermutlich das Palastheiligtum, mit einer von einem 350 × 550 Meter messenden Grabenrechteck begrenzten Fläche, die ebenfalls für 4000 Menschen Raum bot. Der Stadtkomplex, der unterhalb des Baray von Lolei erbaut wurde, hatte also vermutlich eine Gesamtbevölkerung von 15000 Menschen. (Vgl. Pl. S. 18.)

## Der Bakheng, der Tempel von Yasodharapura

Indravarmans Nachfolger Yasovarman bestieg 889 den Thron. Er erbaute nicht nur den mächtigen östlichen Baray, sondern auch die Stadt Yasodharapura und zur Erinnerung an seinen Vater in der Mitte des Baray von Lolei einen Tempel. Dieser Tempel bestand aus vier – vielleicht waren es ursprünglich sechs – Backsteintürmen ähnlich denen von Preah Kô.

Aber das wichtigste Bauwerk, das Yasovarman der Nachwelt hinterließ, war noch weit bedeutungsvoller: der Tempelberg Phnom Bakheng. Der Phnom Bakheng ist ein 60 Meter hoher Hügel inmitten der Ebene von Angkor; der König bestimmte ihn zum Mittelpunkt seiner Hauptstadt.

Auf dieser natürlichen Bodenerhebung errichtete er seinen Haupttempel, der damit auf einer mächtigen naturgegebenen Plattform stand. (Vgl. Pl. S. 42 und Abb. 28–31.)

Die Stadtmauer von Yasodharapura hatte eine Gesamtlänge von rund 12 Kilometern. Den Tempel umgibt am Fuß des Hügels eine rechteckige Mauer mit einer Seitenlänge von 650 × 450 Meter, die westöstlich ausgerichtet ist. Am Anfang des Weges, der ziemlich steil vom Fuß zum Gipfel des Hügels führt, stehen beidseits steinerne Löwen. Auf dem Gipfel erhebt sich eine weitere Umfassungsmauer

(Seitenlänge 180 × 120 Meter), durch die ein heute verschwundener Gopuram hindurchführte. Zwischen zwei beidseits des axialen Weges angeordneten Bibliotheken sieht man die Pyramide. Diese setzt sich wie der Bakong aus fünf quadratischen, sich regelmäßig verkleinernden Terrassen zusammen, deren unterste eine Seitenlänge von 76 Metern hat (die oberste eine von 47 Metern). Insgesamt sind die fünf Terrassen 13 Meter hoch. Der eigentliche Tempelberg ist von 44 Nebentempeln aus Backstein umgeben (beim Bakong gab es deren nur 8), und jede Terrasse trägt 12 kleine Tempel aus Sandstein (also insgesamt 60, beim Bakong nur 12). Auf einer niederen Terrasse, die einen Teil der Gipfelterrasse einnimmt, stehen fünf in Quinkunxstellung angeordnete mächtige Prasats; beherrscht wird dieser Gebäudekomplex vom Mitteltempel. Diese fünf Türme sind heute weitgehend zerstört. Von unten wirkt die Tempelpyramide jetzt wie «abgeschnitten»; die engen, von Treppenmauern mit steinernen Löwen flankierten Treppen enden im Himmel, anstatt zu den fünf Tempeltürmen zu führen, die die fünf Gipfel des Meru symbolisieren.

Alles beim Phnom Bakheng beruht auf einer subtilen Zahlensymbolik. Den Tempelberg mit seinen 109 Türmen hat Bernard-Philippe Groslier überzeugend gedeutet:

«Der Bakheng spiegelt die kosmische Ordnung von Himmel und Universum. Einhundertundacht Türme sind gleichmäßig um den einhundertundneunten, das in der Mitte und auf dem Gipfel stehende Turmheiligtum, verteilt. Einmal ist hier der Meru dargestellt. Der Tempel hat sieben Ebenen, wie der heilige Berg, gebildet durch die fünf Terrassenabsätze, das Bodenniveau und die Ebene der Heiligtümer. Die Türme sind so angeordnet, daß der vor der Mitte einer Seite stehende Betrachter nur dreiunddreißig von ihnen, bis zum Gipfel aufsteigend, sehen kann. Nun ist der Meru in der indischen Mythologie ebenfalls von dreiunddreißig auf sieben Himmel verteilten und bis zum höchsten Herrn hierarchisch gestaffelten Göttern bewohnt.» Ferner führt Groslier aus, daß man die Zahl 108 als das Produkt der vier Mondphasen mit den siebenundzwanzig Mondaufgängen eines Monats deuten kann. Also ist der Bakheng ein wahrer «steinerner Kalender».

Damit bildete seit der Gründung Angkors im Jahre 802 die präklassische Khmer-Architektur innerhalb eines einzigen Jahrhunderts eine bedeutungsvolle Sprache aus. Tiefgreifende Erschütterungen durch einen Usurpator und die Gründung einer neuen Hauptstadt in Koh Ker führten zu einer Erneuerung des architektonischen Vokabulars.

Die Pyramide von Baksei Chamkrong

Man hat den Eindruck, daß sich die angkorianische Mentalität nach den gewaltigen Bauleistungen unter Yasovarman – östlicher Baray, Yasodharapura, Phnom Bakheng – entscheidend wandelte. Es kam gewissermaßen zu einem Bruch. Aus der Regierungszeit von Yasovarmans Bruder und Nachfolger, Harshavarman, ist lediglich eine kleine Pyramide erhalten: Baksei Chamkrong. Trotz seiner kleinen Maße ist dieses Bauwerk aber bedeutungsvoll, zeigt es doch, daß sich die Khmer-Architektur in verschiedener Hinsicht neu orientierte. (Vgl. Abb. 32–33.)

Diese Pyramide ist nicht, wie Bakong und Bakheng, aus Sandstein errichtet, sondern aus Laterit. Die Seitenlänge beträgt an der Basis 27 Meter. Die vier Etagen sind insgesamt 13 Meter hoch. Vier sehr steile Mitteltreppen, von mächtigen Treppenmauern flankiert, führen zum Heiligtum. Dieses besteht nicht, wie auf dem Bakheng, aus fünf in Quinkunxstellung angeordneten Tempeln, sondern aus einem einzigen Tempel, der die ganze obere Plattform bedeckt. Die Flanken der drei unteren Terrassen sind glatt, die der vierten hingegen durch horizontale Wülste geschmückt. Die aus Sandstein skulpierten Scheintüren des aus Backstein errichteten Tempels sind sehr schön.

Obwohl originell, ist die Pyramide von Baksei Chamkrong wegen ihrer geringen Größe nur zweitrangig. Die von ihr angekündigten Neuerungen setzten sich erst während der eigenartigen Übergangszeit durch, die in Koh Ker zur Blüte kam.

## Die Revolution von Koh Ker

Obwohl Harshavarman mehr als zwanzig Jahre lang regiert hat, war er doch, wie die von ihm hinterlassenen Bauten beweisen, ein schwacher Herrscher. Nach seinem Tod übernahm ein Usurpator die Macht: Jayavarman IV., sein Onkel. Offenbar konnte er sich zunächst in Angkor nicht durchsetzen; dort regierte ein Bruder Harshavarmans, Isanavarman II. Also beschloß Jayavarman, etwa 70 Kilometer nordöstlich von Yasodharapura im Gebiet von Kok Ker eine neue Hauptstadt zu gründen, die er Chok Gargyar nannte. Die Bauarbeiten dauerten von 921 bis 944. Die neue Hauptstadt wurde für die Baumeister zu einem Versuchsfeld, auf dem sie zu revolutionären Lösungen finden konnten, die bereits die Architektur der klassischen Periode ankündigten. Mit Recht schreibt Madeleine Giteau: «Der

Stil von Koh Ker, entwickelt unter der Dynamik eines Usurpators, der sich für Größe und Neuigkeiten begeisterte, stellt einen Wendepunkt in der Khmer-Kunst dar.» Allerdings ist anzumerken, daß in architektonischer Hinsicht dieser Wendepunkt bereits durch die Pyramide von Baksei Chamkrong erstmals markiert wurde. Sie war das unmittelbare Vorbild für die allerdings viel größere Pyramide Jayavarmans IV., Prang genannt, das Hauptheiligtum des Prasat Thom.

Der Prang, eine mächtige siebenstufige Sandsteinpyramide, mißt an der Basis 62 × 64 Meter und erhebt sich zu 36 Meter Höhe. Eine quadratische Terrasse (17 × 17 Meter) trägt einen gewaltigen Tempel (Seitenlänge über 12 Meter), dessen heute zerstörtes Stufendach mehr als 60 Meter über der Erde endete. Dieses Bauwerk mit einer einzigen Mitteltreppe auf der Ostseite hatte einen Rauminhalt von rund 60 000 Kubikmetern und ein Gewicht von 150 000 Tonnen.

Der Kultkomplex, dessen Krönung der Prang war, war axial ausgerichtet; deshalb hatte er nur eine einzige durchgehende Treppe auf der Ostseite. Die von Jayavarman IV. gewählte Lösung war etwas ganz Neues, denn alle seine Vorgänger hatten ihre Bauschöpfungen nach dem Zentralplan ausgeführt.

Der Komplex von Prasat Thom

Da sich unsere Bildtafeln auf das eigentliche Gebiet von Angkor beschränken, konnte Koh Ker nicht in den Bildteil aufgenommen werden. Dennoch dürfen wir es im Text nicht übergehen, haben doch einige tiefgreifende Wandlungen der Khmer-Bauten dort ihren Ursprung.

Wie schon gesagt, ist Prasat Thom axial ausgerichtet. Der gesamte Gebäudekomplex ist etwa 600 Meter lang. Das bedeutet, daß diese Gruppe von Bauwerken sich größenmaßstäblich mit den davorliegenden Schöpfungen des vorklassischen Angkor nicht vergleichen läßt. Die ostwestliche Ausrichtung ist um 15 Grad nach Südwesten verschoben; maßgebend waren hierfür wohl hydrologische Erwägungen. Der Baukomplex beginnt mit zwei symmetrisch zur die Achse bildenden Hauptstraße gelegenen Rechtecken aus je vier langgestreckten Gebäuden, die eine Art Innenhof umschließen. In diesen beiden Gruppen kündigen sich bereits die Klosterhöfe der großen klassischen Tempel an, doch sind hier die vier langgestreckten Gebäude an den Enden noch nicht miteinander verschmolzen.

Nach 180 Metern gelangt man auf der geradlinigen Prozessionsstraße zu einem großen kreuzförmigen Gopuram, an den sich im Norden und Süden rund 20 Meter lange Galerien anschließen, die nach Westen hin offene Portiken bilden. Erst wenn man durch den Gopuram geschritten ist, entdeckt man die Säulenreihen dieser Galerien. Parallel zu den offenen Galerien – Vorläufern der Galerien von Angkor Vat – liegen zwei langgestreckte Gebäude vor zwei Prasats, die ebenfalls symmetrisch zur Straße angeordnet sind. Danach läßt ein in der Achse stehender Turm erkennen, daß man den ursprünglichen Plan im Laufe der Arbeiten abgeändert hat: dieser Prasat umgreift wie ein Gopuram eine Mauer. Es ist jedoch deutlich sichtbar, daß die Mauer erst nachträglich hinzugefügt wurde, denn der Prasat, der ein Tempel und nicht ein Durchgang ist, weist beidseits je ein mittelgroßes Tor auf; diese beiden Tore waren ein Ersatz für den axialen Durchgang.

Danach kommt man zu einem bemerkenswerten Baukomplex: Ein etwa 30 Meter breiter Wassergraben mit einer Seitenlänge von 130 × 110 Meter umschließt eine Gebäudegruppe innerhalb einer weiteren Mauer mit 65 × 56 Meter Seitenlänge. Über den Graben führt ein mehr als 20 Meter breiter Deich, von Naga-Balustraden gesäumt; parallel zu

diesen, entlang der Prozessionsstraße, verlaufen schmale pfeilergetragene Galerien. Zwar griff man diese Formel später nicht mehr auf, aber sie verlieh der Prozessionsstraße zweifellos eine große Feierlichkeit.

Zu den Bauten des vom Graben begrenzten Bezirks gelangt man durch einen kreuzförmigen Gopuram; auf diesen folgt, unmittelbar anstoßend, eine weitere Mauer mit einem zweiten, kleineren Gopuram. Der etwa zehn Meter breite Geländestreifen zwischen den beiden parallelen Mauern wird von einer fast zusammenhängenden Folge von langgestreckten Gebäuden eingenommen, die teils von Pfeilern getragen werden, teils mit Dockenfenstern versehen sind. Diese aneinandergereihten Säle, an den Ecken der Mauern recht ungeschickt zusammengefügt, sind die erste Vorahnung der umlaufenden Galerie der klassischen Khmer-Architektur. Deshalb kann man Koh Ker als eine wesentliche Etappe in der Entwicklung dieser Architektur betrachten.

In der Mitte des von den Mauern umfriedeten Raumes erheben sich mehrere Heiligtümer und Kultbauten. Rechts und links vom Eingang stehen nach Westen hin offene Bibliotheken. Das Hauptheiligtum mit einem Mandapa (Vorhalle) nimmt den Mittelpunkt ein. Flankiert wird der Tempel rechts und links von je zwei Türmen. Diese vier Prasats stehen in einer Reihe auf einer Terrasse; auf derselben Terrasse folgen dahinter vier noch größere Prasats. Die neun Türme stehen eng nebeneinander. Um dieses sakrale Zentrum bilden zwölf kleine Prasats gleich-

▼ Aufriß und Gesamtplan von Prasat Thom in Koh Ker, das von der Prang-Pyramide überragt wird (nach Boisselier)

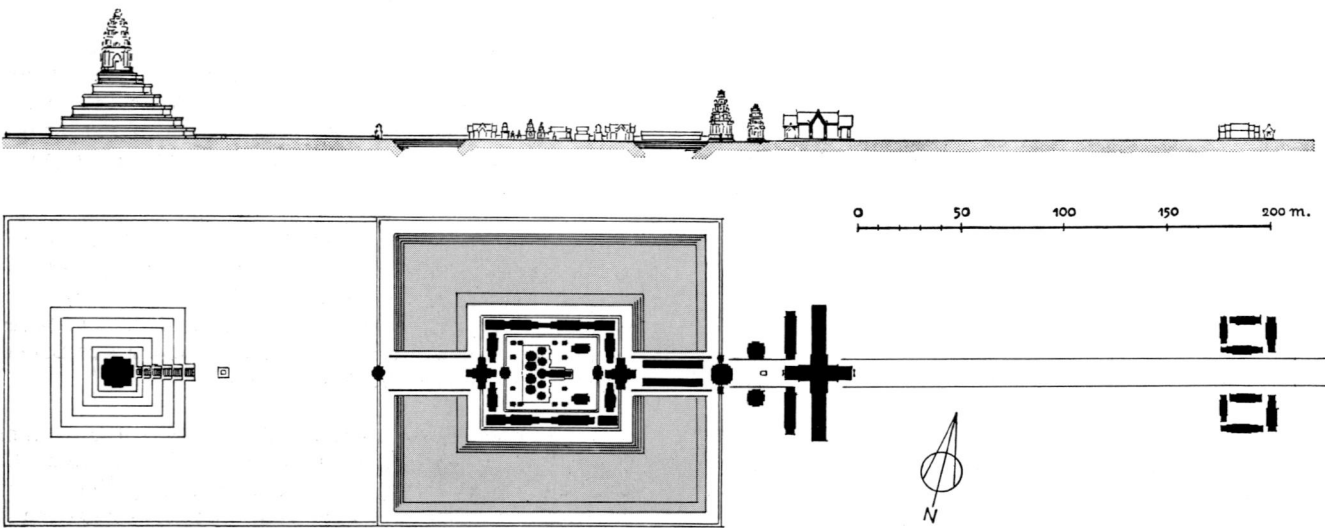

sam eine Art von Krone. Dann gelangt man nach Westen hin durch zwei aufeinanderfolgende Gopuram über einen axial verlaufenden Deich über den westlichen Wassergraben zu einer großen Umfassungsmauer (Länge 170×150 Meter) und zu der mächtigen Prang-Pyramide, in der der heilige Bezirk von Koh Ker gipfelt.

Wir haben die zahlreichen Bauten des sakralen Komplexes von Prasat Thom deshalb so ausführlich behandelt, weil wir aufzeigen wollten, daß die Khmer-Architektur hier zu ganz neuen Dimensionen und zu einer neuen Vielfalt gefunden hat. Interessant sind nicht nur die Dimensionen, sondern auch die wohlüberlegten raumgliedernden Lösungen und die Entwicklungen, die sich hier ankündigen. Zwei widersprüchliche Strömungen lassen sich erkennen: einerseits das Festhalten am alten durch die auf einer Terrasse aneinandergestellten Prasats, andererseits die Ankündigung einer revolutionären Neuerung: die umlaufenden Galerien. Deshalb können wir sagen, daß sich der Übergang von der vorklassischen zur klassischen Khmer-Architektur in Koh Ker vollzogen hat. Zwar verlegt Boisselier die Übergangsphase nach Pre Rup (947–961), Coedès nach Banteay Srei (967), doch ich glaube, daß der Übergang schon zwischen 921 und 944 in Koh Ker vollzogen wurde.

Ermöglicht wurde eine solche Revolution durch den Bruch mit der angkorianischen Vergangenheit, der sich in der Gründung einer neuen Hauptstadt an einem neuen Ort manifestierte. Mit der Rückkehr Rajendravarmans nach Angkor im Jahre 944 kam es zu einem Rückschritt. Obwohl Koh Ker «in den Rang einer Provinzstadt in einer verlassenen Gegend zurückfiel und seine Ausstrahlung versiegte», hatte es doch einen kühnen Anstoß gegeben. Die Schöpfungen des Nachfolgers von Jayavarman IV. – von neuem dem Einfluß der angkorianischen Tradition ausgesetzt – traten jedoch während einiger Zeit in ein Stillstandsstadium ein, bevor die fortschrittliche Entwicklung der Baukunst in der Zeit der klassischen Periode wieder aufgenommen wurde.

### Der östliche Mebon

Bei dem ersten Bauwerk, das Rajendravarman II. nach dem Koh-Ker-Experiment errichten ließ, begnügte man sich damit, die Neuerungen von Prasat Thom und Phnom Bakheng zu kombinieren. Für den östlichen Mebon, den Tempel in der Mitte des riesigen, von Yasovarman geschaffenen Baray, griff man wieder auf den Zentralplan mit fünf in Quinkunx-

stellung angeordneten, von Nebentempeln umgebenen Prasats auf einer gemeinsamen Plattform zurück, ließ sich aber auch durch das Vorbild der aneinandergereihten Langsäle zwischen den konzentrischen Umfassungsmauern von Koh Ker inspirieren. Das führte zu einem Gebäudekomplex, der zwar neu war, dessen Einzelelemente jedoch schon anderswo vorgebildet waren. Die Einfassung durch überdachte Gebäude – sie trugen noch, wie in Koh Ker, ein Satteldach – sollte in Verbindung mit dem Tempelberg in der klassischen Zeit originell weiterentwickelt werden. (Vgl. Pl. S. 62, Abb. 34–36.)

Dennoch kann man den Mebon strenggenommen nicht als Tempelberg bezeichnen. Die Pyramide besteht nur aus einer einzigen Stufe mit einer niederen Terrasse, auf der die fünf Türme stehen. Diese sind aus Backsteinen erbaut; der mittlere ist auf einem durch Wülste geschmückten Sockel errichtet und überragt so die vier anderen. Alle sind architektonisch so traditionell, daß sie aus der Zeit von Preah Kô stammen könnten.

Wegen der Kleinheit der quadratischen Insel (120 Meter Seitenlänge) ordnete man die kreuzförmigen Gopuram mit je drei Durchgängen, um den Raum bestmöglich auszunützen, recht eigenartig an: man stellte sie auf Rücktritte der Mauern, während die Landestege auf allen vier Seiten ins Wasser hinaus gebaut waren.

### Der Tempelberg Pre Rup

Nachdem Rajendravarman II. 952 den verhältnismäßig bescheidenen östlichen Mebon hatte errichten lassen (von ihm soll auch die Mauer des nördlich von Yasodharapura gelegenen Königspalasts stammen), nahm er ein ähnliches Vorhaben in Pre Rup in Angriff. Dort ließ er ab 961 einen echten Tempelberg erbauen.

Dieses Bauwerk ist der eigentliche Wendepunkt zwischen vorklassischer und klassischer Khmer-Architektur. Mit Recht schreibt Maurice Glaize: «Pre Rup ist der letzte Tempelberg vor dem Auftauchen der umlaufenden Galerien, die sich schon in den die Basis einfassenden langen Sälen ankündigen.» (Vgl. Pl. S. 79, Abb. 37–40.)

Dieser Tempel bildete wahrscheinlich den Mittelpunkt einer neuen Stadt, die nach der Rückkehr von Koh Ker nordöstlich von Yasodharapura gegründet wurde. Für ihn griffen die Baumeister auf ältere Formen zurück und verknüpften sie einfallsreich miteinander. Die dreistufige Lateritpyramide leitet sich von Baksei Chamkrong her, ist aber weit mächtiger; statt 730 Quadratmeter bedeckt sie eine Fläche von 2500 Quadratmetern, also ein Quadrat von 50 Meter Seitenlänge. Die oberste Plattform liegt 12 Meter über der Umgebung; auf ihr erheben sich die fünf in Quinkunxstellung angeordneten Prasats aus Ziegelstein.

Der Komplex ist nach Osten hin ausgerichtet. Auf dieser Seite steht ein großer kreuzförmiger Gopuram mit drei Durchgängen, durch den man durch die Außenmauer gelangt. Zwischen dieser und einer weiteren Mauer befinden sich mächtige Backsteintürme – drei links und zwei rechts; ein sechster war wohl geplant, wurde aber nicht errichtet –, die nach Maurice Glaize erst nach dem Heiligtum erbaut wurden. Es folgt ein weiterer, kleinerer Gopuram, wieder mit drei Durchgängen, und dann kommen die langgestreckten Säle, die die umlaufende Galerie ankündigen.

Die Bauschöpfung ist also im großen und ganzen der Tradition verhaftet; neu sind lediglich die Dimensionen und die Verknüpfung bereits gegebener Elemente. Dennoch wirkt Pre Rup ungemein großartig und machtvoll. Mit seinen Mauern und Stufen aus rotem Laterit, der dynamischen Abstufung und den majestätischen Tempeltürmen auf der obersten Plattform ist Pre Rup zweifellos das Vorbild des großen Tempelbergs, nach dem sich sowohl Ta Kêo als auch Angkor Vat richteten.

## Banteay Srei: Die Entfaltung des klassischen Dekors

Wie oft in der Kunst, manifestierte sich die angkorianische Klassik zunächst weniger in den architektonischen Strukturen und Formen als vielmehr in der Bauornamentik. Dies zeigt sich deutlich bei dem kleinen Ishvarapura-Tempel Banteay Srei. Man nahm den axial ausgerichteten Flachtempel von Prasat Thom in Koh Ker zum Vorbild und führte einige Verbesserungen ein, aber die gesamte Bauornamentik ist bereits ganz und gar klassisch. Deshalb lassen wir die klassische Zeit der Khmer mit diesem kleinen, einzigartigen Heiligtum beginnen.

Im Gegensatz zu den übrigen Khmer-Heiligtümern ist das Banteay Srei nicht das Werk eines Königs, sondern wurde von einem Enkel Harshavarmans errichtet, dem Brahmanen Yajnavaraha, dem Lehrer Rajendravarmans und Jayavarmans V. Auf einer Besitzung, die etwa 20 Kilometer nordöstlich von Angkor liegt, errichtete er 967 das dem Schiwa

geweihte Heiligtum. Daß das Bauwerk so klein ist, erklärt sich wahrscheinlich daraus, daß sein Erbauer kein Herrscher war: der Tempel ist etwa halb so groß wie die üblichen Heiligtümer. Vermutlich war der Tempelbau ein königliches Privileg; jeder andere, auch der Hohepriester, mußte sich mit kleineren Bauten begnügen. Diese Verkleinerung ist besonders bei den Türen deutlich – sie sind knapp 1,30 Meter hoch –, aber auch bei den Innenräumen der Prasats, die höchstens 1,60 bis 2 Meter messen.

Mit seiner axialen Ausrichtung übernimmt das Banteay Srei mehrere Elemente von Koh Ker: den Graben, der das Heiligtum umgibt – er ist 94 × 108 Meter lang, aber von unterschiedlicher Breite: 15,5 Meter im Westen, 17 Meter im Norden und Süden, 27,5 Meter im Osten, so daß auch hier eine Staffelung von Ost nach West sichtbar wird –; die doppelte Umfassungsmauer, zwischen der sich rings um den Komplex sechs langgestreckte Bauten erheben; ferner die auf einer einzigen Terrasse vereinten Tempeltürme, wobei nach dem Schema des axialen Flachtempels der Mittelturm einen Mandapa aufweist. (Vgl. Pl. S. 59–60 und Abb. 63–70.)

Der pfeilergetragenen Doppelgalerie von Prasat Thom, die dort auf einem Deich über den Graben geführt ist, entsprechen hier zwei dem Graben vorgelagerte Galerien von 55 Meter Länge. Damit erhält der Komplex eine Gesamtlänge von 200 Meter, ist ein in sich geschlossenes Ganzes ohne die in Koh Ker spürbare Überladung.

Die drei Prasats, die mit ihrem viergeschossigen Dach nur 9,8 Meter hoch sind, bestehen aus rosafarbenem Sandstein. Die Bibliotheken sind wie der Mandapa vor dem mittleren Turm mit Ziegeln gedeckt.

Aber das Außergewöhnliche am Banteay Srei ist, wie schon gesagt, die Ornamentik. Der Reliefdekor, der sämtliche Bauwerke überspannt, ist von erstklassiger Qualität. Den Devatas und Apsaras, durch und durch weiblichen Nymphen, die als kaum 70 Zentimeter hohe Miniaturen in den Stein eingemeißelt sind, entsprechen anmutige Jünglingsgestalten, die Wächter oder Dvarapalas. Diese Kunst, die ebensoviel wie mit der Bildhauerei mit der Goldschmiedekunst und der Elfenbeinschnitzerei zu tun hat, ist von einer zarten Sinnlichkeit angehaucht.

Plastisch aus dem Stein herausgearbeitete Girlanden und Laubornamente wechseln mit kachelartigen skulptierten Platten ab, die die Fassaden der Tempel bedecken. Ein ungemein reiches Gesims läuft um die Deckplatten, bildet gleichsam die Fortsetzung der kunstvoll geschmückten Kapitelle über den Pfeilern. Die gedrechselten Docken der Fenster zeigen unzählige übereinandergeschichtete Ringe. Die mit Laubwerk geschmückten achteckigen Säulchen, die durch tiefe Einschnitte rhythmisch durch Licht und Schatten gegliederten Sockel und die Dachränder, die in Lotusblattform Schmuckziegeln nachgebildet sind, sind Elemente eines in sich geschlossenen Ornamentstils. Ergänzt wird diese Ornamentik durch qualitätvolle Vollplastiken – die vor den Türen kauernden mythischen Wächter mit Menschenleibern und Affenköpfen sowie Garudas auf den Treppenmauern.

Noch berühmter jedoch wurde das Banteay Srei durch die herrlichen, als Flachreliefs ausgeführten mythologischen Szenen auf den Giebelfeldern. Die Türstürze und Portalgiebel der Tempeltürme, Bibliotheken und Gopuram sind außergewöhnlich schön; hier hat die anekdotische Bildhauerei zum erstenmal einen lebendigen, kraftvollen Ausdruck gefunden.

Ein deutlicher Unterschied besteht zwischen den großen, von mehrlappigen Bögen überspannten Giebelfeldern einerseits und den dreieckigen Giebeln anderseits, deren Schrägseiten in eleganten Voluten auslaufen, die an Motive aus Koh Ker erinnern. Die großen Giebelfelder schließen Backsteindächer mit gekurvtem Querschnitt ab, während in Dreieckgiebeln Dächer aus Holzgebälk mit Ziegelbedeckung enden. Deshalb hielten sich die ersten während der ganzen klassischen Zeit, in der die Dächer aus dauerhaftem Material erbaut wurden, während die dreieckigen Giebel, eine auf den Bakong zurückgehende traditionelle Form, nur bis Preah Vihear und Vat Phu beibehalten wurden, aber noch vor Angkor Vat, dem Höhepunkt der klassischen Zeit, verschwanden.

Neben den erzählenden Giebelfeldszenen bringt das Banteay Srei noch eine weitere interessante Neuerung: die übereinandergestellten, ineinander verschachtelten Giebelfelder. Herrliche Beispiele sind die Giebel der Bibliotheken und der Gopuram. Im Stil von Angkor Vat fand dieses einfallsreiche Schema zahlreiche Nachfolge.

Phimeanakas: die klassische umlaufende Galerie

Das Pyramidenschema der angkorianischen Klassik bildete sich erstmals mit dem Phimeanakas genannten, zwischen

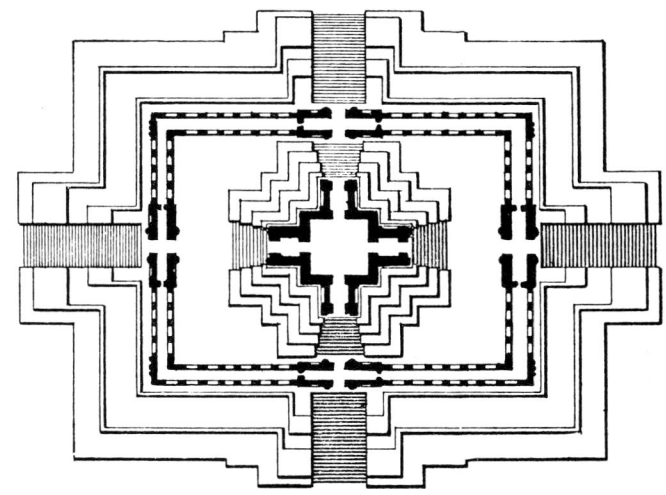

▲ Grundriß des Tempelbergs Phimeanakas, Angkor Thom (Ende 10. Jh., nach Rowland)

987 und dem Beginn des 11. Jahrhunderts errichteten Tempelberg heraus. Im Mittelpunkt der von Jayavarman V. gegründeten Hauptstadt an einer Stelle erbaut, an der später Angkor Thom entstand, erhob sich dieser Tempel fast im Zentrum des von einer rechteckigen, 250 × 600 Meter messenden Mauer eingefaßten Palastviertels. Es handelt sich hier um den berühmten «goldenen Turm», den der Chinese Tcheou Ta-kuan im ausgehenden 13. Jahrhundert gesehen hat. «Phimeanakas» leitet sich übrigens von einem Sanskritwort her und bedeutet «himmlischer Palast». (Vgl. Abb. 72–73.)

Wie in Baksei Chamkrong und Pre Rup ist die Lateritpyramide dreistufig, hat aber eigenartigerweise einen rechteckigen Grundriß mit Seitenlängen von 35 × 28 Meter an der Basis und 30 × 23 Meter bei der 12 Meter hoch endenden obersten Terrasse. Daraus erkennt man bereits, daß die Pyramide sehr steil und weit kühner war als alles, was man bis dahin gebaut hatte. Wie beim Bakong und beim östlichen Mebon stehen an den Ecken der Terrassen steinerne Elefanten. Vier breite Mitteltreppen sind von starken Mauern flankiert, auf denen Löwen Wache halten. Über sie gelangte man auf die oberste Plattform der Pyramide. Diese rechteckige Plattform gibt Rätsel auf. Der quadratische Tempelturm mit kreuzförmigem Grundriß wurde später erbaut als die Pyramide: wie die Galerien entstand er unter Suryavarman I. Die umlaufenden, mit Sandstein überwölbten Galerien sind etwas völlig Neues. Errichtet wurden sie im Zug einer Umgestaltung der Pyramide zu Anfang des 11. Jahrhunderts. Ihnen voraus gingen die mit Holzgebälk oder Backsteinen gedeckten Galerien der Pyramide von Ta Kêo, die einige Jahre früher gebaut wurden.

## Ta Kêo: der klassische Tempelberg

Mit dem Ta Kêo fand die Khmer-Architektur wieder zu der Dynamik zurück, die im Gebiet von Angkor durch die Umwälzungen im Gefolge der Gründung einer neuen Hauptstadt in Koh Ker erlahmt war. Nach einer Reihe von Schöpfungen, die durch die weitgehende Verwendung von Laterit gekennzeichnet waren – Baksei Chamkrong, der östliche Mebon, Pre Rup, Phimeanakas –, kehrten die Baumeister zum traditionellen Sandstein zurück, der früher für den Bakong und Phnom Bakheng verwendet worden war; vor dem 11. Jahrhundert war das Banteay Srei das einzige – zudem in verkleinertem Maßstab ausgeführte – neuere Bauwerk aus Sandstein.

Für den Ta Kêo griff man also wieder auf den Sandstein zurück, zumindest für die Verkleidung der Pyramide, deren Unterbau aus Laterit besteht. (Vgl. Abb. 74–78.)

Wir wissen nicht genau, wann dieser Tempelberg errichtet wurde. Möglicherweise wurde der Bau unter Jayavarman V. begonnen; darauf weisen die unteren Stufen hin, bei denen noch, wie beim Tempelberg von Phimeanakas, der Laterit sichtbar ist. Beendet wurde er von Suryavarman I., von dem wohl die Sandsteinterrassen und die Galerien stammen. Wenn diese Annahme richtig ist, entstand das Bauwerk zwischen 980 und 1013. Der einzige genaue Hinweis, über den wir verfügen, ist die (umgerechnete) Jahreszahl 1007 in einer Inschrift, die man auf dem Tempelberg entdeckt hat. Durch Bürgerkriege zwischen den Anhängern verschiedener Bewerber um den Thron von Angkor war die damalige Zeit sehr unruhig.

Maurice Glaize schreibt: «Ta Kêo ist eine fünfstufige Pyramide mit einer Gesamthöhe (ohne Tempeltürme) von 22 Metern: auf den beiden ersten Stufen erheben sich zwei umlaufende Höfe..., während die übrigen... nur der gewaltige künstliche Sockel eines aus fünf in Quinkunxstellung angeordneten Tempeltürmen bestehenden Heiligtums sind.» Die unterste Terrasse mißt etwa 100 × 120 Meter, die zweite, die von einer umlaufenden Galerie eingefaßt ist, 80 × 75 Meter.

Danach setzt sich die Pyramide in drei sich nur wenig verjüngenden Stufen fort; vier durchgehende Treppen führen auf die obere Plattform, die 40 × 40 Meter mißt. Die vier an den Ecken stehenden Tempeltürme sind nach allen vier Himmelsrichtungen hin offen. Der quadratische Mittelturm mit seinen vier vorgelagerten Vorhallen, die einen kreuzförmigen Grundriß ergeben, steht auf einem dreigegliederten Sockel und endet in 45 Meter Höhe. Die Übereinstimmung des Grundrisses dieses Zentralturms mit dem des Turmtempels von Phimeanakas beweist, daß beide Bauwerke um die gleiche Zeit entstanden sind. (Vgl. Pl. S. 80.)

Wie sich die umlaufende Galerie entwickelt hat, läßt sich an dem Bauwerk selbst verfolgen, weist es doch zwei charakteristische Stadien auf: Auf dem untersten Stufenabsatz von Ta Kêo finden sich auf der Ostseite zwei Galerien, die die Terrasse in ihrer ganzen Länge säumen. Diese Galerien sind jedoch weder mit dem kreuzförmigen Gopuram noch mit der Einfassungsmauer verbunden; sie sind nichts als Säle, die parallel zur Mauer verlaufen. Die endgültige Lösung fand man auf der nächsten Stufe der Pyramide: Die Umfassungsmauer dieser Stufe bildet die Außenwand der Galerie, die mit dockengeschmückten Scheinfenstern verziert ist, und der Gopuram ist in die Galerie einbezogen, die an den Enden kleine Aufbauten trägt, welche bereits auf die Ecktürme vorausweisen. Vielleicht waren die Galerien – wie die Bibliotheken des Banteay Srei – mit Backsteinen überwölbt; möglicherweise begnügte man sich aber auch mit einem einfachen ziegelgedeckten Sattelgebälk. Jedenfalls ist sie das erste Beispiel einer klassischen Galerie, wie sie in Angkor später große Bedeutung gewinnen sollte. Die mit einem Sandsteingewölbe versehene Galerie von Phimeanakas ist mit Sicherheit etwas später entstanden.

Abschließend kann man sagen, daß die beiden Bauschöpfungen – Phimeanakas und Ta Kêo – historisch eng miteinander verknüpft sind: Der ursprüngliche Aufbau der ersten (vielleicht ein Tempelturm mit rechteckigem Grundriß) wurde später durch die Galerie und den Tempelturm ersetzt, die noch heute sichtbar sind. Diese Umgestaltung fand sicherlich nach dem Bau von Ta Kêo statt, durch den sie stark beeinflußt wurde. Dieses zweite Heiligtum jedoch blieb unvollendet; von wenigen ornamentierten Flächen abgesehen, beschränkt sich der Dekor auf eingetiefte Mauerabschnitte; sie verleihen dem Bauwerk eine kubistisch-simplifizierte Wirkung, die zur hochentwickelten Ornamentkunst der Khmer in krassem Gegensatz steht.

Der Baphuon: ein allzu kühnes Unterfangen

Auf Suryavarman I. folgte Udayadityavarman II., der 1050 den Thron bestieg und bis 1066 regierte. In dieser Zeit erreichte das Khmer-Reich einen Höhepunkt seiner Macht.

Das große Werk dieses Herrschers war der Baphuon unweit von Phimeanakas, unmittelbar südlich der Palastmauer.

Das Heiligtum ist von einer 425 × 125 Meter messenden Mauer umgeben. Zu ihm führt ein kreuzförmiger Gopuram mit drei Durchgängen. Eine mit Sandsteinplatten belegte, 200 Meter lange überhöhte Straße führt zwischen zwei Srah (rechteckigen Wasserbecken) hindurch. Interessant ist die Bauweise dieser Straße: die Sandsteinplatten werden von drei Reihen je 1,20 Meter hoher Säulen getragen; Ringkränze oben und unten können als Kapitell und Basis angesprochen werden. Hier haben wir ein wunderschönes Beispiel dafür, wie sich, in Stein übertragen, die hölzernen Stege der kambodschanischen Pfahlbaudörfer in der Khmer-Architektur gehalten haben.

Die Pyramide ist nach dem Vorbild von Phimeanakas rechteckig und trägt nur einen einzigen Tempelturm, der auf hohem Sockel den ganzen Gebäudekomplex beherrscht.

Der fünfstufige Tempelberg aus Sandstein mißt an der Basis 120 × 100 Meter. Die erste Stufe ist von einer umlaufenden, mit Sandstein überwölbten Galerie gesäumt; die Fenster der Galerie gehen von innen auf einen etwa 15 Meter breiten Hof. In diesem Hof stehen im Osten und Westen beidseits des Zugangsweges Bibliotheken mit kreuzförmigem Grundriß; sie sind untereinander und mit dem Gopuram durch von kleinen Säulen getragene Stege verbunden – ein Hinweis auf die schwierigen Verkehrsbedingungen während der Monsunzeit.

Auch die dritte Terrasse ist von einer sandsteinüberwölbten Galerie eingefaßt, die dockengeschmückte Fenster auf beiden Seiten aufweist. Ecktürme und Gopuram, die kleiner sind als die der ersten Terrasse, sind in die 65 × 55 Meter messenden Galerien eingegliedert. Auf jeder Seite führen drei Treppen nach oben. Die fünfte Terrasse ist wiederum von Galerien mit Gopuram und mächtigen Ecktürmen eingefaßt. Diese obersten Galerien weisen eine einmalige Eigenheit auf, von der bereits die Rede war: Sie bestehen aus einer durch Fenster unterbrochenen Mittelmauer, die beidseits von pfeilergestützten Portiken flankiert ist.

Auf der von diesen Galerien gesäumten obersten Plattform erhob sich der Sockel des kreuzförmigen Tempelturms mit vorgelagerten Eingangshallen, dessen Spitze 50 Meter über der Umgebung lag.

Im Bildteil dieses Bandes konnten wir das bemerkenswerte Bauwerk nicht wiedergeben, weil seit Jahren umfangreiche Restaurationsarbeiten im Gange sind, um das weitgehend zerstörte Heiligtum zu retten. Leider ging mit der kühnen Konzeption dieses steilen Tempelbergs nicht ein entsprechendes technisches Können Hand in Hand: das Bauwerk war nicht stabil genug, um den durch die heftigen Monsunregen verursachten Erdbewegungen und der

▼ Grundriß des Baphuon (Angkor Thom), eines Tempelbergs mit drei konzentrischen Galerien (1060), (nach Bernard-Philippe Groslier)

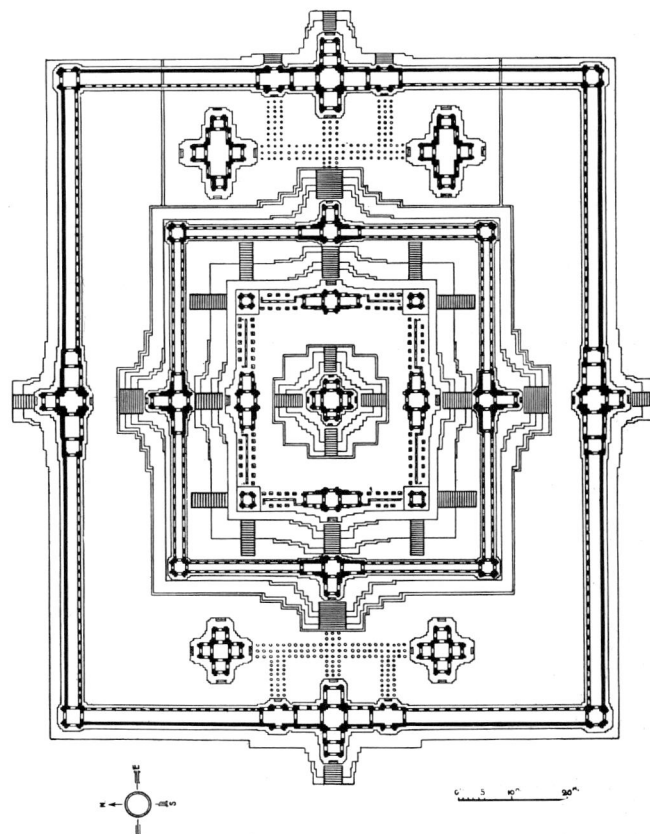

Sprengwirkung der Tropenpflanzen standzuhalten, die sich in den Mauerritzen ansiedelten. Ganze Abschnitte der Stufen sind eingestürzt und haben große Bauteile mit sich gerissen. Bernard-Philippe Groslier ist gegenwärtig bemüht, durch umfangreiche Rettungsmaßnahmen dem Verfall Einhalt zu gebieten.

Diese Bauschöpfung, die auf Tcheou Ta-kuan den tiefsten Eindruck machte, stand, wie Coedès schreibt, «im Mittelpunkt einer Stadt, deren Fläche mit jener des heutigen Angkor Thom fast übereinstimmte». Sie war das Werk eines Herrschers, der auch, wie schon gesagt, den gewaltigen westlichen Baray errichtet hat.

## Zwei große axial ausgerichtete Tempel: Preah Vihear und Vat Phu

Um die Mitte des 11. Jahrhunderts erreichte Kambodscha den Höhepunkt seiner Macht, wenn auch oft Aufstände niedergeschlagen und eine strenge Unterdrückungspolitik befolgt werden mußte. Besonders erbittert waren die Kämpfe mit den Cham, den Nachbarn im Osten; die blutigen Auseinandersetzungen zogen sich über Jahrhunderte hin, und wiederholt stießen die Cham bis ins Kerngebiet des Khmer-Reiches vor.

In dieser Zeit entstanden zahlreiche bedeutsame Bauten. Manche von ihnen nahmen, selbst außerhalb der Hauptstadt, gewaltige Dimensionen an und können nicht mit Schweigen übergangen werden, auch wenn sie heute so stark zerstört sind, daß man sie nicht im Bild vorstellen kann.

Dies gilt besonders für das mächtige Heiligtum vom Preah Vihear, das einen Ausläufer der die Ebene von Kambodscha beherrschenden Dangrek-Bergkette krönt. Die Gesamtanlage beruht auf einem axial nordsüdlich ausgerichteten Plan; ein 800 Meter langer Aufstieg endet bei einem Tempel, über einem 80 Meter hohen Steilhang. (Vgl. Pl. S. 188.)

Beim Tempelbau machte man sich die topographischen Gegebenheiten geschickt zunutze. Stufenweise steigt der natürliche «Tempelberg» an. Über Treppen, durch Gopuram, auf von Stelen, Höfen und Sälen gesäumten Straßen gelangt man zu der Plattform, auf der der Tempel steht. Eingefaßt ist sie von einer umlaufenden Galerie, flankiert wird sie von zwei kreuzförmigen Höfen. Obwohl die Gesamtanlage geschlossen wirkt, wurde sie doch nicht auf einmal

erstellt. Nach den ersten Zeugnissen wurde der «Bergtempel Schiwas» von Yasovarman (900) gegründet. Wichtige Bauabschnitte wurden unter Suryavarman I. (vor 1050) ausgeführt, vollendet wurde das Werk von Suryavarman II., dem Erbauer von Angkor Vat (1113–1150).

Alle Möglichkeiten der klassischen Architektur kamen hier zu großartiger Entfaltung; mit bewundernswerter Sicherheit gestaltete man den Raum. So kündet der dritte Gopuram, der sich mit seinen Galerien über mehr als 100 Meter erstreckt, die herrlichen Propyläen von Angkor Vat an. Und wenn auch die beiden kreuzförmigen Höfe noch nicht organisch in die Gesamtanlage eingegliedert sind, so lassen sie doch die vollkommene Einordnung aller Elemente ahnen, wie sie in Angkor Vat verwirklicht wurde.

Dennoch besteht hinsichtlich der Bauweise ein grundlegender Unterschied zwischen Preah Vihear und Angkor Vat: Die langen Säle von Preah Vihear waren in der Regel nur mit ziegelgedecktem Dachgebälk versehen, während wir in Angkor Vat die steinüberwölbten Galerien finden, die für den Höhepunkt der Khmer-Klassik charakteristisch sind.

Vat Phu wurde von Jayavarman VI. (1080–1107) erbaut, ist also etwas jünger als Angkor Vat. Auch dieses Heiligtum wurde wie Preah Vihear axial ausgerichtet, steht aber nicht auf einer Anhöhe, sondern lehnt sich an einen Berghang an. Diese Lage bedeutete natürlich eine Herausforderung: Damit das Heiligtum nicht von dem aufragenden Berg «erdrückt» wurde, mußte auf geschickte Weise eine allmähliche Steigerung unternommen werden. Dies erreichte man, indem die ganze Bauanlage auf der Bergseite auf einer Reihe künstlicher Terrassen errichtet wurde.

Vat Phu ist mit einer Gesamtlänge von 1400 Meter ostwestlich ausgerichtet. Am Anfang liegt ein 150 Meter breiter und 600 Meter langer Baray; in der westlichen Fortsetzung seiner Längsachse folgen die Gebäude. Zunächst stößt unmittelbar an den Baray eine breite, kreuzförmige Terrasse an. Eine von Prellsteinen eingefaßte 280 Meter lange Straße führt zu zwei aus langgestreckten Gebäuden gebildeten Quadraten. Danach wird die Straße von parallelen Galerien gesäumt. Man gelangt zu einer ersten Stufe, über die eine Treppe nach oben führt. Wieder befindet man sich auf einer kreuzförmigen Plattform. Dann führt die Prozessionsstraße zwischen zwei Tempeltürmen hindurch, wird über eine 65 Meter lange Rampe an einer steilen Böschung hochgeführt und endet an einer Treppe. Über diese erreicht man eine Plattform, auf der sich sechs Prasats in einer Reihe erheben. Es folgen eine weitere kreuzförmige Plattform, zwei Prasats und schließlich mächtige Treppen, die über fünf künstliche Stufen hinaufführen. 25 Meter höher gelangt man zu einem gewaltigen Heiligtum, dem ein Mandapa vorgelagert ist. U-förmig wird der gigantische Komplex von einer Galerie umschlossen. (Vgl. Pl. S. 188.)

Nunmehr verfügte die Khmer-Architektur über alle Mittel, um ein so wundervolles Meisterwerk wie Angkor Vat zu schaffen. Alle Ausdrucksmöglichkeiten waren vorhanden; es ging jetzt nur noch darum, das Nebeneinander der baulichen Elemente ohne strengen Bezug durch jenen vollkommenen organischen Zusammenschluß zu ersetzen, der dem Bauwerk letzte innere Ausgewogenheit verleiht. So schön die axial ausgerichteten Heiligtümer des alten Kambodscha auch sein mögen, so erreichen sie doch niemals die harmonische Fülle der zentral angeordneten Bauschöpfungen, deren Höhepunkt Angkor Vat bildet. Und doch – diese einmalige Leistung gelang den Khmer-Baumeistern nur, weil ihnen die bei den axialen Bauten gewonnenen Erkenntnisse zur Verfügung standen und sie die geometrische Strenge des Zentralplans durch die gestufte Gliederung der Bauelemente längs einer Hauptachse zu mildern verstanden.

## Angkor Vat: der Höhepunkt der Klassik

Mit dem Tempel von Angkor Vat, der unter dem berühmtesten und ruhmreichsten aller angkorianischen Könige, Suryavarman II. (1113–1150), errichtet wurde, schuf die Khmer-Architektur ihr unvergleichliches Meisterwerk. Unvergleichlich ist nicht nur die vollkommene Durchgestaltung von Formen und Räumen, sondern auch die bauliche Qualität. Angkor Vat ist nicht nur das größte, sondern auch das schönste Heiligtum auf der ganzen indochinesischen Halbinsel. Deshalb müssen wir ihm im Rahmen dieses Buches breiteren Raum gewähren.

Eine Stadt in der Stadt

Wie schon im Zusammenhang mit dem Städtebau der Khmer erwähnt, erhebt sich Angkor Vat im Südostquadranten der alten Stadt Yasodharapura, die im ausgehenden 9. Jahrhundert gegründet worden war und von mächtigen, insgesamt 16 Kilometer langen Gräben eingefaßt ist. In diesem Stadtteil, der fast völlig umgestaltet werden mußte, um Platz für den riesigen Bau Suryavarmans II. zu schaffen,

nimmt Angkor Vat fast den ganzen verfügbaren Raum ein: sein etwa 200 Meter breiter Wassergraben bildet ein Rechteck mit 1500 × 1300 Meter Seitenlänge, also eine Fläche von rund 2 Quadratkilometern. Die vom Graben begrenzte Fläche, in deren Mittelpunkt der Tempel steht, ist fast 1 Quadratkilometer groß. Von dieser Million Quadratmeter beanspruchten die Bauten des Heiligtums samt Wasserbecken, Nebengebäuden und axialen Prozessionsstraßen, die den Gesamtbezirk in vier praktisch gleich große Rechtecke teilten, nicht mehr als 100000 Quadratmeter. (Vgl. Pl. S. 17–18, 97–98, 100.)

Was bedeuten diese Zahlen? Sie beweisen wiederum, daß manche Tempel im Mittelpunkt eines städtischen Komplexes standen, von denen nur noch die aus dauerhaften Materialien erstellten Bauwerke erhalten sind; einst war die ganze Fläche innerhalb der den Wassergraben säumenden Stadtmauer von Holzhäusern bedeckt, in denen die hohen Würdenträger und Hofbeamten des Reiches sowie die Priester und Tempeldiener wohnten. Nach unserem bereits erklärten Schätzungsmodus errechnet sich für Angkor Vat eine Bevölkerung von 17000 bis 20000 Menschen.

Daraus erklärt sich auch der Name: Angkor Vat ist aus dem Sanskritwort «nagara» (später «nokor») = königliche Stadt und dem Pali-Wort «wat» = buddhistisches Kloster zusammengesetzt. Die erst später aufgekommene Bezeichnung bedeutet also: «Die königliche Stadt, die ein buddhistisches Kloster geworden ist.» Wir wissen, daß der Tempel von Angkor Vat ursprünglich dem Wischnu geweiht war, aber nach der Thronbesteigung Jayavarmans VII. (1181), der ein eifriger Buddhist war und die Lehre des Barmherzigen zur offiziellen Staatsreligion machte, das große brahmanische Heiligtum zum buddhistischen Tempel wurde. Dieser Tatsache ist es übrigens zu verdanken, daß das Bauwerk nicht, wie so viele andere, vom Pflanzenwuchs überwuchert und zerstört wurde, denn es wurde im Lauf der Jahrhunderte ständig von Bonzen unterhalten. Jedenfalls war für die Khmer Angkor Vat zweifellos eine Stadt und nicht ein riesiges Heiligtum. Es ist sogar wahrscheinlich, daß Suryavarman II. hier seinen Palast bauen ließ und nicht mehr innerhalb der Mauern residierte, in deren Mittelpunkt der Phimeanakas stand.

Angkor Vat ist gleichsam eine neue Satellitenstadt innerhalb der alten Hauptstadt Yasodharapura. Wir dürfen nicht vergessen, daß das Gebiet von Angkor sich in drei Jahrhunderten beträchtlich ausgeweitet und eine regelrechte Bevölkerungsexplosion erlebt hatte, was fortwährende städtebauliche Anpassungen erforderte. Die Tatsache, daß die alte, auf den Phnom Bakheng zentrierte Hauptstadt durch eine neue abgelöst wurde, in deren Mittelpunkt der Baphuon stand, läßt den Schluß zu, daß die nördlichen Stadtviertel des alten Yasodharapura – das dem Südteil der von Udayadityavarman II. um 1050 gegründeten Stadt entsprach – bereits «modernisiert» worden waren. Damit war eine weitere Modernisierung nur noch in den südlichen Stadtvierteln möglich. Da den Herrschern im Gebiet von Angkor keine freien Bauflächen mehr zur Verfügung standen, mußten sie ihre Neubauten so gut wie möglich in die bereits bestehende städtische Struktur einordnen, wobei ihnen die Möglichkeit offenstand, veraltete Teile der von ihren Vorgängern erbauten Stadtbezirke umzugestalten.

Dies tat Suryavarman II., als er sich für den Südostquadranten von Yasodharapura entschied; beeinflußt wurde seine Wahl vermutlich durch die Tatsache, daß hier die Wasserversorgung wegen des nahen Siem-Reap-Flusses unproblematisch war.

Aber in mancher Hinsicht läßt sich Angkor Vat auch durch einen Vergleich mit der «Verbotenen Stadt» der chinesischen Hauptstadt erklären. Die von Wassergräben begrenzte Verbotene Stadt liegt im Herzen einer Stadt, die ihrerseits von Wassergräben eingefaßt ist. Überzeugender wird die Analogie noch, wenn man davon ausgeht, daß der Herrscher im Bereich von Angkor ein Viertel schaffen wollte, das zum administrativen und religiösen Zentrum der Hauptstadt werden sollte.

Schließlich sei noch darauf hingewiesen, daß Angkor Vat eine Fläche bedeckt, die sich mit jener der «urbs quadrata» einer römischen Stadt wie des nordafrikanischen Timgad vergleichen läßt. Daraus ergibt sich, daß man die Schöpfung Suryavarmans II. als ein Stadtviertel mit Tempel und nicht ausschließlich als ein mächtiges Heiligtum aufzufassen hat. Diese Tatsache muß man sich vor Augen halten, wenn man den Gesamtkomplex verstehen will.

## Ausrichtung

Angkor Vat ist also eine Stadt innerhalb der Stadt Yasodharapura, deren Südostquadranten sie einnimmt. Daraus erklärt sich auch eine Tatsache, die den Archäologen lange Zeit Kopfzerbrechen verursacht hat: Der Haupttempel von Angkor Vat ist nicht, wie fast alle Khmer-Tempel im Gebiet von Angkor, ostwestlich ausgerichtet, sondern hat den

Eingang im Westen. Manche Autoren erklären dies durch den Hinweis, das Heiligtum sei dem Wischnu geweiht gewesen, einer Gottheit, die allgemein mit dem Sonnenuntergang in Beziehung steht, oder sie meinen, daß der Totenkult eine Rolle gespielt habe, da der Herrscher schon zu Lebzeiten den Tempel zu seinem Mausoleum bestimmt habe. Das klingt zwar nicht unwahrscheinlich, aber anderseits waren die meisten von Khmer-Königen errichteten Tempel dafür vorgesehen, nach dem Tod ihrer Gründer dem königlichen Totenkult zu dienen.

Eine überzeugendere Erklärung der ungewöhnlichen Ausrichtung läßt sich finden, wenn wir uns einerseits auf die Anlage von Yasodharapura und anderseits auf die Vorschriften der Sthapati beziehen, der indischen Priester-Architekten, von denen der gesamte Symbolismus der Khmer-Heiligtümer ausging. Nach diesen heiligen Vorschriften mußte der Tempel der Stadt zugewandt sein, durfte ihr also nicht «den Rücken kehren». Hätte man Angkor Vat in der üblichen Weise ostwestlich ausgerichtet, dann wäre der Tempeleingang der Stadtmauer von Yasodharapura zugewandt gewesen, hätte auf den östlichen Wassergraben geschaut, was den Vorschriften der Priester widersprochen hätte. Durch eine Westostausrichtung hingegen stieß die Zugangsstraße zum Tempel im rechten Winkel auf die Südachse von Yasodharapura, der Tempel war also der alten Stadt zugewandt. Damit stand er in Übereinstimmung mit einem Grundgesetz des hinduistischen Städtebaus. (Vgl. Abb. 101–128.)

## Der Zugang zum Tempelbereich

Wenn man sich von Westen dem Komplex von Angkor Vat nähert, stößt man zunächst, unmittelbar am Wassergraben, auf eine kreuzförmige erhöhte Plattform, über die man zu einer breiten, über den Graben führenden Dammstraße gelangt. Diese ist 250 Meter lang und wird von prächtigen Naga-Balustraden gesäumt. Zwölf Meter breit, ist sie ganz mit Sandsteinplatten belegt und zieht sich majestätisch über dem Wasserspiegel des Deichgrabens bis zur Tempelstadt hin, zu der sie den Zugangsweg bildet. Gestützt wird sie von Säulen mit vorkragenden Deckplatten, die der Stützmauer vorgestellt sind. Auch diese Straße ist eine steinerne Umsetzung der über Pfähle geführten Stege der alten Pfahlbaudörfer, wie wir ihr schon beim Baphuon begegnet sind. In regelmäßigen Abständen gehen von beiden Seiten der Deichstraße Rampen aus, wodurch sich ein kreuzförmiger Grundriß ergibt. Interessant ist ferner die Feststellung, daß die Naga-Balustrade dem Wassergraben folgt, was wiederum ihre symbolische Rolle für den Wasserkult zeigt.

Der Graben selbst, der mit Steinstufen ausgekleidet ist, hat eine Gesamtlänge von 5,5 Kilometer. Über den östlichen Abschnitt führt ein Erddamm. Auf diesem Wege wurden die Baumaterialien herangeführt, besonders der Sandstein aus Kulên, der auf Booten auf dem Siem-Reap-Fluß transportiert wurde.

Die westliche Dammstraße stößt auf das 235 Meter breite Hauptportal der Umfassungsmauer. In der Mitte dieses gewaltigen Portikus erhebt sich ein kreuzförmiger Gopuram mit drei Eingängen; die hohen Türme, die ihn einst krönten, sind großenteils eingestürzt. Während der zentrale Gopuram überhöht ist, liegen die Eingänge der kleineren Eck-Gopuram auf ebener Erde; durch sie fanden Wagen und Elefanten Einlaß in den Tempelbezirk. Diese mächtige Komposition, die den Haupteingang bildet, ist eine getreue verkleinerte Kopie der Tempelfassade, deren man erst ansichtig wird, wenn man die majestätischen Tore durchschritten hat. (Vgl. Pl. S. 97–98.)

Verbunden wird der dreifache zentrale Gopuram mit den Eck-Gopuram durch eine zweischiffige Galerie, die nach dem Tempel zu durch eine Mauer abgeschlossen ist, so daß man das Heiligtum von außen nicht sehen kann. Pfeiler mit quadratischem Grundriß tragen die in Sandstein überwölbte Hauptgalerie; vorgelagert ist ein ebenfalls pfeilergestütztes Halbgewölbe, das heute allerdings größtenteils eingestürzt ist.

Diesem Baukomplex, der die hohe, zum Wassergraben parallel laufende Umfassungsmauer aus Lateritsteinen unterbricht, entsprechen auf den drei andern Seiten der Tempelstadt Gopurams, jedoch weniger imposant, obgleich sie durch ihre harmonische Gestaltung und ihre Eleganz bemerkenswert sind.

Um diesen großartigen, vollkommen symmetrisch angeordneten Eingang zu beschreiben, liegt es nahe, sich musikalischer Vergleiche zu bedienen. So spricht Glaize von der «Exposition eines Themas, das dann entwickelt wird», Groslier vom «Präludium der Sinfonie, die aufklingt, sobald man das Tor durchschritten hat». Welches Gespür der Schöpfer von Angkor Vat für architektonische Komposition hatte, läßt sich an der Überraschung ermessen, die der Besucher empfindet, wenn er nach Betreten des Haupteingangs und Übersteigen einiger Treppen aus dem Halbdunkel des von einem Kragkreuzgewölbe überdachten Raumes heraustritt und sich plötzlich der zauberhaften Fassade des Tempelbergs gegenübersieht, die von fünf in Quinkunxstellung angeordneten tiaraförmigen Tempeltürmen gekrönt ist. Man ist bei diesem Anblick unsagbar verblüfft und ergriffen, sowohl durch die Kraft der eingesetzten architektonischen Mittel als auch durch die einmalig dynamische Raumgliederung, die hier eines der architektonischen Meisterwerke aller Zeiten erstehen ließen.

Eine weitere, 350 Meter lange, axial angeordnete Fliesenstraße führt zum Fuß des Tempels. Sie ist ebenfalls erhöht und von prächtigen Naga-Balustraden gesäumt; unterbrochen wird sie durch zwölf Freitreppen – sechs auf jeder Seite –, über deren Treppen man einst zur Königsstadt mit ihren Palästen und Häusern aus Holz und Stroh hinabstieg. Auch hier wird deutlich, wie sehr man auf einen reibungslosen Verkehr bedacht war: Über die in Abständen von 60 Meter verteilten Treppen kam man auf die Tempelstraße und konnte, diese überquerend, vom Nordwestquadranten in den Südwestquadranten und umgekehrt gelangen.

Auf halber Strecke zwischen dem Hauptportal und dem Heiligtum stehen beidseits der Straße schöne Bibliotheken. Bis dahin waren Nebengebäude stets klein und von verhältnismäßig einfacher Struktur gewesen; hier aber sind sie dem gewaltigen Heiligtum angemessen. Die mehr als 40 Meter langen Bibliotheken mit kreuzförmigem Grundriß haben auf allen Seiten pfeilergestützte Vorhallen, zu denen Treppen hinaufführen. Das Innere besteht aus einem Hauptschiff auf Pfeilern mit Seitenschiffen und einer Art «Querschiff» in der Mitte. Das Gewölbe des höheren Mittelschiffes wird beidseits durch Halbgewölbe abgestützt. So gewinnen die in der Khmer-Architektur gewöhnlichen kleinen Innenräume hier eine gewisse Weite. Das dreifache Schiff erreicht hier eine Breite von 6 Metern und die mittlere Spannweite von 3,5 Meter ist beachtenswert, angesichts des ausschließlich in Kragtechnik ausgeführten Gewölbes.

Dann folgen beidseits der 9,4 Meter breiten, mit Sandsteinplatten belegten, 1,5 Meter überhöhten Straße zwei rechteckige Wasserbecken, die 65 × 50 Meter messen. Darauf gelangt man zu einer Terrasse, die gleichsam einen «temenos» bildet, einen heiligen Bezirk mit einer Seitenlänge von 340 × 215 Meter. In seiner Mitte erhebt sich das Heiligtum. Ihm vorgelagert ist in der Achse der Straße eine kreuzförmige zweistufige Plattform. Das überkragende Kranzgesims der ersten Stufe wird wie die Dammstraße im Bereich des Wassergrabens durch eine der Stützmauer parallele Säulenreihe getragen; auch dies ist ein in Stein umgesetztes Überbleibsel des Pfahlbaus.

Die Reliefgalerie

Von der kreuzförmigen Plattform aus gesehen, weist die Tempelfassade von Angkor Vat beidseits des axialen Haupteingangs Nebeneingänge auf, zu denen über einen reich gegliederten Sockel Treppen hinaufführen. Dann entfalten sich symmetrisch die Flügel der gewaltigen, 187 × 215 Meter messenden, nach außen hin offenen, den ganzen Tempelbezirk umschließenden Galerie. Die von Sandsteinpfeilern quadratischen Querschnitts getragene, innen von einer fensterlosen Mauer abgeschlossene, von einem vorgelagerten Halbgewölbe abgestützte Galerie endet an den Ecken in kreuzförmigen Pavillons, zu denen im rechten Winkel angeordneten Treppen hinaufführen.

Angemerkt sei, daß aus noch unerklärten Gründen bei den Galerien auf der Ost- und Westseite eine leichte Verschiebung der Symmetrie zu beobachten ist: im Südteil zählt man nur 18, im Nordteil jedoch 20 Pfeiler. Wahrscheinlich hat diese Anomalie mit der Zahlensymbolik zu tun, denn insgesamt zählt die Westfassade wie die Ostfassade 38 Pfeiler, und auch die Westteile der Nord- und Südfassaden weisen je 38 Pfeiler auf. Sicherlich handelt es sich dabei nicht um einen Zufall. Daß sich die Baumeister oder Handwerker bei einem so wohldurchdachten, sorgfältig ausgeführten Bauwerk geirrt haben sollten, ist auf keinen Fall anzunehmen. Möglicherweise war man darauf bedacht, auf beiden Flügeln der Fassade eine gerade Stützenzahl zu haben, und das aus ästhetischen Gründen: so endet jeder Flügel in der Mitte nicht mit einem Pfeiler, sondern mit einem Zwischenraum. Man entschied sich also nicht für 19 Pfeiler auf jeder Seite, sondern für 18 auf der einen und 20 auf der anderen, um die Summe 38 zu erhalten.

Die Innenmauer dieser Galerien ist über und über mit Flachreliefs geschmückt, die sich in mehr als 500 Meter Länge um das ganze Heiligtum ziehen und nur von den Gopuram und den Ecktürmen unterbrochen werden. Diese Meisterwerke der Bildhauerkunst sind nicht nur eine Art Reichschronologie, sondern auch eine Mythologie. Entfernt verwandt mit der Kunst des Bakong, wo erstmals skulptierte Szenen auftauchten, und den kleinformatigen Darstellungen des Baphuon, waren diese gewaltigen, mit außerordentlichem Gespür für monumentale Komposition in feinkörnigen Sandstein eingeschnittenen Bilderfolgen für das

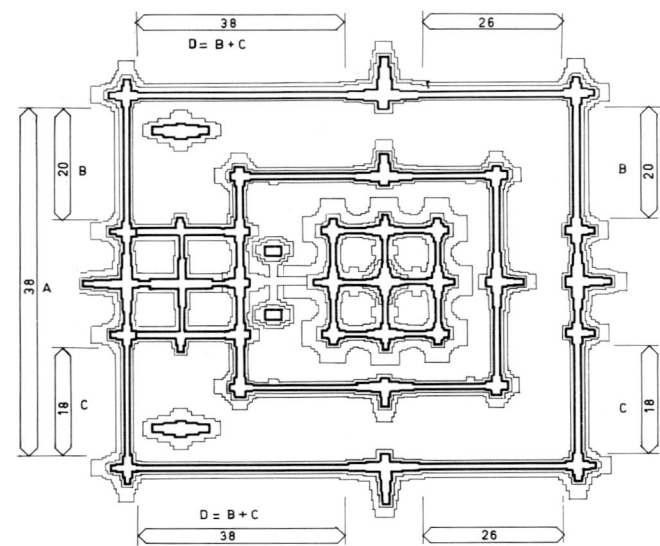

▲ Schematischer Grundriß von Angkor Vat mit Verteilung der Pfeiler bei der umlaufenden Reliefgalerie

einfache Volk, das nach dem Willen des Herrscher-Baumeisters bis hierher in den Tempelbezirk vordringen durfte, eine wahre «Armenbibel» im mittelalterlichen Sinn. Hier konnte der Brahmane wie der Reisbauer eine prunkvolle Heerschau ebenso betrachten wie Höllenszenen, die Pracht des Hofes ebenso bewundern wie die Götterkämpfe und die Freuden, die alle guten Menschen im Jenseits erwarteten.

Diese Bildergeschichte der Götter und Herrscher war übrigens dazu bestimmt, von den Pilgern in der Abfolge betrachtet zu werden, wie sie sich aus dem brahmanischen und buddhistischen Ritus des Tempelumgangs ergab. Bei festlichen Zeremonien mußte man den Tempel stets zu seiner Rechten haben, bei Trauerzeremonien zur Linken. Diesem zweiten Ritus entspricht die logische Abfolge der Reliefszenen von Angkor Vat, was dem Mausoleumscharakter des Heiligtums entspricht.

Der «Kreuzgang»

In der Mitte der ersten der drei Stufen des Heiligtums gelangen wir zu einem außergewöhnlichen Baukomplex, der vielleicht den Höhepunkt der klassischen Architektur

Angkors darstellt. Dieser «Kreuzgang» verbindet auf der Westseite die Galerie der ersten Stufe mit der Galerie der zweiten Stufe. Pfeilergalerien führen vom Haupteingang und den beiden Nebeneingängen zu drei Gopuram auf der zweiten Stufe. Die mittlere dieser Galerien ist eine offene dreischiffige Pfeilergalerie, die beiden Seitengalerien werden nach außen hin durch fensterlose Mauern begrenzt, während nach innen auf eine Pfeilerreihe ein pfeilergestütztes Halbgewölbe folgt. Verbunden sind sie untereinander durch eine weitere dreischiffige Pfeilergalerie, so daß ein Kreuzgang mit vier offenen Innenhöfen gebildet wird. Treppen führen in diese Höfe hinab. Vielleicht waren sie früher mit Wasser gefüllt und dienten zu rituellen Waschungen, was dem hinduistischen Ritus entsprechen würde. Sollte dies tatsächlich der Fall gewesen sein, dann könnte man die vier von Säulengängen eingefaßten Wasserbecken als eine der schönsten Schöpfungen der Khmer-Architektur bezeichnen. (Vgl. Abb. 112–117.)

Dieser Kreuzgang, der in Koh Ker und in Preah Vihear erste Vorbilder hatte, weist erstmals ein von vier Pfeilerreihen getragenes Sandsteingewölbe auf, das die erstaunlich kühne Breite von 7,7 Meter erreicht. Trotz des lastenden steinernen Kraggewölbes wirken die Pfeilergalerien erstaunlich leicht und anmutig. Versteift werden die Strukturen übrigens durch Verstrebungen zwischen den Pfeilern des Mittelschiffs und denen der Seitenschiffe, ein System, dem wir bereits in der Reliefgalerie begegnet sind. (Vgl. Pl. S. 129.)

Die Galerien schmückt in kräftig herausgearbeitetem Relief ein regelrechtes Ballett von reizenden Apsaras und Devatas, jener himmlischen Tänzerinnen, die den Göttern und den Auserwählten Paradiesesfreuden spenden. In Gruppen oder einzeln, in lange Brokatröcke gekleidet, mit nach damaligem Brauch nackter Brust und mit prächtigem hohem Haarschmuck versehen, lächeln diese köstlichen Gestalten den Betrachter an.

Südlich und nördlich des Kreuzgangs erstreckt sich zwischen der ersten und der zweiten Stufe ein breiter Hof. Entsprechend der axialen Verschiebung von West nach Ost ist dieser Hof westlich der zweiten Stufe breiter als östlich davon. Den Treppen zugewandt, die vom Kreuzgang nach Süden und Norden führen, erheben sich hier zwei Bibliotheken; diese sind freilich kleiner als die Bibliotheken beidseits der Tempelstraße. Eingefaßt ist der Hof, der die Reliefgalerie von der zweiten Stufe trennt, auf der einen Seite von der mit dockenverzierten Blendfenstern ge-

schmückten Rückwand der Reliefgalerie, auf der anderen Seite vom mächtigen, durch Wülste gegliederten Sockel, auf dem sich die Galerie der zweiten Stufe dahinzieht. Auch diese ist durch eine Mauer abgeschlossen, die ebenso geschmückt ist wie die Mauer der Reliefgalerie. Dadurch wirkt der Hof irgendwie nüchtern und streng. (Vgl. Abb. 118.) Rund 10 Meter über der Umgebung und 6 Meter über dem eben beschriebenen Hof liegt die zweite Tempelplattform. Man gelangt zu ihr vom Kreuzgang aus: dessen drei parallele Pfeilergalerien führen zu den Anschlußtreppen und steigen mit den Treppen an. Dies wurde durch eine stufenweise Anordnung des Gewölbes ermöglicht. Vorläufer dieses Systems waren die Galerien von Vat Phu und noch früher die Stufengiebel des Banteay Srei.

Die zweite Stufe

Diese Stufe war den Priestern vorbehalten, die sich aus der Welt zurückgezogen hatten, um ganz der Meditation zu leben. Deshalb ist die umlaufende Galerie nach außen hin durch eine fensterlose Mauer abgeschlossen. In dieser nüchternen Einfriedung konnte der Mensch zu sich selbst zurückfinden, um zu wahrer Weisheit zu gelangen. Entsprechend «kärglich» ist die Architektur: die 2,5 Meter breite Galerie ist einschiffig und wird auf einer Seite von einer geschlossenen, auf der anderen von einer durch Dockenfenster durchbrochenen Mauer getragen.

Der anschließende Hof ist wiederum westlich der dritten Stufe breiter als östlich davon. Auf dem dadurch gewonnenen freien Raum im Westen erheben sich zwei winzige Bibliotheken, die untereinander und mit dem Finga... durch einen von kleinen Pfeilern getragenen verbunden sind.

Innerhalb dieser zweiten Einfriedung, die 100 × 115 Meter mißt, erhebt sich der gewaltige, 13 Meter hohe Sockel, auf dem die fünf Tempeltürme stehen. Er hat eine Seitenlänge von 60 Meter; zu der obersten Plattform gelangt man über steile, im Winkel von 70 Grad abfallende Treppen. Durch die mächtige Masse der dritten Stufe wird der Hof der zweiten Stufe gleichsam vollkommen erdrückt.

Die Krönung der Tempelpyramide

Die dritte Stufe, auf der die Tempeltürme stehen, durfte nur vom König und vom Hohepriester betreten werden, denn hier residierte der Gott in Gestalt einer Statue, und hier wurde der Ritus vollzogen, durch den der Herrscher mit der Gottheit eins wurde. Diese Plattform ist nach innen und außen offen, denn wer zu ihr hinaufstieg, hatte auf alles verzichtet und die Versuchungen dieser Welt hinter sich gelassen. Eingefaßt wird sie von einer umlaufenden Galerie. Diese wird außen von einer Mauer mit Dockenfenstern getragen, innen von einer Pfeilerdoppelreihe. Auf jeder Seite führt von der Mitte der Galerie ein überdachter, von vier Pfeilerreihen gestützter Gang zum mittleren Tempelturm, so daß eine Gliederung analog der des «Kreuzgangs» gegeben ist; auch hier haben wir vier Innenhöfe. Aber zum Unterschied vom «Kreuzgang» erhebt sich in der Mitte der mächtige Zentralturm, während die vier Ecken von tiara-förmigen Türmen eingenommen werden. (Vgl. Abb. 125–127.)

Diese Stufe ist gleichzeitig die zauberhafteste und die kompakteste Schöpfung der angkorianischen Architektur. Eingefaßt von den durchsichtig und luftig wirkenden Galerien, streben die Tempeltürme machtvoll himmelwärts; kaum noch erkennt man in ihnen die Prasats der vorang-korianischen Architektur wieder. Und obgleich der mäch-tige, durch zahllose horizontale Wülste gegliederte Sockel, auf dem die Türme sich erheben, trotz der zwölf von kräftigen Mauern eingefaßten Treppenfluchten ungemein massiv wirkt, scheint die dritte Stufe des Tempelbergs doch zu schweben, als ob sie durch die Aufwärtsbewegung der fünf Türme mitgezogen würde. Der nach den vier Himmelsrichtungen hin offene Mittelturm ist über seinen vier pfeilergetragenen Vorhallen machtvoll gestaffelt; er ist 42 Meter hoch, seine Spitze, die in einer Lotusknospe endet, überragt die Ebene von Angkor um 65 Meter.

Schon bei der Reliefgalerie und beim «Kreuzgang» finden wir beträchtliche technische Neuerungen, doch all das wird in den Schatten gestellt durch die geniale Kombination von Turmquinkunxstellung und kreuzförmig angelegter Galerie. Diese architektonische Lösung ist im Prinzip von verblüf-fender Einfachheit, in der praktischen Verwirklichung jedoch von einer Kompliziertheit, die sich jeder Analyse entzieht. Sieht man dieses Schema im Grundriß, so drängt es sich einem geradezu auf, aber wenn man den Baukomplex als räumliche Wirklichkeit vor sich sieht, ist man immer wieder aufs Neue überrascht.

Die himmelwärts strebende Bewegung dieses Bauwerks führt uns – wie heute das Flugzeug – über den Horizont der erdgebundenen Menschen hinaus; wir sehen die Welt von oben, mit den Augen der Götter. In diesem Sinn muß der Khmer-Tempel verstanden werden. Man errichtete ihn für «die Himmlischen». Und nur aus dieser Sicht erkennt man klar das gigantische Mandala, das den Grundriß des Bau-werks bildet – ein Abbild des himmlischen Palastes, in dem die Götter auf dem Gipfel des Meru wohnen.

Schlußbemerkung

Mit dem herrlichen Tempelkomplex von Angkor Vat fand die klassische Khmer-Architektur einen würdigen Abschluß. Diese Architektur gründet auf einer außergewöhnlichen Beherrschung der Geometrie des Raumes, besteht doch das gewaltige Bauwerk mit seinem Rauminhalt von 350 000 Kubikmetern, von den Ecktürmen und den fünf Tempel-türmen abgesehen, aus lauter horizontalen Elementen. Durch die wohldurchdachte Verteilung der Massen und die geschickte räumliche Staffelung wecken die aufeinander-gestellten Elemente den Eindruck einer machtvollen Auf-wärtsbewegung. Den optischen Pyramideneffekt erzielte man dadurch, daß man jeder Terrasse die doppelte Höhe und knapp die halbe Fläche der darunterliegenden gab.

Die unglaubliche Geschlossenheit des Komplexes beruht nicht zuletzt darauf, daß er aus sich im rechten Winkel schneidenden Geraden aufgebaut ist: Gräben, Damm-straßen, Galerien, Gopuram, Prasats usw. Die meisterhafte Ausgewogenheit wurde also mit sehr einfachen Mitteln erreicht. Dennoch ist es eine höchst qualitätsvolle Schöp-fung, sowohl hinsichtlich der sorgfältigen technischen Ausführung als auch hinsichtlich der Ornamentierung. Das Bauwerk ist praktisch über und über von kilometer-langen, fein herausgearbeiteten Reliefs geschmückt; dazu kommen die rund 1500 Apsaras, von denen keine der anderen gleicht. Durch diesen Schmuck, der das Heiligtum vom Sockel bis zu den Turmspitzen überspannt, ist Angkor Vat ein einzigartiges Juwel.

In diesem Meisterwerk verbindet sich großartige Gesamt-schau mit genauester Ausarbeitung aller Details. So ent-stand eine vollkommene Verknüpfung von Makrokosmos und Mikrokosmos in der vollendeten Schönheit eines Werkes, das der Mensch für seine Götter schuf.

# Anmerkung

## Erhaltung und Anastylose

Daß die meisten Khmer-Bauten heute weitgehend in Trümmern liegen, beruht in erster Linie auf der zerstörerischen Wirkung der tropischen Vegetation. Die ohne Mörtel errichteten Sandstein- und Lateritbauwerke sind durch den Wurzeldruck gigantischer Bäume regelrecht auseinandergesprengt worden. Und sobald Teile des Mauerwerks vom Unterbau der Tempelberge abgebrochen waren, kamen die darunter aufgeschütteten Kies- und Erdmassen in Bewegung. Während der Monsunregen ergossen sich wahre Wasserströme in die Öffnungen und höhlten so die Pyramiden aus, so daß die Stufen und die darauf errichteten Tempeltürme und Galerien einstürzten.

Die Archäologen standen also zunächst einmal vor der Aufgabe, die wichtigsten Bauten vom erdrückenden Pflanzenwuchs zu befreien. Danach mußten sie die vom Einsturz bedrohten Gebäude absichern. Nachdem diese Erste-Hilfe-Maßnahmen für die meisten Khmer-Schöpfungen durchgeführt waren, konnte man daran denken, sie zu rekonstruieren. Nach dem Beispiel der von niederländischen Archäologen auf Java eingeführten Restaurationsmethoden wurden im Gebiet von Angkor die ersten Heiligtümer von Grund auf wiederhergestellt. Den Anfang machte im Jahre 1931 der Archäologe und Architekt Henri Marchal, Chefkonservator von Angkor. Sein größter Erfolg war zweifellos die vollständige Anastylose des Tempels von Banteay Srei. Sein Werk wurde 1937–1948 von Maurice Glaize fortgeführt. Nach derselben Methode restaurierte er den Bakong, dem er seine einstige Größe wiedergab.

Unter Anastylose versteht man die vollständige Demontage des zu rekonstruierenden Bauwerks. Oftmals sind die Fundamente vom Wasser unterspült; deshalb muß man beim Wiederaufbau mit den Fundamenten beginnen, wenn die Arbeit einen Sinn haben soll. Die abgetragenen Blöcke werden numeriert, die Fundamente neu erstellt, und danach beginnt der Wiederaufbau. Bei den Khmer-Bauten wird das Verfahren durch eine Eigenheit ihrer Bautechnik erleichtert: die Khmer rieben die Blöcke so in den Mauerverband ein, daß die darunterliegenden und anstoßenden Blöcke dadurch markiert wurden. Deshalb läßt sich exakt feststellen, an welcher Stelle eines Bauwerks ein bestimmter Block einst gewesen ist.

Oft aber findet man nicht alle Bauteile wieder. In diesem Fall werden die verschwundenen Blöcke ersetzt. Diese waren z.T. später für andere Bauten verwendet worden, aber großenteils sind sie den verschiedenen «Steinkrankheiten» zum Opfer gefallen, die den Khmer-Bauten große Schäden zufügten. Ihre Bekämpfung ist eine der wichtigsten Arbeiten des heute von Bernard-Philippe Groslier geleiteten Konservierungsamtes von Angkor. In einem Laboratorium werden die Ursachen dieser «Krankheiten» erforscht: Mikroben, Flechten, Moose, Gesteinssprengung durch Temperaturgegensätze (Schatten und Licht), besonders aber die Feuchtigkeit, die in einem Monsungebiet eine große Rolle spielt. Die derzeit durchgeführte Restaurierung des Baphuon gründet auf den Ergebnissen dieser Untersuchungen und auf Analysen der örtlichen Wetterstation.

Aber wenn auch Klima und Pflanzenwuchs starke Schäden angerichtet haben, so ist doch auch der Mensch für die Zerstörungen verantwortlich: seitdem Angkor verlassen wurde, hat man es systematisch geplündert. Fast alle Metallteile wurden gestohlen: Bronzeverankerungen in den Mauern, kupferne Plinthen an den Heiligtümern, Türverkleidungen, die Dreizacke über den Tempeltürmen und vor allem die herrlichen Bronzestatuen, von denen nur wenige erhalten sind. Fast der gesamte metallene Schmuck der Khmer-Heiligtümer wanderte in Schmelzöfen. Auch das ganze hölzerne Mobiliar, das oft mit Bronze beschlagen war, die die Gewölbe abschließenden, vielfarbig bemalten und vergoldeten Holzdecken sind verschwunden. Wenn man sich vorstellen will, wie die Heiligtümer einst ausgesehen haben, muß man sich all das dazudenken. Denn wie die Bauten aller alten Kulturen – in Ägypten, Griechenland, Rom, im Mittelalter – waren die sakralen Gebäude der Khmer sehr farbenreich. Ohne diese Farbenpracht, die schweren Stoffbehänge und Verzierungen in kostbaren Materialien sehen die Khmer-Tempel ganz anders aus als zur Zeit der Blüte Angkors.

Dies muß man bedenken, wenn man sich eine Vorstellung davon zu machen versucht, wie die großen Heiligtümer der Khmer vor acht oder zehn Jahrhunderten ausgesehen haben. Dennoch sei nicht vergessen, daß dank der Arbeit der Archäologen ein beträchtlicher Teil des kulturellen Erbes des alten Kambodscha uns überkommen ist und von der erstaunlichen Entfaltung einer Kultur zeugt, die einst auf ganz Südostasien ausstrahlte.

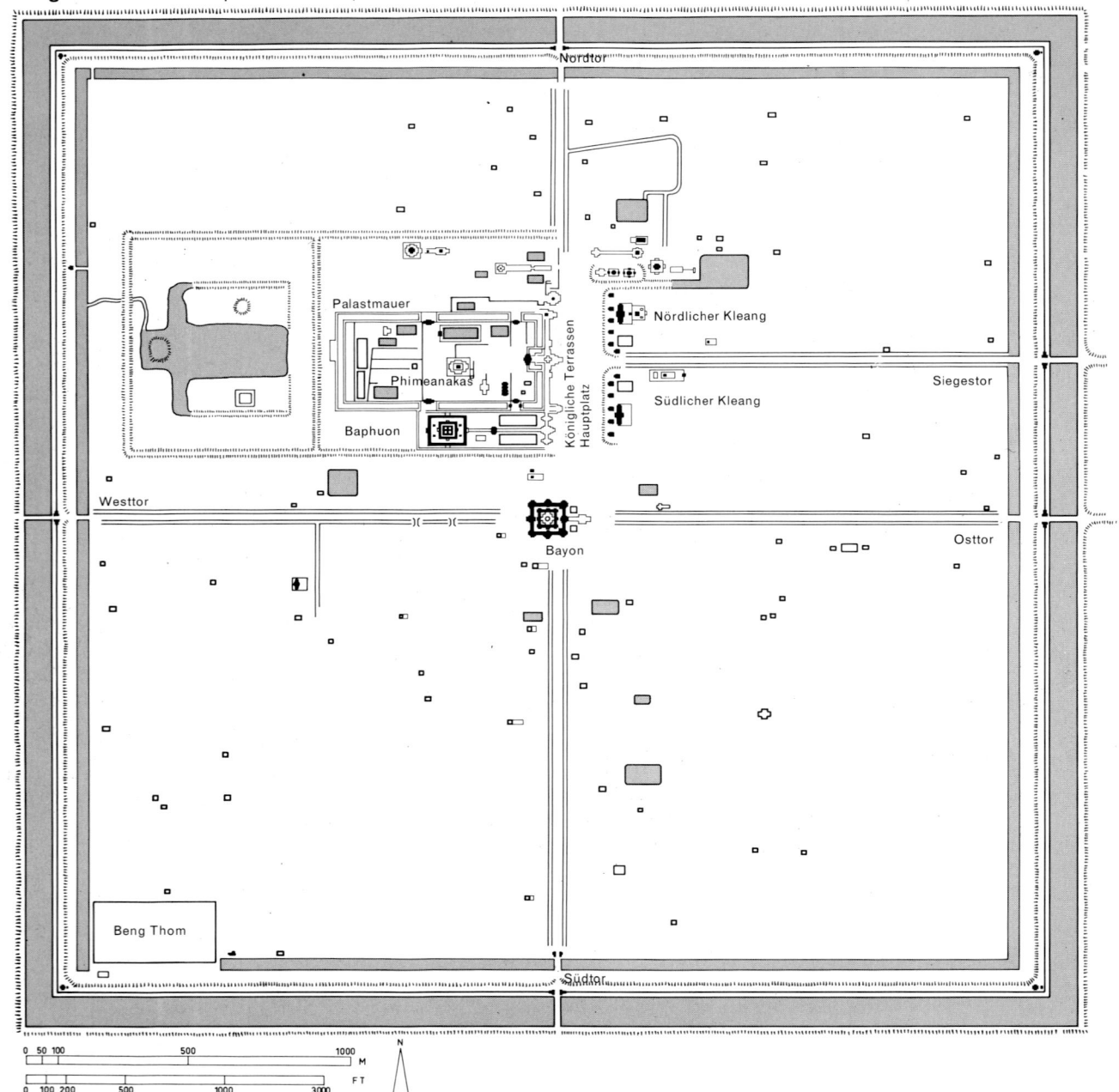

**Angkor Thom:** Stadtplan 1:20000 (1191–1219)

Nordtor

Palastmauer

Nördlicher Kleang

Königliche Terrassen

Phimeanakas

Hauptplatz

Südlicher Kleang

Siegestor

Baphuon

Westtor

Bayon

Osttor

Beng Thom

Südtor

0 50 100    500    1000
M

0  100 200    500    1000    3000
F T

N

**Der Bayon, Angkor Thom:** Grundriß 1:1000
(1191–1219)

M
0 1  5  10      20      30      40      50

FT
0  10  20      50              100

N.

# Legenden

## Srah Srang, Angkor (1181–1186)

155 Der von Naga-Balustraden eingefaßte kreuzförmige Landungssteg, der in den Spiegel des Baray hineinragt.

156 Detail des skulptierten Dekors auf der Rückseite einer Naga-Kappe.

157 Die Treppe wird von zwei steinernen Löwen auf Sockeln bewacht.

## Preah Khan, Angkor (1184–1186)

158 Zwei schöne Steinlöwen am Westeingang des Heiligtums.

159 Auf der Westseite der ersten Einfassung ragt ein Wald von steinernen kuppelförmigen Dächern empor.

160 a) drei Tänzerinnen auf einem Türsturz des «Kreuzgangs»;
b) drei kleine meditierende Asketen in Nischen an der Mauer eines Heiligtums.

161 Blick auf die Bauten im Südwestteil des ersten Hofes innerhalb der Einfassung des Haupttempels.

162 Das säulengetragene Bauwerk in der Nordostecke zwischen zweiter und dritter Einfassung. Hier finden wir erstmals in der Khmer-Architektur regelrechte Säulen. An beiden Schmalseiten sind Eingangshallen vorgesetzt.

163 Seitenansicht des Säulenbaus. Ringförmige Wülste bilden bei den massigen Säulen Basis und Kapitell. Zum oberen Stockwerk führt keine Treppe.

## Angkor Thom (1191–1219)

164-165 Blick auf die «Straße der Riesen» und den Gopuram, der den Südeingang zur Stadt bildet. Auf jeder Seite tragen 54 Gottheiten – links himmlische Gottheiten, rechts Unterweltsgötter – gewaltige Naga-Balustraden, die dem Wassergraben folgen.

166 Gesicht vom Süd-Gopuram. Es stellt den Buddha-König dar, der mit offenen Augen über die Welt wacht.

167 Blick von der Stadtmauer auf den Deich mit der «Straße der Riesen». Der Wassergraben ist heute trocken.

## Der Bayon, Angkor (1191–1219)

168 Luftaufnahme von Südwesten auf das Heiligtum mit seinen beiden von Pfeilern getragenen, nach außen offenen Galerien. Um den runden Mittelturm erhebt sich ein Wald von mit Gesichtern geschmückten Türmen.

169 Axialer Blick auf die Westfassade des Tempels. Ein großer Teil der Turmspitze ist zerrüttet.

170 Ausschnitt aus einem Relief in der äußeren Galerie. Szene aus einem Kampf zwischen Khmer und Cham. Mit Kornak und Bogenschütze bemannte Elefanten unterstützen das angreifende Fußvolk der Khmer.

171 Ostteil der südlichen Innengalerie mit dem ursprünglichen Sandsteingewölbe, links durch eine Pfeilerreihe abgestützt. Auf der Mauer rechts erkennt man die Reliefs, die etwa ein Meter über dem Boden beginnen. Die das Gewölbe maskierende Holzdecke ist nicht erhalten.

172 Blick von der Mittelterrasse auf die Gesichtertürme, die sich ringsum erheben und die Dächer der Galerien überragen.

173 Detail eines Gesichter-Turms – Bildnis des Buddha-Königs oder Herrschers Jayavarmans VII. als Bodhisattva. Die geschlossenen Augen und der lächelnde Mund verraten tiefe, friedliche Meditation.

## Königliche Terrassen, Angkor Thom (um 1240)

174 Die dreiköpfigen Elefanten Indras, die mit ihren Rüsseln Lotosblüten pflücken, säumen die Treppe einer Terrasse, auf der sich einst Holzbauten erhoben.

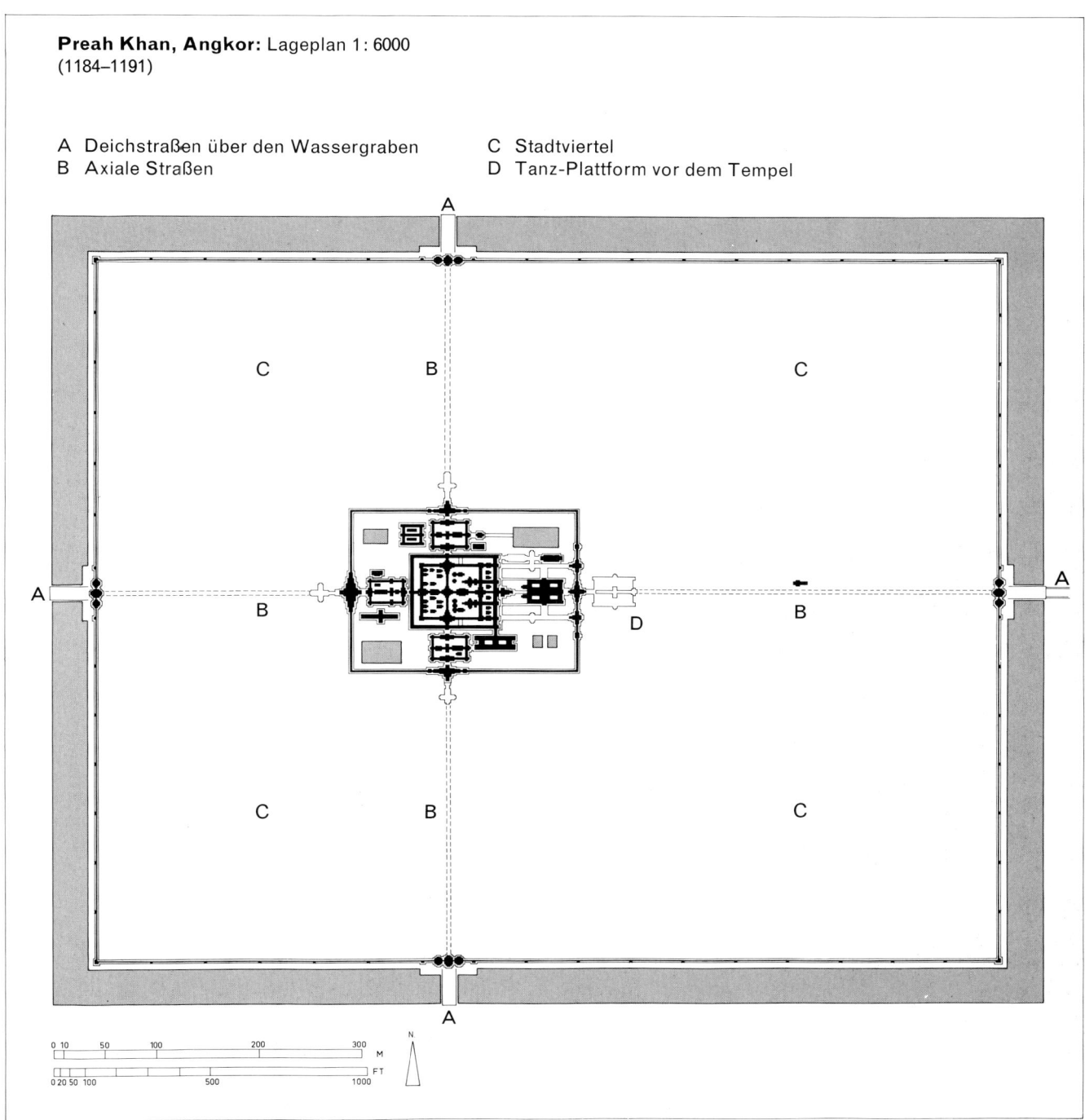

**Preah Khan, Angkor:** Lageplan 1 : 6000
(1184–1191)

A Deichstraßen über den Wassergraben   C Stadtviertel
B Axiale Straßen   D Tanz-Plattform vor dem Tempel

A

C      B                      C

A                                              A
B                     D         B

C      B                      C

A

0 10  50  100    200     300 M
0 20 50 100     500     1000 FT

N

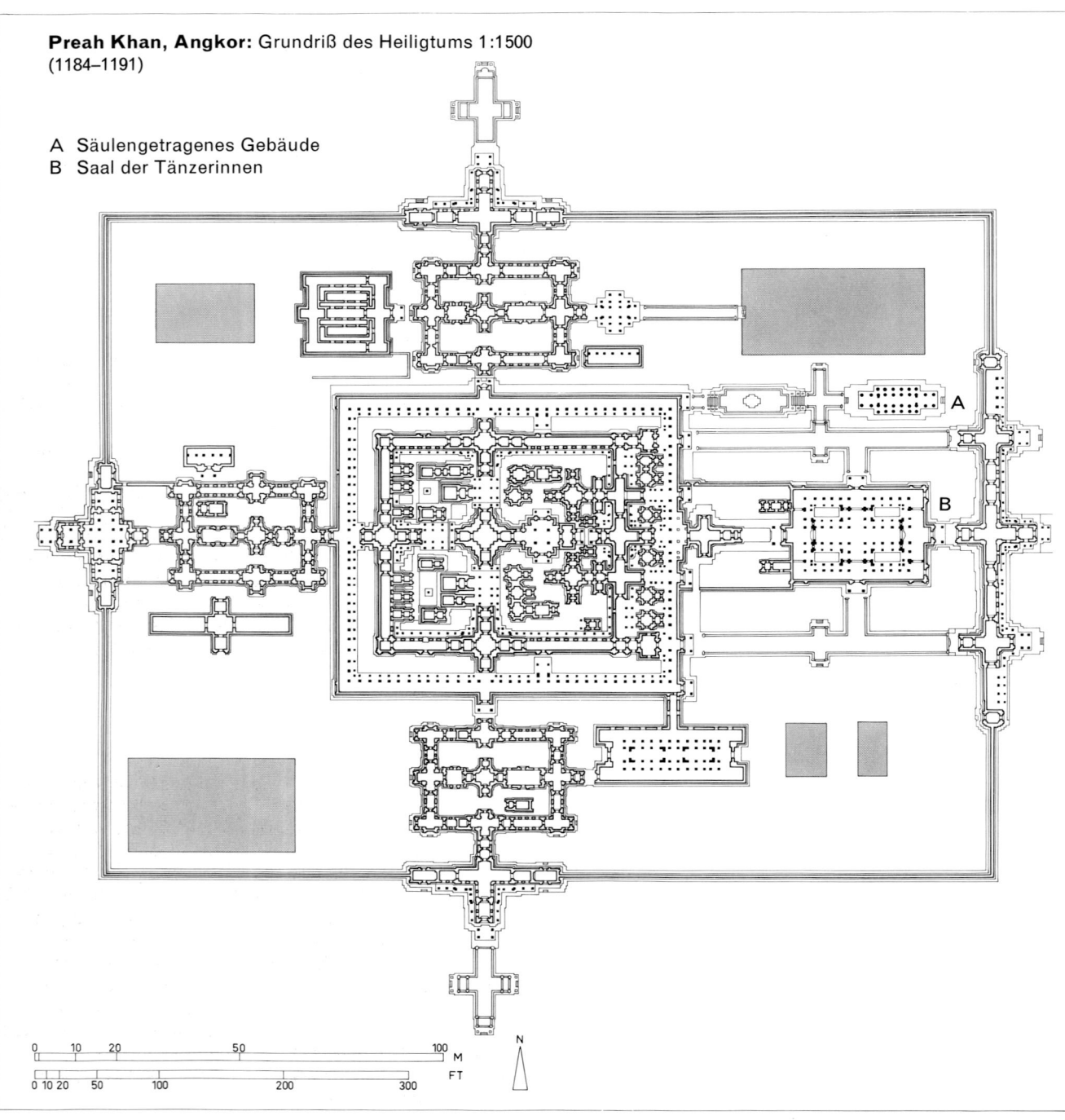

**Preah Khan, Angkor:** Grundriß des Heiligtums 1:1500
(1184–1191)

A Säulengetragenes Gebäude
B Saal der Tänzerinnen

A

B

N

## 5. Die barocke Blüte der von Jayavarman VII. errichteten Bauten

Während des ganzen 11. Jahrhunderts war die Macht Kambodschas stetig gewachsen; den Höhepunkt erreichte sie unter Suryavarman II., dem Erbauer von Angkor Vat. Und doch war schon zu dieser Zeit das Unheil nahe: auf diesen ruhmreichen Herrscher, der fast ganz Indochina unter seine Gewalt gebracht hatte, folgte unvermittelt ein jäher Sturz. Als Suryavarman II. um 1150 starb, kam es im Land zu blutigen dynastischen Auseinandersetzungen.

Diese inneren Wirren machten sich die Cham zunutze; auf Kriegspirogen gelangten sie über den Mekong bis zum Großen See, nahmen die Hauptstadt im Handstreich und äscherten sie ein (1177).

Für vier Jahre versank Kambodscha in einem «Meer der Tränen». Doch dem König Jayavarman VII. gelang es, die Macht der Khmer wiederherzustellen. Heimlich sammelte er ein Heer, verjagte die Eindringlinge aus dem Land und ließ sich 1181 zum König von Angkor krönen. Unverzüglich machte er sich daran, die Hauptstadt wieder aufzubauen.

Im Kapitel über den Städtebau war bereits von dem von ihm gegründeten Angkor Thom die Rede, der letzten großen Hauptstadt von Angkor. Die 3 Kilometer im Quadrat messende Stadt mit ihren Mauern, ihren fünf Toren, ihren Wassergräben, ihren Deichen und Nebenkanälen, mit dem wohldurchdachten Wasserversorgungsnetz und mit einer nicht minder einfallsreichen Kanalisation ist zweifellos das vollkommenste und besterhaltene Beispiel der Städtebaukunst der Khmer.

Eine Blütezeit der Architektur

Unter der Regierung Jayavarmans VII. erlebte die Khmer-Welt eine ruhmreiche Zeit; es war gleichsam ein großartiger Schwanengesang. Diese Aktivität manifestierte sich auch auf politischer und militärischer Ebene, besonders durch die Eroberung von Champa, dem Reich des gefürchtetsten Gegners, und in religiöser Hinsicht durch die Tatsache, daß der Herrscher den Hinduismus seiner Vorgänger aufgab und zum Mahayana-Buddhismus konvertierte. Die großartigsten Spuren jedoch, die diese Regierungszeit hinterlassen hat, sind ihre Bauschöpfungen; es brach ein regelrechtes Baufieber aus, wie es das Land im Verlauf seiner Geschichte noch nie gekannt hatte. Jayavarman VII. hat fast ebenso viele Bauten erstellen lassen oder in Angriff genommen wie alle seine Vorgänger während der klassischen Periode zusammen.

Ein ganz neuer Stil entfaltete sich. Zwar gründete er auf den gleichen Prinzipien wie der vorangegangene Stil, war aber auf eine eigenartige, faszinierende Weise «barock»: an die Stelle der klassischen Strenge von Angkor Vat, die auf einer absoluten Unterordnung des skulptierten Dekors unter die eigentliche Architektur beruhte, trat eine ganz neue Raum- und Volumenauffassung, die die Grenzen zwischen Bildhauerei und Architektur verwischte. Riesige Reliefgesichter bedecken die Türme; sie stellen gleichzeitig den Buddha Çakyamuni und den Herrscher Jayavarman VII. dar. Dieser setzte sich durch einen Apotheose-Ritus mit der Gottheit in der Gestalt des barmherzigen Bodhisattva gleich.

Wie die Religion, so wurden auch Architektur und Bildhauerei revolutioniert. Dennoch zog die Tatsache, daß sich der Hof vom Hinduismus zum Buddhismus bekehrte, für die Architektur hinsichtlich der baulichen Konzeptionen keine tiefgreifenden Veränderungen nach sich. Durch den Übertritt zum Buddhismus folgte Jayavarman VII. lediglich dem Beispiel des Volkes, das in den Lehren des Barmherzigen schon seit langem einen Trost fand angesichts der Lasten, die ihm die nach Macht und Ruhm dürstenden Herrscher aufbürdeten. Durch Eroberungskriege und Unterdrückungsmaßnahmen einerseits, durch eine maßlose Bauwut anderseits suchte ein jeder König seine Vorgänger zu übertrumpfen.

Die architektonischen Grundkonzeptionen blieben also unverändert. Deshalb entsprechen die meisten großen Tempel, die Jayavarman VII. errichtete, im Plan den Bauten der klassischen Epoche. Es handelte sich um Flachtempel, die jedoch nicht, wie in Koh Ker, beim Banteay Srei, in Preah Vihear oder Vat Phu, axial ausgerichtet, sondern wie ein Tempelberg zentral angeordnet waren. Ein ausgezeichnetes Beispiel hierfür ist in Angkor Banteay Samre, doch den klassischen Höhepunkt bildet der große Tempel von Beng Mealea 40 Kilometer östlich von Angkor, der fast im Maßstab 1:1 den Plan von Angkor Vat wiederholt (die dritte Mauer mißt 181 × 152 Meter gegenüber 215 × 185 Meter in Angkor Vat). Aber im Unterschied zu Angkor Vat ist Beng Mealea nicht pyramidenförmig gestaffelt. Die meisten Tempelbauten unter Jayavarman VII. griffen das Schema des Flachtempels mit konzentrischen Einfassungen in einer Ebene auf, das in Beng Mealea um die gleiche Zeit verwirklicht wurde, als Angkor Vat entstand.

Die Übereinstimmung zwischen der Pyramidenstufe und der sie säumenden umlaufenden Galerie, die sich schon

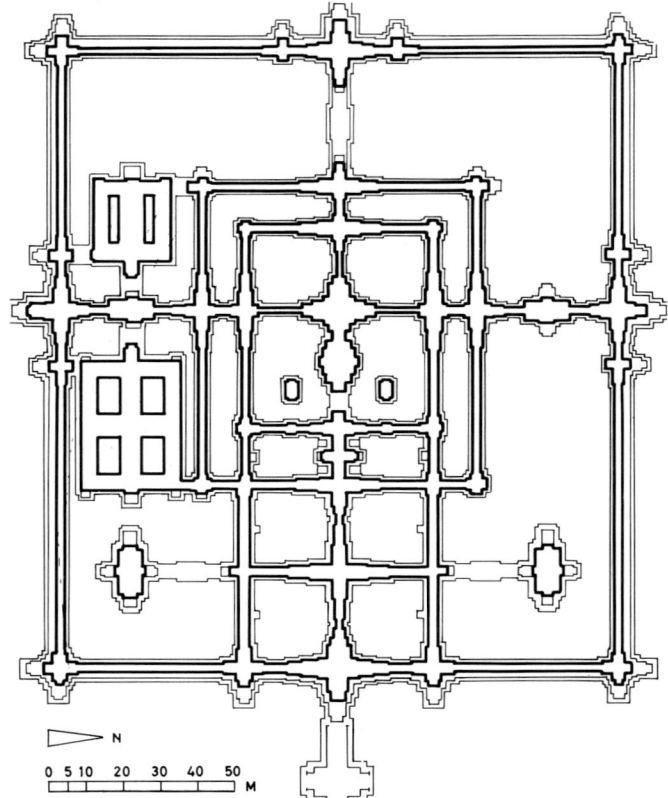

▲ Schematischer Grundriß des Tempels von Beng Mealea, der zur gleichen Zeit entstanden ist wie Angkor Vat

vorher zunehmend abgezeichnet hatte, wurde nun vollkommen: symbolisch entsprach jetzt jede Einfassung einer Tempelterrasse. Man begnügte sich mit einer praktisch zweidimensionalen Darstellung des Mandala. Dieses reckt sich in der Mitte nicht mehr himmelwärts, und doch symbolisiert auch diese flache Tempelausbildung den Berg Meru. Allein durch die konzentrische Anlage kommt die Kosmologie zum Ausdruck; um eine Entsprechung des Weltenbergs zu schaffen, mußte man nicht mehr in die Höhe bauen, sondern man betonte jetzt die Bergketten, die schützend die Erde umgeben. Denn von nun an wurde die Khmer-Welt ständig von feindseligen Nachbarn bedroht; diese unbewußte Angst brachte die Khmer-Architektur dadurch zum Ausdruck, daß sie unter den überkommenen

Formeln jene auswählte, die dem neuen Lebensgefühl am besten entsprachen.

## Die großen Flachtempel

Jayavarman VII., dessen Herrschaft mit der Vertreibung der Cham begann, fand an der Stelle, wo sich das stolze Angkor erhoben hatte, nur noch einen Trümmerhaufen vor. Die aus brennbaren Materialien – Holz und Stroh – errichteten Wohnhäuser und Paläste lagen in Asche. Angesichts der verwüsteten Hauptstadt beschloß der König, ein Zentrum zu schaffen, von dem aus er den Wiederaufbau überwachen konnte. Also errichtete er an der Südwestecke des östlichen Baray eine Tempelstadt, den Komplex von Ta Prohm. Von ihm war schon im Zusammenhang mit der Inschrift auf der 1186 datierten Stele die Rede. Die Inschrift wurde also fünf Jahre nach Jayavarmans Thronbesteigung gemeißelt; zu dieser Zeit kann der Tempel eingeweiht worden sein. Durch die Inschrift wurde unsere Bevölkerungsschätzung untermauert: sie besagt, daß innerhalb der Mauer von Ta Prohm 12 640 Menschen lebten; die Mauer umschloß eine 1000 × 600 Meter große Fläche.

Das Bauschema des eigentlichen Tempels diente für die meisten von Jayavarman VII. gegründeten buddhistischen Klöster als Vorbild. Es leitet sich von Beng Mealea her und besteht im wesentlichen aus drei ineinandergeschachtelten konzentrischen Galerien-Rechtecken. Das erste umgibt einen Prasat mit vorgelagertem großem Mandapa; das Dach ist im Inneren durch Pfeiler abgestützt. Oft sind erste und zweite Galerieneinfassung durch gedeckte Gänge miteinander verbunden. Diese Verbindungsgänge wurden bald so zahlreich, daß aus der klaren Ordnung von Angkor Vat und Beng Mealea ein Gewirr von Sälen, kreuz und quer verlaufenden Gängen und ineinandergeschachtelten Galerien wurde. Vom Plan her waren die Bauten im allgemeinen nüchterner, doch im Verlauf der Arbeiten wurden sie immer stärker überladen, denn alle architektonischen Schöpfungen Jayavarmans VII. wurden, teils noch zu seinen Lebzeiten, teils erst etwas später, immer wieder umgebaut und ergänzt, oft sehr unglücklich. Diese Veränderungen bezeugen eine Neigung zur Kompliziertheit, eine Sucht nach Fülle und Üppigkeit, einen wahren «horror vacui». Um sich diese Vielfalt vor Augen zu führen, sei an eine Inschrift erinnert, die Philippe Stern anführt, der sich als Kunsthistoriker gründlich mit dieser Zeit befaßt hat. Nach diesem Text bestand Ta Prohm aus 39 Tempeltürmen, 566 Wohneinheiten aus Stein und 288 Häusern aus Backstein. Denn

von da an war der Tempel nicht mehr nur eine Kultstätte, sondern ein Kloster.

Gut läßt sich diese fortschreitende Überladung an den Bauten verfolgen, die zwischen der zweiten und dritten Galerie errichtet wurden. Auf der Eingangsseite waren sie zunächst einfach durch kreuzförmig angelegte Galerien und senkrecht zu den Achsen stehende Galerien miteinander verbunden. Doch dann wurde die Anordnung immer komplizierter: Auf den Seiten wurde durch «Scheinkreuzgänge» ein Netz von Korridoren geschaffen, das völlig unübersichtlich wirkt. Und vor dem Haupteingang, wo sich in Angkor Vat und Beng Mealea eine kreuzförmige Plattform befand, erstellte man ein unabhängiges Gebäude, das in Grundriß und Aufbau dem «Kreuzgang» von Angkor Vat sehr ähnlich ist. Dieser Komplex wurde jedoch nicht in die Gesamtanlage einbezogen, sondern bildete, von einer Mauer umschlossen, eine selbständige Einheit. Die vier in der klassischen Zeit ursprünglich quadratischen Innenhöfe wurden derart verengert, daß nur noch schmale offene Streifen übrigblieben, durch die Licht in die dreischiffigen pfeilergestützten Galerien einfällt.

Die zunehmende Zahl der überdachten Säle und Innenräume ist für die Zeit Jayavarmans VII. charakteristisch. Sehr wahrscheinlich hatte die Einführung des Buddhismus etwas damit zu tun. Während sich der hinduistische Kult auf ein Opferritual beschränkte, bei dem lediglich der Hohepriester den Lingam oder die Statue der Gottheit mit Butter und Milch bestreichen durfte, verlangte nun das Gesetz des Buddhismus, daß sich die Gläubigen in Gemeinschaften zusammenschlossen: in den Tempelbezirken wohnten die Bonzen. Also ist die Vielzahl der Gebäude, die von da an die Höfe zwischen den Galerien bedeckten, aus einem praktischen Bedürfnis heraus entstanden.

Damit wurde aus dem «Kreuzgang» allmählich eine Art von Säulenhalle. Diese Entwicklung bedeutet eine durch bis dahin nicht dagewesene Programme bedingte Erneuerung der Architektur. Gelöst wurden die Aufgaben durch Formeln, die schon in Angkor Vat und vorher in Preah Vihear Anwendung gefunden hatten. Aber niemals gelang es den Khmer, die technischen Beschränkungen zu überwinden, die das Kraggewölbe ihnen auferlegte; mit diesem konnten nur verhältnismäßig kleine Räume überspannt werden. Um das Wasser von den Dächern ableiten zu können, behielten die Baumeister Innenhöfe in Gestalt schmaler Wasserbecken bei; so erhielten die Räume Licht, und das Wasser der Monsunregen konnte abfließen. Aber der Bedarf nach größeren Gemeinschaftsräumen war vermutlich auch dafür verantwortlich, daß die Architektur nach dem 13. Jahrhundert wieder verstärkt auf die Holzbautechniken zurückgriff: man versah die Gebäude mit Gebälk und Ziegelbedachung. Nur so konnte man die großen Versammlungsräume schaffen, die der Buddhismus erforderte.

## Banteay Kdei und Srah Srang

Fast zur gleichen Zeit wie Ta Prohm begonnen, ist das Heiligtum von Banteay Kdei zwar kleiner, hat aber dennoch außerhalb seiner beiden Einfassungen einen ähnlichen Säulensaal mit Regenbecken und engen Höfen. Dem doppelten Wassergraben und den Umfassungsmauern ist eine große rechteckige Wasserfläche vorgelagert, die mit Lateritstufen eingefaßt ist: der Srah Srang. Der künstliche See mißt 400 × 750 Meter. Auf der Westseite des Srah Srang findet sich ein interessantes, an einen Landungssteg gemahnendes Bauwerk, dessen gestufte kreuzförmige Terrasse von schönen Naga-Balustraden eingefaßt ist. Wieder stehen die Nagas in enger Beziehung zum Wasser, was beweist, welch bedeutsame Rolle sie für die Khmer gespielt haben, für Hindu ebenso wie für Buddhisten, denn diese übernahmen den hinduistischen Wasserkult. Wahrscheinlich trug die Terrasse einen leichten Aufbau; Maurice Glaize schreibt dazu: «Nach dem Grundriß mit Doppelhof zu schließen, muß es sich um einen großen rechteckigen Saal mit umlaufender Galerie gehandelt haben.» Vor der axialen Treppe halten auf Treppenmauern zwei schöne Löwen Wache und schauen auf den Spiegel des künstlichen Sees, in dem sich die Bäume des Waldes von Angkor spiegeln. (Vgl. Abb. 155–157.)

## Der große Tempel von Preah Khan in Angkor

Von einem 40 Meter breiten, 1000 × 750 Meter langen Wassergraben umgeben, wurde der Tempel von Preah Khan – zumindest in seiner ursprünglichen Form – zwischen 1184 und 1191 errichtet. Er ähnelt stark dem Tempel von Ta Prohm; der gesamte Baukomplex ist auf eine Fläche von 220 × 170 Meter zusammengedrängt. Auf diesem Raum, der ungefähr der von der Reliefgalerie von Angkor Vat gesäumten Fläche entspricht, ist praktisch jeder Winkel verbaut. Die Gründungsinschrift nennt 102 Tempeltürme, 485 steinerne Bauelemente und 439 Zellen. (Vgl. Pl. S. 175–176 und Abb. 158–163.)

Im Mittelpunkt des Tempelbezirks erhebt sich ein großes Heiligtum mit kreuzförmigem Grundriß und vorgestelltem Mandapa. Zu ihm führen vier axiale Gänge. Umgeben ist es von Dutzenden von Sälen, Höfen, Prasats und Nischen, die sich fast ohne jede Ordnung innerhalb einer ersten umlaufenden Galerie drängen; diese Galerie ist nach innen offen und wird durch axial angeordnete Gopuram unterbrochen.

Nach außen hin folgt eine zweite umlaufende, pfeilergestützte Galerie ohne Gopuram oder Ecktürme; sie bildete den «Kreuzgang» des Klosters. Zwischen dieser Galerie und der äußeren Einfassung wimmelt es wiederum von Galerien und Pfeilersälen. Der Saal auf der Eingangsachse, von manchen Autoren nach indischem Vorbild «Saal der Tänzerinnen» genannt, leitet sich vom «Kreuzgang» her, wie wir ihm in Angkor Vat begegnet sind. Nördlich davon finden wir einen aus zwei Elementen gebildeten Baukomplex: eine Terrasse, die zweifellos ein Holzgebäude trug, und ein Bauwerk, das aus einem Säulengebäude mit beidseits vorangestellten Säulenvorhallen besteht. Vier Säulenreihen tragen ein mit Fenstern versehenes Obergeschoß, zu dem keine Treppe hinaufführt. Dieses Nebengebäude, das in mancher Hinsicht an spätrömische Provinzbauten erinnert (so die massigen zylindrischen Säulen mit ringförmigen Basen und Kapitellen), könnte den Beginn einer später allerdings nicht weiter verfolgten neuen Entwicklung der Khmer-Architektur bezeichnen, sind doch regelrechte Säulen etwas ganz Neues in dieser Baukunst, die zylindrische Stützen bis dahin nur für die überhöhten Straßen gekannt hatte. Ebenso bildet die Steinbedachung der zahlreichen im Zentralhof nebeneinandergestellten Zellen eine neuartige Kuppelform von höchst seltsamem Aussehen. Unabsehbar ist die Zahl dieser wellenförmig anmutenden Strukturen, die aus dem unendlichen angkorianischen Wald auftauchen.

Aber alle diese Bauten wurden sehr rasch ausgeführt und sind von mäßiger Qualität. Dies gilt sowohl für das Mauerwerk als auch für die Bauornamentik, auf die man nur allzu oft wenig Sorgfalt verwandte. Überall wird deutlich, daß man zur Zeit Jayavarmans VII. vor allem viel und schnell bauen wollte, als hätte man dadurch den unerbittlich näherrückenden Untergang aufhalten können.

## Das Meisterwerk: Angkor Thom

Angkor Thom, «die große Hauptstadt», wurde um 1200 von Jayavarman VII. erbaut. Nun zeigte sich eine neue Ausrichtung der angkorianischen Architektur: Ehe das Reich der Khmer unterging, entwickelte sich eine Ausdrucksweise von barocker Fülle. Ehe Kambodscha zur Bedeutungslosigkeit herabsank, bäumte seine Kunst sich noch einmal zu unerhörten Leistungen auf: es entstanden die originellsten, sprechendsten Werke, die die Khmer je geschaffen haben, auch wenn die Ausführung oft zu wünschen übrig läßt.

Schon die Umfassungsmauer der neuen Hauptstadt – gleichzeitig die Mauer des zentralen Heiligtums, des Bayon – läßt den neuen Stil erkennen. Auf den fünf Dammstraßen, die den 100 Meter breiten, mit Laterit eingefaßten Wassergraben überquerten, findet man eine hochinteressante Schöpfung, die bereits in Preah Khan einen freilich weniger spektakulären und kleineren Vorläufer hatte: die «Straße der Riesen». Die Straße ist beidseits von hohen Balustraden gesäumt; diese bestehen aus je 54 Riesen, die eine gewaltige Naga tragen. Wenn man sich der Straße nähert, hat man zu seiner Rechten 54 Höllengeister, zur linken ebenso viele himmlische Geister. Die ersten haben erschreckende, grimassierende Gesichter mit Glotzaugen, die zweiten friedlich abgeklärte Gesichter. Die von ihnen getragenen Nagas haben hoch aufgerichtete Kappen mit sieben bißbereiten Mäulern; ebenfalls hoch erhoben sind die Schwänze der mythischen Schlange vor dem Hauptportal des Gopuram der Umfassungsmauer. (Vgl. Abb. 164–167.)

Das Thema dieser allegorischen Darstellung ist der indischen Mythologie entnommen: das Kirnen des Milchmeers, Symbol für die Erschaffung der Welt. Man begegnet dem Thema bereits in einem herrlichen Flachrelief in der Außengalerie von Angkor Vat; hier ist es einzigartig eindrucksvoll gestaltet. Und wie durch das Kirnen der Milch die Butter entsteht, so sieht man hier, wie durch das Tun der Gottheiten die Welt entsteht. Bernard-Philippe Groslier, den wir noch einmal zitieren wollen, hat ausgezeichnet erklärt, wie dieses Symbol in bezug auf Angkor Thom und sein Haupttheiligtum, den Bayon, zu verstehen ist. Zunächst erinnert er daran, daß die Stadt einen quadratischen Grundriß und vier Tore auf den Achsen hat (ein fünftes Tor, das Siegestor, teilte den Nordabschnitt der Ostmauer), von denen die «Straßen der Riesen» ausgehen. Dann schreibt er: «So ziehen die himmlischen Götter des Südtors an einem Ende der Naga, die sich symbolisch um den Bayon-Berg windet, während das andere Ende von den Unterweltsgöttern des Nordtores gehalten wird. Indem die Götter der beiden Welten abwechselnd ziehen, lassen sie aus dem vor dem Berg gepeitschten Ozean, der durch die Wasser-

becken materiell dargestellt ist, die Ambrosia emporsteigen.» Durch einen streng dialektischen Prozeß trat also die Welt ins Dasein. Götter und Dämonen hatten daran gleichen Anteil: aus ihrem entgegengesetzten, aber miteinander verknüpften Tun, aus ihrem Dualismus entstand das Universum. Diese bedeutsame und bedeutungsvolle Kosmologie erhielt durch die neue Stadt Jayavarmans VII. steinerne Realität.

Überragt wird diese mythologische Szene von viergesichtigen Gopuram: sie tragen vierfach das Antlitz des Königs-Buddhas, der in alle vier Himmelsrichtungen schaut. Hier tauchen wieder die kleinen Gesichter aus den kudu-förmigen Bögen auf, denen wir erstmals in der altindischen Bauschöpfung von Mahaballipuram begegneten; sie sind riesenhaft vergrößert und bedecken die gesamte Turmfassade.

Schließlich sehen wir beidseits der Hauptstraße, die nach Angkor Thom hineinführt, in den eingezogenen Ecken das Bild des dreiköpfigen Elefanten, auf dem der Gott Indra reitet, der Gott des Blitzes und Herr des Himmels der 33 Götter. Der klassische kreuzförmige Gopuram hat sich also grundlegend gewandelt: er ist keine Architektur mehr, sondern eine Skulptur, kein Gebäude mehr, sondern eine Kolossalstatue.

Der Bayon, ein zum Tempelberg gewordener Flachtempel

Aber diese ganze symbolische Baukunst gipfelt im Bayon, im Meisterwerk Jayavarmans VII. Er bildet den denkbar größten Gegensatz zur klaren Übersichtlichkeit von Angkor Vat. Zudem wurde der ursprüngliche Plan im Verlauf der Bauarbeiten ergänzt und vielfach abgeändert. Dies führte zu einer vielschichtigen, komplizierten, formenreichen, großartigen Schöpfung, die mit den klaren geometrischen Formen der klassischen Zeit nichts mehr gemeinsam hat. (Vgl. Pl. S. 152 und Abb. 168–173.)

Dem Bayon im Osten vorgelagert ist eine 60 Meter lange zweigeschossige Plattform, beidseits flankiert von quadratischen Wasserbecken mit 25 Meter Seitenlänge. Wie in Angkor Vat besteht die äußere Umfassung aus einer nach außen hin offenen, von zwei Pfeilerreihen gestützten, auf der Rückseite durch eine Mauer abgeschlossenen Galerie.

Die Einfassung, von den axialen Gopuram und den Ecktürmen unterbrochen, mißt 130 × 140 Meter. Die Rückmauer ist mit herrlichen Reliefs überzogen. Sie sind weniger feierlich als die Reliefs von Angkor Vat; ihre Lebendigkeit und Freiheit verraten eine neue stilistische Entwicklung in der darstellenden Khmer-Kunst. Da das Dach der Galerie heute größtenteils eingestürzt ist, kann man die Reliefs ausgezeichnet sehen. Sie bilden eine Chronik des Krieges gegen die Cham, zeigen die entscheidenden Schlachten, durch die die Eindringlinge vertrieben wurden, die Kämpfe von Elefanten und Fußvolk, die langgestreckten bronzebeschlagenen Kriegspirogen der Cham usw. Die Szenen sind ausgezeichnet beobachtet und wiedergegeben mit vielen wirkungsvollen Details: Verwundete röcheln auf dem Boden, Matrosen werden von Krokodilen verschlungen, über Sterbenden schlachten sich die Kämpfenden ab. Ebenso interessant sind jedoch auch kleine Szenen aus dem Alltagsleben: man sieht Händler vor ihren Ständen, Wachsoldaten als Zuschauer beim Hahnenkampf, Köche in der Küche, einen chinesischen Händler mit seiner Dschunke, Jäger, die im Wald wilden Tieren nachstellen, Fischer, die auf dem Großen See fischen.

Es ist also eine volksnahe Kunst, die für jeden Kambodschaner verständlich war, in der der barmherzige Buddha die steife Feierlichkeit des Hofes milderte, jene Sanftheit und Freundlichkeit einführte, die für die Khmer bezeichnend sind. Auch durch die Spontaneität des Stiles unterscheiden sich diese Reliefs klar von der förmlicheren Kunst von Angkor Vat.

In architektonischer Hinsicht läßt diese Einfassung eine Tendenz erkennen, die sich schon in Angkor Vat abzeichnete: im Grundriß gleichen sich Gopuram und Ecktürme einander immer stärker an. Im Inneren beider Bauwerke finden sich stützende Pfeiler, wie wir sie bereits an der Westseite von Preah Khan und am Eingang von Ta Prohm gesehen haben. Der Grundriß ist kreuzförmig; vier zentrale Stützen sind weit kräftiger als die acht peripheren Pfeiler, denen übrigens große Eingangsräume vorgelagert sind. Auch dieser große Innenraum war eine neue Errungenschaft: das überdachte Bauwerk maß 20 × 20 Meter, eine beträchtliche Dimension für einen Kraggewölbebau. Aber gerade weil die Bauten so kühn und allzu rasch errichtet wurden, haben sie der Zeit nicht standgehalten. Man darf jedoch nicht vergessen, daß sich diese Bauten mit Innenstützen direkt vom Holzpalastbau herleiteten; wie diese hatten sie übereinandergestaffelte Giebel, wie wir sie noch heute bei alten Bauten in Phnom Penh oder Bangkok sehen.

Auf einen umlaufenden, 15 bis 20 Meter breiten Hof folgt eine zweite Galerie, die nur noch 70 × 80 Meter mißt. Sie umschließt eine Fülle von Bauten. Wieder ist die Galerie nach außen hin offen; die Innenmauer ist von reichem Reliefschmuck überzogen. Mächtige Ecktürme und dreifache Gopuram überragen die Einfassung. Zu diesen sechzehn mit Gesichtern geschmückten Türmen kommen noch weitere, deren Vielzahl gleichsam einen Wald bildet, der von dem gewaltigen runden Zentralheiligtum überragt wird. Es ist ein gigantisches steinernes Chaos von unvorstellbarer Eindringlichkeit.

Auf einer kreuzförmigen Plattform, die fast den gesamten von der Galerie umschlossenen Raum bedeckt und an den Ecken nur winzige, Schächten vergleichbare Höfe ausspart, steht eine Reihe von hohen Bauten, deren Bedachung auf allen vier Seiten mit mächtigen Gesichtern geschmückt ist. Diese Riesenantlitze mit abgeklärt heiteren, freundlichen Zügen, in tiefer Meditation geschlossenen Augen und einem freundlichen und barmherzigen Mund stellen den Gott-König dar, Bodhisattva-Jayavarman VII.

Die 54 Nebentürme im Kern des Heiligtums weisen zusammen 216 Gesichter auf; wenn man zwischen den Türmen wandelt, hat man stets das lächelnde Antlitz vor Augen, spürt fast gespenstisch die Allgegenwart des längst zu Staub gewordenen Herrschers. Der hoch aufragende Mittelturm ist rund. Das entspricht der buddhistischen Tradition, denn im Buddhismus ist das Mandala nicht quadratisch wie im Hinduismus, sondern rund (entsprechend sind auch die indischen Stupas, die dem Ritus des Tempelumgangs dienen, stets rund).

In dieser Form war der Mittelturm das Ergebnis einer Abänderung des ursprünglichen Plans, nach dem der Bayon ein Flachtempel sein sollte. Er gibt dem Tempelkomplex seine Höhe, bewirkt, daß das Heiligtum, das Jayavarman im Mittelpunkt seiner Stadt errichtete, wie ein Tempelberg wirkt, der die nach symbolischen Gesichtspunkten durchkomponierte Stadtanlage von Angkor Thom krönt.

Das runde Heiligtum ist sehr komplex aufgebaut. 42 Meter hoch, besteht es aus einer runden Mittelkapelle und acht strahlenförmig angeordneten Nebenkapellen mit Vorraum und Cella. Dieser Struktur, die im Grundriß an das «Rad des Gesetzes» erinnert, sind im Osten vier Vorräume vorgelagert: Zwei Vorhallen, ein von Pfeilern getragener Mandapa und ein doppelter Vorhof; alle Grundrisse sind kreuzförmig. So ist der Bayon eine vollkommen neue, symbolbefrachtete

Bauschöpfung. Die Gesichter des Gott-Königs, die in alle vier Himmelsrichtungen schauen, symbolisieren den sich auf die ganze Welt erstreckenden Schutz der Gottheit, aber auch die Macht und Allgegenwart des Herrschers. Zudem ist dieser Turmkomplex – wie zuvor schon Phnom Bakheng – gleichsam eine Himmelskarte. Jedes der vier Turmgesichter repräsentiert eine Sonnenstellung im Tagesverlauf.

Dadurch hat die Zeit gleichsam materielle Wirklichkeit gewonnen, denn zu jeder Tageszeit ist je ein Gesicht im hellen Sonnenschein, ein zweites halb, das dritte ganz im Schatten, während das vierte von der im ewigen Kreislauf wiederkehrenden Sonne erneut teilweise erhellt wird. Der Bayon ist also eine Schöpfung aus Licht und Schatten, die durch Formen, die sich selbst nicht bewegen, die Bewegung der Sonne und den Rhythmus des Kosmos darstellt.

Zudem findet man in diesem Tempel einen in Stein materialisierten geistigen Führer: Man gelangt von den in den äußeren Galerien dargestellten Kämpfen und Alltagssorgen durch ein in Bewegung befindliches Universum schließlich zur Gottheit, die im Allerheiligsten gegenwärtig ist, nähert sich also von außen nach innen immer mehr der Vollkommenheit.

Diese ergreifende, großartige Botschaft hat der letzte große Herrscher der Khmer, Jayavarman VII., der Nachwelt hinterlassen. Mit ihm sprengte die Architektur ihre Grenzen, verwischte den Unterschied zwischen Bauwerk und Skulptur, gewann Beweglichkeit und wurde schließlich zu einem mystischen Diagramm, für den Menschen zu einem Schlüssel zum Universum, zur Welt der Götter.

▼ Grundriß des zentralen Tempelturms des Bayon, Angkor Thom, mit strahlenförmig angeordneten Kapellen

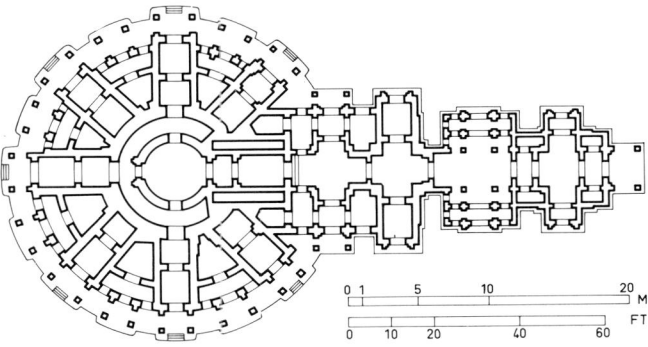

## Ursachen des Niedergangs von Angkor

Nach dieser gewaltigen Anstrengung, die das Volk der Khmer unter seinem letzten großen Herrscher unternahm, folgte ein unerbittlicher Abstieg. Das geschwächte, ausgeblutete Land errichtete keine großen Steinbauten mehr. Seine Vorherrschaft über die Völker Indochinas schwand rasch dahin. Im Westen drangen die von den Mongolen aus ihrer Heimat vertriebenen Thai immer tiefer ins Menam-Becken ein. Im Osten schüttelten die Cham das Khmer-Joch ab. In dieser Zeit, im ausgehenden 13. Jahrhundert, kam der Chinese Tcheou Ta-kuan als Gesandter nach Angkor, wo er kurz vor dem endgültigen Untergang den letzten Glanz einer glorreichen Kultur bewundern konnte, die ganz Südostasien beherrscht hatte.

Im 14. Jahrhundert hielten sich noch einige schwache Könige auf dem Thron von Angkor, doch um die Mitte des 15. Jahrhunderts wurde die Stadt aufgegeben. Zwar residierte um 1570 Sâtha für einige Zeit in der alten Hauptstadt, nachdem ein König namens Ang Chan sie während einer Jagd zufällig wiederentdeckt hatte, und bis 1587 oder 1593 wurde Angkor Vat teilweise wieder aufgebaut, aber das war nur ein kurzes Zwischenspiel, das den endgültigen Untergang nicht aufzuhalten vermochte.

Wie erklärt sich der plötzliche Niedergang? Manche Autoren meinen, die Baray seien mehr und mehr verschlammt, was durchaus möglich ist, denn nachdem keine starke Zentralgewalt mehr für den Unterhalt der öffentlichen Bauten sorgte, mußten die Bewässerungsanlagen zerfallen. Aber wenn dies die einzige Ursache gewesen wäre, dann hätte Angkor keinen so jähen Sturz erlebt. Wir wissen, daß die Hauptstadt plötzlich aufgegeben wurde. Warum? Hier führt man als Erklärung den Bruch der Dämme eines Baray ins Feld, der zu einer katastrophalen Überschwemmung führte – in der Tat lassen bei den Ausgrabungen entdeckte Schlammschichten diese Hypothese glaubhaft erscheinen. Aber zu all diesen Faktoren kam noch eine viel wichtigere Ursache: die siamesischen Einfälle, die sicherlich von entscheidender Bedeutung waren. Die Eindringlinge zerstörten die Bewässerungsanlagen und störten so das vom Menschen künstlich mit seinen Barays und Kanälen geschaffene Gleichgewicht. Die Bewässerung funktionierte nicht mehr richtig. Während früher aus den Stauseen Schlammwasser den Boden befruchtete, mußte man jetzt klares Flußwasser über die Felder leiten. Die Strömung war nicht mehr stark genug, um den von den Hängen weggerissenen Schlamm auf die Felder zu tragen. Klares Wasser jedoch brachte Malaria; die Anophelesmücke vermehrt sich nicht in schlammigem, sondern nur in klarem Wasser. Fieber und Malaria veranlaßten die Bewohner von Angkor, ihre große Stadt aufzugeben, die von Krankheiten verseucht war.

Der ganze ausgewogene Mechanismus, dem das Khmer-Volk seinen Reichtum und seine Macht verdankt hatte, war mit einemmal zusammengebrochen. Die Überlebenden kehrten in die Städte ihrer Vorfahren zurück, die in der vorangkorianischen Zeit entstanden waren, ließen sich wieder an den großen Flüssen nieder, an denen die Khmer gewohnt hatten, ehe sie sich auf den Weg gemacht hatten, der sie zu Glanz und Ruhm führen sollte.

## Schlußbemerkung

Will man werten, was die Khmer in den vier Jahrhunderten ihres kulturellen Höhepunktes in Angkor geleistet haben, will man bestimmen, was Kambodscha der Architektur an Neuerungen geschenkt hat, dann darf man niemals die Tatsache aus den Augen verlieren, daß diese Baukunst in der indischen Welt verwurzelt ist. Durch den Vergleich mit den Bauschöpfungen des mittelalterlichen Indiens können wir die erstaunliche Genialität der Khmer am besten ermessen.

In einer geographisch klar umgrenzten Welt, einer Welt im Menschenmaß, auf drei Seiten vom Meer eingefaßt, entfaltet sich das Khmer-Reich als geschlossenes Ganzes. In den gewaltigen Regionen Indiens hingegen entstanden Reiche mit fließenden Grenzen, Staaten, die vor dem einheitlichen Hintergrund des grenzenlosen Dekkan entstanden und verschwanden. In diesen unterschiedlichen Welten entwickelten sich unterschiedliche Mentalitäten: durch seine Baukunst wollte der Khmer seine Herrschaft über die Erde manifestieren, wollte mit seinen Bauten Richtstäbe setzen, Komplexe schaffen, die das Universum in sich beschließen konnten. Solche Bestrebungen und Vorstellungen gab es in Indien nicht; dort entstand nichts, das sich mit dem großen Tempelberg vergleichen ließe, das mit solcher Sicherheit vom Raum Besitz ergriffen hätte. Trotz ihrer relativen Größe erreichten die indischen Heiligtümer vor dem 13. Jahrhundert nie die Maße dessen, was in Kambodscha geschaffen wurde. Und niemals kannten sie die gewaltigen Einfassungen, die mächtigen Wassergräben, die die plastische Wirkung der Khmer-Architektur so ungemein steigern. Nie griffen sie auf eine Umgebung über,

die vom Menschen ganz nach seinen materiellen und geistigen Bedürfnissen umgestaltet wurde.

Diese Totalität und Globalität erhebt die Khmer-Architektur über alle zeitgenössischen Bauschöpfungen Indiens. Sie ist ein Ausfluß der sozialen, technischen und religiösen Gegebenheiten. In der Pyramide dieser Gegebenheiten gab es keinen Bruch zwischen der Basis und dem Gipfel, zwischen Reisfeld und Baray einerseits und der Stadt und dem sie krönenden Tempel anderseits. Der angkorianische Organismus bildete ein unauflösbares, auf dem Wasser gründendes Ganzes: vom Deich bis zum Tempelturm, in dem der Priester die Gottheit um Regen anfleht, ist alles auf einen gemeinsamen Nenner gebracht – die Bewässerung. Ohne sie hätte es keinen Reis, keinen Produktionsüberschuß, keinen Reichtum, keine Kunst und keine Architektur gegeben.

Reis und Tempel sind also die beiden äußersten Glieder einer Kette von Faktoren der Umweltgestaltung. Die Ökologie erhellt die Kunst. Nichts Zufälliges gab es in einer solchen agrarischen Kultur, in der die banalsten materiellen Wirklichkeiten mit den höchsten theologischen Vorstellungen verknüpft waren.

Das ist das Geheimnis dieser Kunst: Sie ist auf allen Ebenen von einem Geist und einer Geistigkeit beseelt, die alles erfüllt. Auf einigen einfachen Voraussetzungen entwickelte sich eine straffe Kosmologie, die allen Schöpfungen im gesamten wie in den kleinsten Details ihre Form gab. So konnte ein einzigartiges Meisterwerk wie Angkor Vat entstehen, ein begnadeter Augenblick glanzvoller Ausgewogenheit, in dem die Kunst von Angkor ihren Höhepunkt erreichte – zweifellos eine der größten Schöpfungen der Menschheit.

# Glossar

| | |
|---|---|
| Apsara | Gottheit, himmlische Tänzerin im Paradies |
| Ashram | Einsiedelei |
| Baray | Künstlicher See |
| Bodhisattva | Wesen auf dem Weg zur höchsten Erleuchtung, wird zum Buddha |
| Çakyamuni | Buddha «der Asket aus dem Volk der Çakya» |
| Chaitya | Buddhistischer Erinnerungsbau |
| Devata | Gottheit, himmlische Tänzerin |
| Dharmashala | Rastplatz, Armenhospital |
| Dvarapala | Tempeltürhüter |
| Garbha Griha | Allerheiligstes des Hindutempels |
| Garuda | Mythischer Vogel, Reittier Wischnus |
| Gavaksa | «Strahlenauge», siehe Kudu |
| Gopuram | Torbau eines Tempels |
| Guru | Hindulehrer |
| Hinayana | «Kleines Fahrzeug», buddhistische Lehre |
| Harihara | Gottheit mit den Attributen Schiwas und Wischnus |
| Indra | König der Götter, Herr des Sturms |
| Ishvara | Schiwa als Herr der Welt |
| Jagamohan | Versammlungsraum in indischen Tempeln |
| Kudu | Hufeisenförmiges Blendfenster, symbolisiert die göttliche Präsenz |
| Lingam | Phallisches Symbol Schiwas, wurde im Allerheiligsten aufgestellt |
| Mahayana | «Großes Fahrzeug», buddhistische Lehre |
| Makara | Meeresungeheuer, Ornamentmotiv |
| Mandala | Geometrische Figur mit magischer Bedeutung |
| Mandapa | Versammlungsraum vor den Flachtempeln |
| Manduka | Mandala mit gerader Pada-Zahl |
| Meru | Heiliger Berg, Gipfel der Welt, Wohnstätte der Götter |
| Naga | Mythische Schlange, Wassergottheit bei den Indern und Khmer |
| Nagara | Nokor, Angkor: Königliche Stadt, Hauptstadt |
| Nandi | Schiwas Reitstier |
| Pada | Quadratische Untereinheit des Mandala, auch Stadtviertel |
| Pallava | Mittelalterliche südindische Dynastie |
| Pancharam | Miniaturgebäude auf dem Dach eines Tempels |
| Phnom | Hügel |
| Prasat | Tempelturm |
| Ratha | Tempel in Gestalt eines Prozessionswagens |
| Schiwa | Oberster Gott, der Zerstörer |
| Shailandra | «Herr des Berges», Name einer javanischen Dynastie |
| Srah (Sras) | Weiher, Wasserbecken für rituelle Waschungen |
| Sthapati | indischer Tempelbaumeister |
| Stupa | buddhistisches Totenmal in Form eines runden Erdhügels |
| Vat (Wat) | buddhistisches Kloster |
| Wischnu | schützender Gott |

# Zeittafel

| Daten | Herrscher | Hauptstädte | Bauten* | Ereignisse |
|---|---|---|---|---|
| **Erste Anfänge** | | | | |
| 1.–2. Jh. | | | | Indisierung Indochinas, Malaias und der Insulinde. Kommerzielle Expansion Indiens in Südostasien |
| 225–539 | Fan-Tschan u.a. | Oc-eo | Stadtmauern im Mekongdelta | Bildung eines Khmer-Staates. **Fu-nan-Reich** Herrschaft über Malaia |
| **Vorangkorianische Zeit** | | | | |
| 550 | Bhavavarman I. | | Phnom Da | **Tschen-la-Reich** |
| 616–635 | Isanavarman I. | Sambor Prei Kuk | Sambor-Komplex | Steinerne Sakralbauten, Tempeltürme aus Backstein, Einfassungen und Gopuram |
| 636–656 | Bhavavarman II. | | Prei Kmeng | |
| 657–681 | Jayavarman I. | | Prasat Andet | |
| 8. Jh. | | | | Teilung des Tschen-la-Reichs in **Tschen-la des Wassers** und **Tschen-la der Erde.** Javanische Einfälle |
| **Vorklassische Zeit** | | | | |
| 802–850 | Jayavarman II. | Kulên Angkor Roluos | Rong Chen Ak Yum | Ausbildung des Tempelbergs |
| 877–889 | Indravarman | Roluos | **Preah Kô** **Bakong** | Kultivierung des Gebiets von Angkor: Baray von Lolei, erster großer künstlicher Stausee |
| 889–900 | Yasovarman | Angkor (Yasodharapura) | Lolei **Phnom Bakheng** | Östlicher Baray |
| 900–921 | Harshavarman I. | Angkor | **Baksei Chamkrong** | |
| **Übergangszeit** | | | | |
| 921–944 | Jayavarman IV. | Koh Ker (Chok Gargyar) | Prang und Prasat Thom | Usurpator gründet neue Hauptstadt Anfänge der klassischen Khmer-Kunst |
| 944–968 | Rajendravarman | Angkor | **Östlicher Mebon** **Pre Rup** | Rückkehr nach Angkor Vorübergehende Besetzung von Champa |

*Die halbfett gedruckten Bauwerke sind im Bildteil gezeigt

| Daten | Herrscher | Hauptstädte | Bauten | Ereignisse |
|---|---|---|---|---|
| **Klassische Zeit** | | | | |
| 967–968 | Rajencravarman | Angkor | **Banteay Srei** | Klassischer Dekor |
| 968–1001 | Jayavarman V. | Angkor | **Phimeanakas** | Umlaufende Galerie |
| | | | **Ta Kêo** | Eroberung Siams |
| 1002–1050 | Suryavarman I. | Angkor | Preah Vihear | Eroberung des Menam-Beckens |
| 1050–1066 | Udayadityavarman II. | Angkor | Baphuon | Westlicher Baray |
| | | | | Cham-Überfall |
| 1066–1080 | Harshavarman III. | Angkor | Preah Vihear | Krieg mit den Cham |
| 1080–1107 | Jayavarman VI. | Angkor (?) | Vat Phu | Bürgerkrieg |
| 1107–1113 | Dharanîndravarman I. | Angkor | | Aufstand des späteren Suryavarman II. |
| 1113–1150 | Suryavarman II. | Angkor | **Angkor Vat** | Gipfel der Khmer-Macht |
| | | | Beng Mealea | Herrschaft über Malaia |
| | | | Banteay Samre | Besetzung von Champa |
| 1150–1181 | Dharanîndravarman II. Yasovarman II. Tribhuvanadityavarman | Angkor | | Zeit der Wirren, Thronfolgekriege, Usurpatoren, Chaos |
| 1177–1181 | | Angkor zerstört | | Angkor von den Cham zerstört und besetzt |
| **Barocke Blüte** | | | | |
| 1181–1219 | Jayavarman VII. | Angkor Thom | Ta Prohm | Rückeroberung, neues Khmer-Reich |
| | | | Banteay Kdei und | Eroberung von Champa |
| | | | **Srah Srang** | Intensive, überstürzte Bautätigkeit |
| | | | **Preah Khan** | |
| | | | **Bayon** und Mauer | |
| | | | von **Angkor Thom** | |
| 1219–1243 | Indravarman II. | Angkor Thom | **Königl. Terrassen** | Champa schüttelt Khmer-Herrschaft ab |
| 1243–1295 | Jayavarman VIII. | Angkor Thom | Ende der Steinarchitektur | Ende der Khmer-Herrschaft in Malaia Niedergang |
| 1353 | | Angkor von den Thai erobert | | |
| 1393 | | Angkor von den Thai erobert | | |
| 1431 | | Angkor von den Thai erobert | | Angkor wird aufgegeben |
| 1570–1587 | Sâtha | Angkor erneut königliche Residenz | | Wiederaufbau von Angkor Vat und Angkor Thom |

**Zwei axial ausgerichtete Tempel:** Vat Phu und Preah Vihear 1:5000

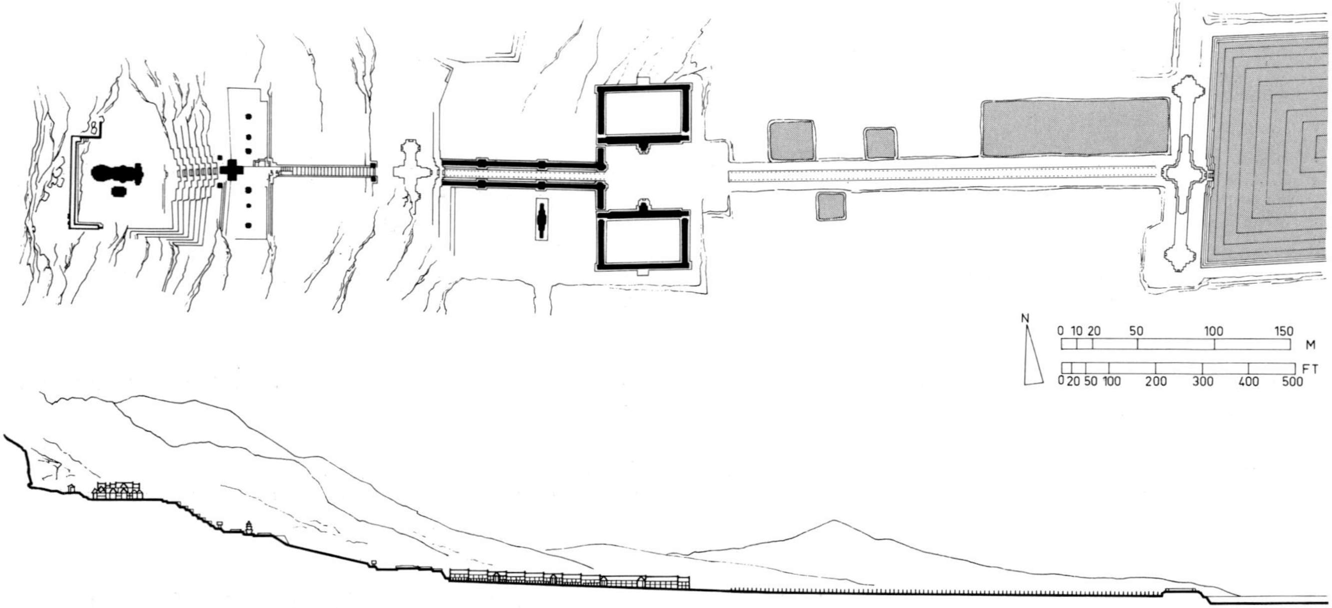

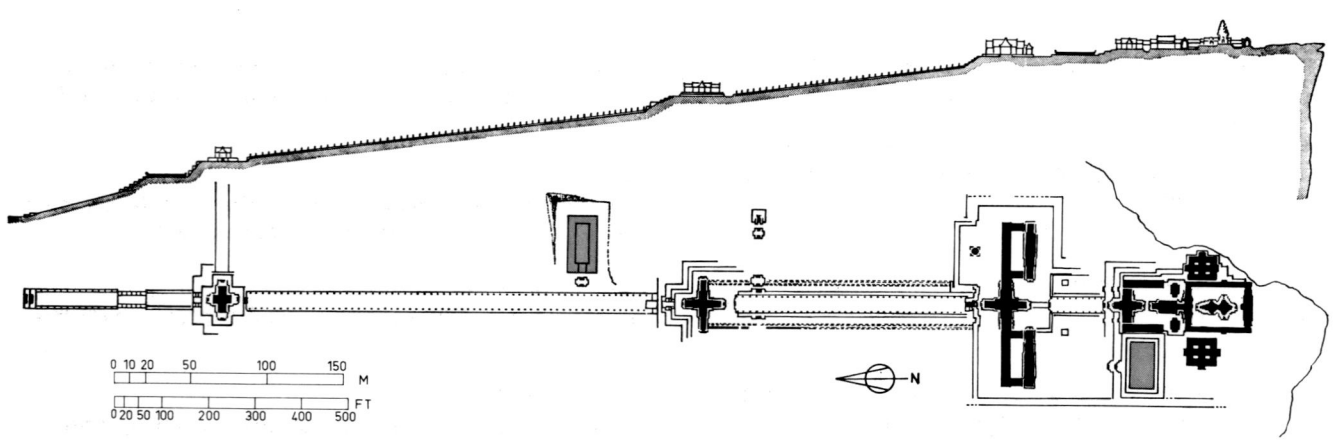

Plan und Profil des Hauptheiligtums von Vat Phu
(ausgehendes 11. Jh.), das sich an einen Berghang
anlehnt (nach Parmentier)

Plan und Profil der Tempelanlage von Preah Vihear; der
«Gipfeltempel Schiwas» krönt einen Steilhang des
Dangrek-Gebirges (nach Boisselier)

# Bibliographie

Auboyer, J.
Epanouissement des styles de l'Inde, «l'Art et l'Homme».
Paris, Larousse, 1958

Boisselier, J.
Manuel d'Archéologie d'Extrême-Orient, Asie du Sud-Est:
Band I, Le Cambodge. Paris, Editions Picard, 1966

Braudel, F.
Civilisation matérielle et capitalisme (Kapitel über die
Reiskultur). Paris, Editions Colin, 1967

Briggs, L.P.
The Ancient Khmer Empire. The American Philosophical
Society, Philadelphia, 1951

Coedès, G.
Les Etats hindouisés de l'Indochine. Paris, Editions de Boc-
card, 1964

Coedès, G.
Les peuples de la péninsule indochinoise. Paris, Editions
Dunod, 1962

Coedès, G.
Pour mieux comprendre Angkor. Paris, Librairie A. Maisonneuve, 1947

Coral-Rémusat, G. de
L'Art de l'Indochine. Paris, Editions d'Art et d'Histoire, 1938

Coral-Rémusat, G. de
L'art khmer, les grandes étapes de son évolution. Etudes
d'art et d'ethnologie asiatiques. Paris, Editions d'Art et
d'Histoire, 1940

Frédéric, L.
Sud-Est Asiatique, Paris, Editions Arts et Métiers gra-
phiques, 1964

Giteau, M.
Les Khmers. Sculptures khmères, reflets de la civilisation
d'Angkor. Freiburg/Schweiz, Office du Livre, 1965

Glaize, M.
Les monuments du groupe d'Angkor. Paris, Librairie A.
Maisonneuve, 1963

Groslier, B.-P.
Angkor. Eine versunkene Kultur im indochinesischen
Dschungel. Köln, 1958

Groslier, B.-P.
Angkor et le Cambodge au XVIe siècle. Paris, Presses universitaires de France, 1958

Groslier, B.-P.
Indochine. Sammlung «Archeologia Mundi». Genf, Editions
Nagel, 1966

Groslier, B.-P.
Hinterindien, «Kunst der Welt». Baden-Baden, Holle Verlag,
1960

Kramrisch, S.
Arts de l'Inde. Paris, Editions Phaidon-Charles Massin,
1955

Marchal, H.
Nouveau Guide d'Angkor. Phnom Penh, 1964. Paris, Editions d'Art et d'Histoire, 1948

Marchal, H.
Architecture comparée dans l'Inde et en Extrême-Orient.
Paris, Editions d'Art et d'Histoire, 1948

Parmentier, H.
L'art khmer classique, Monuments du quadrant nord-est,
Ecole française d'Extrême-Orient. Paris, Editions d'Art et
d'Histoire, 1939

Stern, P.
Les monuments khmers du style du Bayon et Jayavarman
VII. Paris, Presses universitaires de France, 1965

Tcheou Ta-kuan
Mémoires sur les coutumes du Cambodge, Übersetzung
Pelliot, 1951

Volwahsen, A.
Indien. Fribourg, Office du Livre, 1968. München, Hirmer
Verlag, 1968

## Verdankungen

Der Verfasser hat zahlreiche Anregungen den in der obigen Bibliographie angeführten Werken entnommen. Außerdem stützte er sich auf eine Reihe von Fernsehinterviews, die er zusammen mit Bernard-Philippe Groslier für das Schweizerische Fernsehen gemacht hat. An dieser Stelle möchte er dem Chefkonservator von Angkor für seine großzügige Unterstützung danken.

Danken möchte er ferner den kambodschanischen Behörden, besonders dem Ministerium für Tourismus für die gastliche Aufnahme und wohlwollende Unterstützung.

Dank schließlich auch den kambodschanischen Luftstreitkräften, die einen Hubschrauber für die Luftaufnahmen der großen Heiligtümer im Gebiet von Angkor zur Verfügung stellten.

Die auf den Seiten 9, 10 und 11 wiedergegebenen Stiche von Louis Delaporte sind mit freundlicher Genehmigung der Genfer Bibliothèque publique et universitaire den Werken «Atlas du voyage d'exploration au Cambodge» (1873) und «Voyage au Cambodge» (1880) entnommen worden.

Der Stich aus «Voyage dans les royaumes du Siam, de Cambodge et de Laos» (1883) von Henri Mouhot wurde freundlicherweise von Maurice Bridel, Buchhändler in Lausanne, zur Verfügung gestellt.

Die in den Text eingestreuten Pläne und Skizzen sind den Werken von Jean Boisselier, Louis Frédéric, Bernard-Philippe Groslier, Benjamin Rowland und Andreas Volwahsen entnommen.

# Inhaltsverzeichnis